ÓVNIS

UMA HISTÓRIA DA ATIVIDADE ALIENÍGENA DOS AVISTAMENTOS ÀS ABDUÇÕES ATÉ A AMEAÇA GLOBAL

Rupert Matthews

ÓVNIS

UMA HISTÓRIA DA ATIVIDADE ALIENÍGENA DOS AVISTAMENTOS ÀS ABDUÇÕES ATÉ A AMEAÇA GLOBAL

Tradução:
Otto Alexandre Monteiro Altorfer

Publicado originalmente em inglês sob o título *UFOs – A History of Alien Activity from Sightings to Abductions to Global Threat*, por Arcturus.
© 2009, Arcturus Publishing Limited.
Direitos de edição e tradução para o Brasil.
Tradução autorizada do inglês.
© 2011, Madras Editora Ltda.

Editor:
Wagner Veneziani Costa

Produção e Capa:
Equipe Técnica Madras

Tradução:
Otto Alexandre Monteiro Altorfer

Revisão da Tradução:
Adriana de Matteo

Revisão:
Ana Cristina Texeira
Letícia Pieroni
Arlete Genari

Dados Internacionais de Catalogação na Publicação (CIP)
(Câmara Brasileira do Livro, SP, Brasil)

Matthews, Rupert
  Óvnis : uma história da atividade alienígena dos avistamentos
às abduções até a ameaça global / Rupert Matthews;
tradução Otto Alexandre Monteiro Altorfer. -- São Paulo : Madras, 2011.
  Título original: UFOs : a history off alien activity from sightings
to abductions to global threat

  ISBN 978-85-370-0674-0

  1. Contatos com extraterrestres 2. Discos voadores
  3. Objetos voadores não identificados - Aparição e encontros I. Título.

11-03515 CDD-001.942

  Índices para catálogo sistemático:
  1. Contatos : Objetos voadores não identificados 001.942
  2. Ufologia 001.942

É proibida a reprodução total ou parcial desta obra, de qualquer forma ou por qualquer meio eletrônico, mecânico, inclusive por meio de processos xerográficos, incluindo ainda o uso da internet, sem a permissão expressa da Madras Editora, na pessoa de seu editor (Lei nº 9.610, de 19.2.98).

Todos os direitos desta edição, em língua portuguesa, reservados pela

MADRAS EDITORA LTDA.
Rua Paulo Gonçalves, 88 — Santana
CEP: 02403-020 — São Paulo/SP
Caixa Postal: 12183 — CEP: 02013-970
Tel.: (11) 2281-5555 — Fax: (11) 2959-3090
www.madras.com.br

ÍNDICE

PREFÁCIO: Eu Vi um Óvni no Mês Passado 7
INTRODUÇÃO: Uma Experiência Alienígena 13
CAPÍTULO 1: Do Azul do Céu, Inesperadamente 19
CAPÍTULO 2: Patrulha Armada 49
CAPÍTULO 3: Vítimas de Guerra 93
CAPÍTULO 4: Contatos Alienígenas 135
CAPÍTULO 5: Colheita Humana 163
CAPÍTULO 6: A Busca pela Verdade 201
CAPÍTULO 7: Acobertamentos do Governo 223
CONCLUSÃO 235
ÍNDICE REMISSIVO 245

CRÉDITOS FOTOGRÁFICOS

Victoria Burt 49; Corbis 38, 93, 220, 230; Flickrname 'Pixxiefish' 72; Flickrname 'Michael' 95; Getty 28; Nick Ilott 64; Brian Kilburn 54; Mary Evans 23, 34, 47, 73, 78, 80, 87, 88, 97, 102, 105, 138, 151, 152, 155, 160, 168,189,190,231; Justin Gaurav Murgai 26 (direita); photos.com 32; Shutterstock 8, 25,26 (esquerda), 58, 61, 82, 131, 187, 235; William Stoneham 16, 84, 86, 113, 122, 143, 150, 170, 173, 226, 239; Topfoto 20, 27, 42, 44, 51, 55, 65, 70, 77, 101, 110, 111, 118, 119, 120, 122, 124, 127, 129, 136, 139, 145, 146, 153, 156, 162, 163, 164, 166, 174, 177, 180, 182, 184, 185, 191, 204, 205, 210, 215, 217, 222, 223; Ed Uthman 26 (centro).

PREFÁCIO

EU VI UM óvni NO MÊS PASSADO

Eu já investigo, pesquiso, e escrevo a respeito de óvnis e alienígenas há uns quinze anos, mas nunca tinha visto algo que eu não pudesse identificar voando no céu. Já vi um monte de luzes estranhas, mas geralmente perto de aeroportos ou pistas de pouso, o que provavelmente as explicariam. Embora já tenha conversado com muitas pessoas que tiveram encontros extraordinários, eu nunca tinha passado por isso. Considerando o que testemunhas já me disseram, não me sentia inteiramente triste por isso.

Lá estava eu em uma praia de Cornwall, Inglaterra, em uma noite quente de verão, voltando a pé para a cabana que eu e minha família alugamos para o feriado, depois de uma boa refeição em um *pub* da região. De repente, meu amigo Pete parou, apontando para o céu.

– O que é aquilo? – perguntou.

Movendo-se lentamente pelo céu em nossa direção se aproximava uma fileira de globos vermelhos. Eles não faziam ruído algum, e se movimentavam com um silêncio misterioso. Eram oito, todos se movendo com velocidade constante e em linha reta: vindo do interior e seguindo rumo ao mar. Eu parei para observá-los, como fizeram minha esposa e a esposa de Pete. Os objetos se aproximavam em ritmo constante, mais ou menos em nossa direção.

Foi difícil estimar a altitude, o tamanho ou a velocidade deles, pois no céu límpido de uma noite de verão em Cornwall não havia nada com o que compará-los. Suponho que não voavam muito alto,

Rupert Matthews já vinha investigando óvnis por muitos anos, antes de esbarrar no desconhecido.

talvez no máximo algumas centenas de metros, e que fossem um bocado pequenos, com talvez um metro de diâmetro. Também não se moviam muito rápido, não mais do que eu conseguiria correr.

Enquanto observávamos, os objetos ficaram quase acima de nossas cabeças, embora um pouco para o leste. O primeiro parou gradualmente, e então pareceu subir, em ritmo constante na vertical. O segundo chegou ao mesmo local, e também começou a subir. Movendo-se em sucessão silenciosa, cada um dos objetos fez precisamente a mesma coisa. Quando o oitavo objeto parou e começou a subir, os primeiros dois ou três haviam desaparecido.

Por alguns momentos, nós observamos as luzes brilhantes subirem, até que a última delas sumiu de vista. Elas se foram.

PREFÁCIO

O que eram? Bom, a resposta fácil é que eu não sei. Por esse motivo podem ser considerados óvnis. Eles eram não identificados, voavam e eram objetos.

Porém, duvido que houvesse algo de muito estranho neles. Cornwall é uma colônia de férias para adolescentes, idosos e todos os que se encaixam entre ambas as categorias. As pessoas podem aprontar todos os tipos de esquisitices quando estão de férias, especialmente em um lugar que sempre foi associado ao mistério e à aventura.

Minha visão pessoal é a de que os objetos provavelmente eram balões de papel impulsionados por uma pequena chama suspensa embaixo deles. O ar quente da chama infla o balão, fazendo-o subir pelo céu. Quando lançado à noite, o balão é virtualmente invisível, e apenas o pavio aceso pode ser visto, como se estivesse suspenso no ar.

> "O segundo objeto chegou ao mesmo local, e também começou a subir. Movendo-se em sucessão silenciosa, cada um dos objetos fez precisamente a mesma coisa."

Aparentemente, o movimento dos objetos que nós vimos poderia se enquadrar nesse conceito.

Praia Port Gaverne, Cornwall, onde o autor e sua família tiveram um encontro inexplicável.

Vários balões lançados do mesmo local em intervalos consecutivos de aproximadamente um minuto poderiam subir pelo céu e seguir trajetórias semelhantes. Ao se deslocarem para o norte com uma brisa, devem ter alcançado os turbulentos fluxos de ar que normalmente se formam sobre o litoral, quando o ar frio do mar é atraído para baixo de colunas de ar quente vindas do interior, elevando-se. Esta pode ter sido a causa da súbita parada e rápida ascensão dos objetos.

É isso o que eu acho. Quando lidamos com óvnis, o melhor a fazer é propor uma explicação trivial sempre que possível. Mas a verdade é que vimos tão pouco dos objetos que é impossível saber com certeza o que realmente eram.

Este é o problema mais frequente dos relatórios sobre óvnis. Muitos deles são superficiais, poderiam ser explicados como objetos perfeitamente normais, ou são simplesmente enfadonhos. Baseando-se nisso, os céticos argumentam que não há objetos voadores realmente inexplicáveis, mas apenas objetos comuns no céu, que a testemunha não conseguiu identificar apropriadamente. Céticos menos

Um balão de ar quente de papel, com chama suspensa. Esse tipo de objeto poderia ser a resposta para o óvni que o autor avistou.

benevolentes sugerem que pelo menos algumas testemunhas simplesmente inventaram a história toda.

Mas este não é o caso. Como este livro demonstrará, há muito, muito mais sobre esse assunto do que a visão de alguns pavios acesos a se deslocarem no céu do verão.

Alguns óvnis são consideravelmente mais sinistros e perigosos.

Rupert Matthews, 2008.

INTRODUÇÃO

UMA EXPERIÊNCIA ALIENÍGENA

Em 15 de setembro de 1967, Carol Luke, de 14 anos, convidou sua amiga Ruth Passini para uma visita, depois da escola, à fazenda dos Luke, que ficava a algumas milhas de distância de Winsted, em Connecticut. Por volta das 19h30, a mãe de Carol foi fazer compras, e disse que voltaria em mais ou menos uma hora. As duas meninas foram escutar música e conversar no quarto de Carol. Por volta do horário em que esperavam que a Sra. Luke retornasse, Carol olhou pela janela para ver se já podia avistar os faróis do carro.

O que ela viu a deixou estupefata.

Apoiado ao chão, no meio de um pasto a uns 180 metros de distância, havia um objeto ovoide que brilhava uma luz interior. Carol chamou Ruth até a janela, e, juntas, observaram o objeto pulsar, entre as cores branco e bege, do bege ao rosa, do rosa ao laranja, e de volta à cor branca novamente. Às vezes, o brilho era forte o suficiente para iluminar o celeiro que ficava entre a fazenda e o pasto, e, outras vezes, apagava-se até que o objeto fosse visível apenas pelo reflexo prateado da lua minguante, que brilhava no céu. As meninas concluíram que o objeto tinha o tamanho aproximado de um carro.

Depois de uns cinco minutos, o objeto emitiu um zumbido por alguns segundos, e silenciou-se novamente. Como se isso fosse algum tipo de sinal, dois vultos saíram do celeiro. O tamanho deles pôde ser claramente estimado em comparação à porta do celeiro. Os dois vultos tinham menos que um metro e meio de altura. Usavam vestes idênticas, bem justas, de uma cor escura. Suas cabeças eram bem maiores do que seriam se fossem crianças humanas. A princípio, Carol e Ruth acharam que os vultos estivessem usando capacetes, o que explicaria o tamanho incomum de suas cabeças, mas, depois, concluíram que os intrusos simplesmente tinham cabeças muito grandes.

> "Às vezes o brilho era forte o suficiente para iluminar o celeiro que ficava entre a fazenda e o pasto..."

Após olharem para o objeto luminoso, os dois visitantes caminharam lentamente pelo curral. Eles pararam em frente à caixa do correio, entre o portão aberto e a estrada, por uns dois minutos, e, então, atravessaram a estrada, desaparecendo sob a sombra de uma árvore frondosa. A árvore ficava no cercado da casa de uma vizinha, a Sra. Pinozza.

As duas meninas não se sentiram ameaçadas de forma alguma. Os dois vultos pareciam ser curiosos em vez de perigosos. Pareciam estar observando o pasto da fazenda para ver o que havia por lá. Sem dúvida, não tentaram entrar na casa e nem roubar nada. Não pareciam estar armados, ou carregando coisa alguma. De fato, não fizeram quase nada, exceto observar o local.

VISITANTES NÃO CONVIDADOS

No entanto, os dois vultos com certeza não foram convidados para entrar na fazenda, assim como as meninas também não os reconheceram como amigos ou conhecidos. O que, no início, consideraram apenas meninos, agora lhes parecia algo totalmente diferente. Eram humanoides de baixa estatura, com cabeças grandes, de algum modo relacionados ao estranho objeto brilhante no meio do pasto. Embora, naquele momento, nenhuma das meninas havia pensado que fossem alienígenas, elas também não acharam que estavam testemunhando algo inteiramente normal.

Pouco tempo depois, enquanto as duas meninas discutiam o que deveriam fazer, dois faróis de carro apareceram ao longe. Na expectativa de que fosse a Sra. Luke voltando das compras, as duas decidiram abrir a janela, para que pudessem alertá-la, quando saísse do carro, sobre a presença dos intrusos.

INTRODUÇÃO – UMA EXPERIÊNCIA ALIENÍGENA

Quando fizeram isso, os dois ressurgiram da árvore, voltaram apressadamente para o curral e se encontraram com um terceiro, idêntico a eles. Depois do que pareceu ser uma discussão apressada sobre o carro que se aproximava, os três andaram rápido em volta do celeiro, aparentemente na direção do objeto misterioso. Ao desaparecerem, por trás do canto do celeiro, o objeto se apagou até ficar quase invisível.

> **"Eram humanoides de baixa estatura, com cabeças grandes, de algum modo relacionados ao estranho objeto brilhante no meio do pasto."**

O carro que se aproximava por acaso não era o da Sra. Luke, pois passou acelerado em frente à fazenda, sem parar. Assim que sumiu de vista, o objeto começou a brilhar de novo. Então, pareceu se levantar do chão e se afastar.

Foi então que a Sra. Luke chegou à casa. Agitadas, as meninas correram escada abaixo para contar a ela sobre os misteriosos intrusos, e apontar para o objeto que rapidamente desaparecia. A Sra. Luke viu o veículo ovoide se afastar ao longe, mas, naquela altura, o objeto poderia muito bem ser algum avião voando em baixa altitude; portanto, a princípio, ela relutou em acreditar no que as meninas disseram.

As três atravessaram a rua para falar com a Sra. Pinozza. A vizinha viu, de fato, o objeto parado no meio do pasto. Mas não viu quaisquer vultos pequenos. Ao contrário das meninas, ela ficou tão apavorada com o estranho objeto brilhante que trancou todas as portas, fechou as janelas e ligou para o marido, pedindo que viesse para casa o mais rápido possível.

No dia seguinte, um outro vizinho, Bruce Marecki, que morava a alguma distância dali, confirmou ter visto algumas luzes estranhas na direção da fazenda Luke, mas não prestou muita atenção, pois pensou que fossem fogos de artifício, ou algo parecido.

Chamaram a polícia e a imprensa foi notificada. Por alguns dias, a fazenda Luke ficou cheia de investigadores e espectadores curiosos. Então, o entusiasmo se esvaeceu. Sem pistas para seguir, a polícia suspendeu as investigações. Sem mais nada de sensacional para noticiar, a imprensa também perdeu o interesse. Os estranhos intrusos nunca mais voltaram para Winsted, Connecticut. Depois de esbarrarem suavemente no inexplicável, Carol Luke e Ruth Passini voltaram para a escola e retomaram suas vidas.

No entanto, algo passou por aquela remota fazenda de Connecticut, em uma bela noite de setembro, em 1967. Houve cinco vizinha e retornou. É claro, os três vultos foram vistos apenas por duas meninas adolescentes, pois a Sra. Pinozza estava escondida em casa, morrendo de medo, quando os vultos apareceram. No entanto, não há

Esta ilustração mostra os três alienígenas e seu óvni que visitou uma fazenda em Connecticut, EUA, em 1967.

testemunhas do objeto brilhante, e todas descreveram o que viram de forma consistente e verossímil. Não há fenômeno natural conhecido, ou aeronave artificial, que possa reproduzir com exatidão a aparência e o comportamento desse objeto.

Além disso, alguém, ou alguma coisa, passou uns bons 20 minutos observando o pasto da fazenda, atravessou a rua até o quintal da motivo real para se duvidar da honestidade delas, ou de suas visões. As meninas não tinham má reputação por enganarem adultos ou inventarem histórias, e nem exageraram suas descrições da aparência e comportamento dos misteriosos visitantes. Quem eram eles? Por que as visitaram? O que fizeram?

Considerando apenas o incidente de Winsted, é impossível responder a tais perguntas.

INTRODUÇÃO – UMA EXPERIÊNCIA ALIENÍGENA

Ninguém viu o objeto chegar, e, como se afastou voando até desaparecer, ninguém pode sequer especular para onde foi. Ninguém viu os humanoides surgirem ou desaparecerem no objeto, embora pareça razoável supormos que tenham feito ambas as coisas. Certamente eles foram vistos caminhando na direção do objeto, alguns segundos antes de sua decolagem, e não foram mais vistos depois que ele partiu. A descrição dos vultos é suficientemente clara, mas carece de detalhes. Eles tinham pouco menos que um metro e meio de altura, cabeças grandes, e eram aparentemente humanoides, com dois braços, duas pernas e corpos de proporções aproximadamente humanas. Se não houvesse o estranho objeto, poderiam ter sido confundidos com meninos usando algum tipo de capacete.

Se não há evidência suficiente para elucidar qual a natureza do objeto e de onde vieram os humanoides, menor ainda é a evidência que possa indicar qual era o propósito deles. Depois que os visitantes partiram, não havia nada faltando ou sequer fora do lugar. Embora as meninas achassem que os intrusos pareciam curiosos com o pasto da fazenda e o que havia nela, eles não demonstraram nenhum grande interesse por qualquer coisa ou objeto. Aparentemente, estavam apenas dando uma olhada no lugar.

Por si só, o incidente de Winsted é um enigma simplesmente inexplicável. Não é um dos incidentes com óvnis mais conhecidos, e é, em grande parte, ignorado pela literatura geral sobre o assunto. Em suma, é muito trivial para ser do interesse de pesquisadores sensacionalistas.

> **"Os visitantes, quem quer que fossem, claramente não perceberam que estavam sendo observados pelas duas meninas."**

No entanto, é por causa de sua trivialidade que o incidente de Winsted é tão valioso. Os visitantes, quem quer que fossem, claramente não perceberam que estavam sendo observados pelas duas meninas. Quando o primeiro carro se aproximou, eles tentaram se esconder, e quando a Sra. Luke chegou à casa, foram embora. No restante do tempo, fizeram, aparentemente, o que teriam feito se estivessem sozinhos na fazenda. Talvez tenham visto a Sra. Luke sair, e pensaram que a fazenda estivesse abandonada.

Ao estudar um grande número de tais avistamentos pouco notáveis e comuns, é possível aprender muito mais do que com um ou dois dos exemplos importantes.

O fato de que testemunhas oculares podem ser falíveis é bem conhecido. Os policiais do mundo inteiro têm de lidar com descrições contraditórias de um mesmo suspeito, feitas por pessoas diferentes. É improvável que um homem que fugiu de uma loja após um assalto seja descrito da mesma maneira por todos os que o viram fugir. Em vez de desistirem, os policiais são peritos em procurar por características comuns.

> "... ao estudarmos a enorme quantidade de dados e avistamentos disponíveis, é possível elaborarmos uma imagem global do que está acontecendo..."

Se sete testemunhas dizem que um homem era loiro, e apenas uma diz que era ruivo, provavelmente ele era loiro. Se três testemunhas afirmam que ele escapou em um carro azul, cinco que ele fugiu em um Ford, e duas afirmam que, no carro, junto com o suspeito, havia um homem no banco do passageiro, então é razoável concluir que o suspeito tenha fugido em um Ford azul acompanhado de um cúmplice. Nem todas as testemunhas precisam ver exatamente as mesmas coisas para que uma versão completa seja elaborada.

Assim ocorre com os fenômenos de óvni. Não se pode esperar que testemunha alguma tenha visto tudo. Algumas testemunhas irão contradizer outras. Porém, ao estudarmos a enorme quantidade de dados e avistamentos disponíveis, é possível elaborarmos uma versão composta do que está acontecendo, que seja tão próxima da verdade quanto nós humanos jamais obteremos.

Tal verdade pode ser dramática, surpreendente, e nem um pouco aquilo que a maioria das pessoas espera que seja.

CAPÍTULO 1

DO AZUL DO CÉU, INESPERADAMENTE

A aparição de um estranho objeto voador vista por Kenneth Arnold, em 1947, despertou o interesse mundial por óvnis.

A maioria dos livros e artigos sobre óvnis consideram a aparição de 1947, vista por Kenneth Arnold, como o marco inicial do fenômeno.

Este relato crucial é contado frequentemente, e suas principais características podem ser apresentadas com bastante rapidez.

Em 24 de junho de 1947, Arnold, um piloto experiente, sobrevoava as montanhas Cascade do estado norte-americano de Washington, em seu avião particular. Subitamente, um brilho chamou sua atenção, tal como o de um reflexo do sol nas asas polidas de outro avião. Ele preguiçosamente olhou naquela direção, e ficou surpreso ao ver nove estranhas aeronaves voando a uma velocidade extraordinária. Os veículos tinham um formato de lua crescente, de cor prateada brilhante, e voavam em formação de esquadrilha militar. Os objetos não se moviam em linha reta, mas dançavam e saltitavam em suas trajetórias.

A noção de que tais objetos fossem espaçonaves alienígenas, fantasmas, ou qualquer coisa paranormal, nem sequer passou pela cabeça de Arnold. Ele presumiu que fossem algum tipo de aeronave secreta em fase de testes das Forças Armadas dos Estados Unidos. Foi só depois de aterrissar que Arnold desconfiou que elas poderiam não ser dos Estados

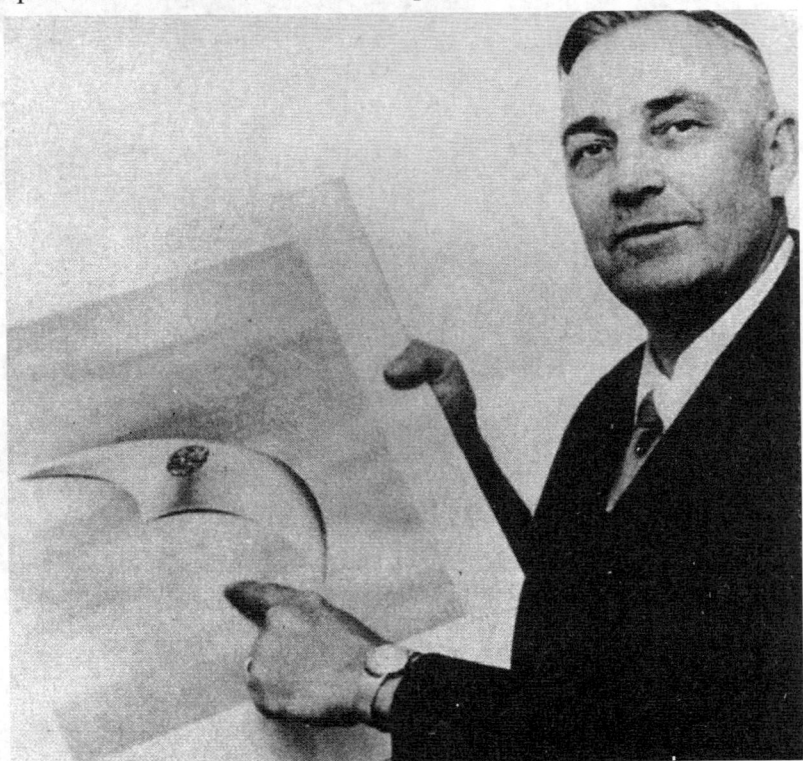

Kenneth Arnold mostra uma ilustração artística da nave com forma de crescente vista por ele em 1947.

Unidos, mas intrusos soviéticos de alto desempenho (isso foi logo no início da Guerra Fria). Foi por esse motivo que Arnold primeiro relatou o incidente ao FBI, e só depois para os jornais. Quando um repórter pediu que Arnold esclarecesse sobre o que quis dizer com as aeronaves saltitando, ele respondeu: "elas se moviam como um disco faz quando pula na superfície da água". Assim nasceu a expressão "disco voador".

Em retrospectiva, algo muito mais importante aconteceu naquele dia, além da mera criação de uma frase. Arnold foi a primeira pessoa a sugerir que os estranhos objetos voadores fossem veículos mecânicos pilotados por seres inteligentes de origem desconhecida, com intenções possivelmente hostis. Hoje, a ideia pode nos parecer óbvia, mas antes daquele fatídico dia, em 1947, outros objetos semelhantes eram explicados de várias maneiras diferentes.

Outra realização de Arnold, dessa vez de forma não intencional, foi tornar admissível que alguém relatasse ter visto um "disco voador", ou objeto voador não identificado (óvni), como logo se tornaram mais conhecidos. Os pesquisadores descobriram que essas coisas já vinham sendo avistadas por muitos anos, antes de 1947, mas não haviam sido reconhecidas pelo que realmente eram.

AVISTAMENTOS HISTÓRICOS

Considere, por exemplo, um relato japonês de 1361: "um objeto com o formato de um tambor e uns seis metros de diâmetro foi avistado voando baixo sobre o mar do interior". Outro relato japonês, desta vez de maio de 1606, registra que uma "gigantesca roda vermelha" pairou sobre o Castelo Nijo, em Quioto, por alguns minutos, e depois começou a girar e voou para longe.

Enquanto isso, outros relatos demonstram a atividade de estranhos objetos voadores na Europa. No ano 75 a.C., um sacerdote romano relatou que "uma fagulha caiu de uma estrela e cresceu, ao se aproximar do chão, até ficar tão grande quanto a lua e tão brilhante quanto o sol visto de trás de um lençol de nuvens. Ao retornar ao céu, tomou a forma de uma tocha".

Em 5 de dezembro de 1577, vários objetos voadores com formato de chapéus "pretos, amarelos e rubros" voaram sobre a Alemanha, e pelo menos um deles aterrissou temporariamente. Considerando o estilo dos chapéus na época, os objetos pareceriam ser redondos, com um formato hemisférico baixo e com uma borda circular que se projetava em volta da base.

> "Em 5 de dezembro de 1577, vários objetos voadores com o formato de chapéus "pretos, amarelos e rubros" voaram sobre a Alemanha, e pelo menos um deles aterrissou temporariamente."

Em 15 de agosto de 1663, outro objeto foi avistado nos céus, acima de Robozero, na Rússia. Pela manhã, por volta das 11h30, os camponeses da região estavam reunidos na igreja, quando "um enorme estrondo ressoou do céu, e muitas pessoas saíram da igreja de Deus, e se reuniram lá fora na praça. Levka Pedorov (um fazendeiro que ditou esse relato a um funcionário do governo) estava entre eles, e viu o que aconteceu. Para ele, foi um sinal de Deus. Desceu sobre Robozero uma grande bola de fogo, vinda dos céus mais límpidos, não de uma nuvem. Além disso, ela veio da direção de onde vem o inverno, e passou pela igreja, rumo ao lago. O fogo tinha uns 45 metros de cada lado, e à mesma distância do fogo havia dois feixes flamejantes. Subitamente, o objeto não estava mais lá; mas, depois de uma hora no relógio, surgiu novamente, acima do lago, onde antes havia desaparecido. Ele se deslocou do sul para o oeste, e estava a uns 500 metros de distância quando sumiu. Mas ele retornou, aterrorizando todos os que o observavam, e voou para oeste, pairando sobre Robozero [por] uma hora e meia. O fato é que alguns pescadores, que estavam em um barco no meio do lago a uma milha de distância, sofreram graves queimaduras. A água do lago iluminou-se até sua profundidade máxima de nove metros, e os peixes fugiram para as margens. Sob o brilho, a água parecia estar coberta com ferrugem".

Embora as descrições físicas de muitos desses relatos antigos claramente se encaixem no que hoje categorizamos como óvnis, as testemunhas da época tinham explicações bem diferentes. Em setembro de 1235, um nobre japonês chamado Yoritsume notou umas luzes estranhas no céu noturno. As luzes eram brilhantes, redondas e se moviam em trajetórias circulares ou oscilantes para o sudoeste. Yoritsume convocou os especialistas científicos de sua época, descreveu-lhes o que havia visto, e pediu alguma explicação. Depois de alguns dias de discussão, os cientistas responderam que Yoritsume havia visto o vento soprar as estrelas de um lado para o outro.

> **"Depois de alguns dias de discussão, os cientistas responderam que Yoritsume havia visto o vento soprar as estrelas de um lado para o outro."**

Nesse meio tempo, na Inglaterra, em 1793, os objetos flamejantes avistados cruzando os céus de Northumberland, em pleno dia, foram descritos por monges da região como "dragões".

Esses registros antigos, e houve muitos deles, claramente sugerem que o fenômeno óvni vem ocorrendo há muito tempo.

Certamente tais incidentes teriam sido classificados como relatos de óvnis se ocorressem na atualidade. De modo geral, no entanto, poucos detalhes foram registrados, por isso não são úteis para a elaboração de um retrato fiel do ocorrido.

UMA VISÃO DIVINA?

Bem mais detalhados, por terem sido considerados como de grande importância, foram os incidentes compreendidos por testemunhas como encontros com deuses, demônios ou outras entidades sobrenaturais.

Uma gravura que ilustra a visão de Ezequiel. Alguns pesquisadores modernos interpretam a visita como o avistamento de um óvni.

O evento citado com mais frequência que qualquer outro é o encontro do profeta hebreu Ezequiel com Deus, que aconteceu nas margens do rio Chebar, em 529 a.C. Na *Bíblia*, no capítulo 1 do livro de Ezequiel, o profeta relata:

"Olhei, e eis que vinha do norte um vento tempestuoso, uma grande nuvem com um fogo que emitia contínuas labaredas, e em torno dela um resplendor, e do meio dele, isto é, do meio do fogo, saía um como brilho de electro. Do meio dessa nuvem também saía a semelhança de quatro criaturas viventes. Esta era a aparência delas, e nelas havia a semelhança de homem. Cada uma tinha quatro rostos, e cada uma, quatro asas. Os seus pés retos e as plantas dos seus pés eram como a planta dos pés de um bezerro; e luziam como o brilho de latão polido. Debaixo das suas asas tinham mãos de homens nos quatro lados, assim todas as quatro tinham os seus rostos e as suas asas. As asas de cada uma uniam-se às da outra. Elas não se viravam quando iam, cada qual, para frente. As suas asas estavam estendidas para cima. Cada uma tinha duas asas unidas às da outra e duas cobriam os seus corpos. Ia cada uma para adiante de si; para onde o espírito havia de ir, iam; não se viravam, quando iam. Quanto à semelhança das criaturas viventes, a sua aparência era como brasas ardentes do fogo, como a aparência de labaredas. O fogo se movia entre as criaturas viventes; o fogo resplandecia e do fogo saíam relâmpagos.

As criaturas viventes corriam e voltavam como a aparência de que surge um raio. Ora, quando eu estava olhando para as criaturas viventes, eis que surge uma roda sobre a terra junto a cada uma das criaturas viventes, aos seus quatro lados. A aparência das rodas e a obra delas era como o brilho de berilo, e era uma só semelhança a dos quatro; a sua aparência, e a sua obra, era como se estivera uma roda no meio de outra roda. Quando iam, iam pelos seus quatro lados; não se viravam quando iam. Quanto às suas pinas, eram altas e formidáveis; e as pinas das quatro eram cheias de olhos ao redor.

Quando elas iam, eu ouvia o ruído das suas asas, como o ruído de grandes águas, como a voz do Todo-Poderoso, o ruído de tumulto como o ruído de um exército; quando paravam, abaixavam as suas asas."

Ezequiel continua sua narrativa com ainda mais detalhes, incluindo o que parece ser um domo de vidro sobre as rodas, antes de concluir com a explicação de que tal aparição bizarra e surpreendente

Uma ilustração moderna de um dragão. Nos tempos medievais, luzes estranhas no céu poderiam ter sido interpretadas como dragões cuspindo fogo.

era a "semelhança da glória do Senhor". Ele registra como Deus falou com ele, entregando uma mensagem de destruição e catástrofe iminentes a cair sobre os israelitas, em virtude da sua maldade.

> "Também foi observado que alguns dos comportamentos e aparências de Deus e seus anjos, como descritos nos livros mais antigos da *Bíblia*, são por vezes nitidamente profanos."

É claro que Ezequiel tentava descrever algo que vira, e que o impressionara muito, mas que ele não compreendeu por completo. Ele interpretou tal coisa como sendo um sinal de Deus. Alguns ufólogos modernos interpretam isso como sendo um óvni, e procuram penetrar nas palavras de Ezequiel para reconstruir exatamente o que ele viu. O trabalho do projetista de foguetes da NASA, J. F. Blumrich, de construir um aparelho mecânico voador que corresponda à descrição de Ezequiel, é especialmente convincente.

Também foi observado que alguns dos comportamentos e aparências de Deus e seus anjos, como descritos nos livros mais

O tridente de Poseidon (esquerda), o capacete alado de Mercúrio (centro) e a carruagem de Chandra (direita) são dispositivos mecânicos inusitados para as necessidades dos deuses, fato que leva alguns a supor que tais divindades pagãs fossem seres alienígenas.

antigos da *Bíblia*, são por vezes nitidamente profanos.

Quando Deus e dois anjos visitam Abraão em Mamre, como registrado no livro do Gênesis, eles aparentam ser três homens perfeitamente normais, embora muito belos. Os quatro então se sentam e fazem uma refeição de carne assada, cozida por Abraão. Sentar-se para apreciar uma saborosa refeição pode ser, segundo alguns pesquisadores modernos, um comportamento apropriado para um alienígena depois de uma longa viagem, mas dificilmente seria algo condizente com uma divindade onipotente.

Outros autores recentes foram mais longe, sugerindo que a maioria das divindades antigas, se não todas, eram, de fato, alienígenas. Devemos admitir que as travessuras de muitas divindades pagãs parecem ser tão profanas, em suas emoções e insignificância, quanto um bocado corpóreas. Também já foi observado que vários deuses aparentam precisar de aparelhos mecânicos para executar seus poderes divinos. Eles usam carruagens e capacetes alados para voar e cetros ou tridentes para desencadear a destruição. Alguns autores consideram isso como prova de que tais "deuses" sejam de fato

Brinsley le Poer Trench, conhecido como Lord Clancarty, foi um importante investigador de óvnis nos anos 1960.

seres mortais, equipados com tecnologias altamente avançadas. A identificação mais óbvia para tais entidades é a de alienígenas em visita à Terra. Portanto, elas devem ser associadas aos modernos relatos de óvnis e seus ocupantes.

CONHECIMENTO DOGON

Os defensores mais eloquentes desta teoria dos alienígenas na Antiguidade são o escritor suíço Erich von Daniken e o britânico Brinsley le Poer Trench, mais conhecido fora das comunidades esotéricas por seu título, Lord Clancarty. A maior atividade de ambos foi durante os anos 1960 e 1970, quando as ideias deles foram amplamente aceitas pelo público.

Uma das evidências mais impressionantes apresentadas por esses escritores foi o fato de que os dogons, uma tribo obscura de Mali, na África, detinham conhecimentos detalhados acerca do sistema estelar Sirius. Especificamente, eles sabiam que a estrela visível Sirius A possui outra estrela bem menor a orbitá-la em um ciclo de 50 anos terrestres [de fato são 50,04 anos, uma aproximação quase perfeita]. Eles ainda afirmavam que Júpiter tinha quatro luas e que a Via Láctea era um grande círculo de estrelas. Eles também possuíam outros conhecimentos astronômicos, mas esses fatos foram fundamentais, pois as estrelas por eles referidas não são visíveis a olho nu, mas apenas com telescópios poderosos.

> "... os dogons, uma tribo obscura de Mali, na África, detinham conhecimentos detalhados acerca do sistema estelar Sirius."

Quando tal informação foi coletada por cientistas que pesquisavam os costumes e o estilo de vida dos dogons nos anos 1930, eles a consideraram uma misteriosa anomalia. A explicação dada pelos próprios dogons sobre como adquiriram seus conhecimentos foi desprezada como mero relato mitológico sobre deuses e espíritos.

sim, de uma raça de viajantes que visitou as terras dogons, de um planeta que orbita Sirius B. Tal planeta, disseram os dogons, chamava-se Nyantolo, enquanto os alienígenas de lá chamavam-se

Dois membros da tribo Dogon participam de uma dança ritual. Os dogons alegam ter sido visitados por alienígenas.

Quando os documentos dos anos 1930 foram novamente estudados, revisou-se o caso Dogon à luz de conhecimentos mais recentes sobre óvnis e afins, e foi constatado que os fatos são bem diferentes. Os dogons não alegaram que seus conhecimentos foram recebidos dos deuses, mas, nommos. Os nommos eram descritos como tendo longas caudas, semelhantes à de um golfinho. Os nommos chegaram ao território Dogon, próximo ao lago Debo, em grandes objetos voadores com o formato de um barco redondo, que faziam um ruído trovejante ao voarem.

A tribo Dogon, de alguma forma, teve acesso a conhecimentos astronômicos sofisticados.

Devemos admitir que as crenças dogons incluem um grande volume de informações que não podem ser comprovadas, ou que, evidentemente, estão relacionadas às divindades mitológicas. Mas o conhecimento detalhado de Sirius e a explicação de como os dogons obtiveram tal conhecimento sugerem que visitas de alienígenas ocorreram na Antiguidade. Eles não fornecem uma data precisa da visita dos nommos, além do fato de que ela ocorreu há muito tempo.

Os críticos observam que alguns dos fatos apresentados por Von Daniken e outros para embasar tais teorias de visitas alienígenas na Antiguidade não são de fato verdadeiros. Além do mais, alegações feitas por Von Daniken sobre visitas pessoalmente feitas a locais importantes foram reveladas como fictícias, pois foi comprovado que os dados por ele obtidos vieram de fotografias e relatos escritos compilados por terceiros. Na ocasião, as revelações contribuíram para enfraquecer a teoria dos alienígenas na Antiguidade, fazendo com que o público e os investigadores de relatos recentes de óvnis logo perdessem o interesse.

No entanto, essas críticas pouco enfraqueceram o conceito básico das visitas de alienígenas na Antiguidade. A evidência que atualmente temos de fato indica que ocorreram saltos súbitos e distintos nos conhecimentos tecnológicos e habilidades em determinados momentos da história humana. A teoria dos alienígenas na Antiguidade atribui esses saltos à intervenção benévola de visitantes alienígenas. Ideias mais convencionais sugerem que o surgimento súbito de uma tecnologia tenha mais a ver com a perda das evidências que comprovem um lento desenvolvimento ou com o esquecimento de algum gênio humano que tenha sido responsável por isso.

VOCÊ ACREDITA EM FADAS?

Os deuses não são os únicos que foram interpretados como relatos de visitas de óvnis na Antiguidade. A crença em várias espécies de fadas, elfos, gnomos e outros tipos de gente miúda também foi associada a relatos do que hoje chamaríamos óvnis e alienígenas. O problema é que, nesse caso, as muitas histórias de fadas foram escritas nos últimos 150 anos para divertir crianças. Elas têm muito pouco, ou talvez nada, a ver com as crenças nas fadas das antigas tradições. Enquanto as fadas dos livros infantis são amigáveis e brincalhonas, as antigas fadas eram poderosas e imprevisíveis. Enquanto as fadas das historinhas se divertem ajudando os humanos, as fadas genuínas os sequestrariam e os sujeitariam a horrores impronunciáveis.

Há dois casos típicos de contato com fadas que poderiam iluminar a questão. Em 1860, uma jovem caminhava para casa, em Kington, Herefordshire, quando viu um grupo de fadas dançando pelo campo. Ela se aproximou, dançou com elas por alguns minutos e depois partiu para casa. Ao chegar à casa, a moça encontrou sua mãe aos prantos, e soube que sua família e seus amigos estavam todos procurando por ela. Ela desaparecera por vários dias, embora tenha pensado que haviam passado apenas alguns minutos. A experiência de tempo perdido ocorre frequentemente nos encontros com óvnis e alienígenas.

> "Os vultos cruzaram a rua em fila indiana, pularam a cerca viva com dificuldade e atravessaram o campo a pé. Dunn tentou segui-los, mas descobriu que seus braços e pernas estavam paralisados."

Outro encontro com fadas que se parece muito com um contato moderno com alienígenas aconteceu em Cornwall, em uma noite de 1810, quando um alfaiate chamado William Dunn caminhava de Truro até St. Kea, onde morava. Ele descia uma ruela próxima ao jardim da igreja, quando se surpreendeu ao ver um grupo de pequenos homens atravessando a rua à sua frente. Cada um dos homens tinha um pouco mais que um metro de altura, usava uma vestimenta vermelha e um chapéu, ou capacete, de formato estranho. Os vultos cruzaram a rua em fila indiana, pularam a cerca viva com dificuldade e atravessaram o campo a pé. Dunn tentou segui-los, mas descobriu que seus braços e pernas estavam paralisados. Ele observava, enquanto a procissão desaparecia atrás de uma colina. Dunn não conseguiu se movimentar por alguns minutos, mas então subitamente recuperou o controle de seus membros. Ele concluiu que os vultos eram "piskies", como são chamados os elfos em Cornwall, e que ele havia sido imobilizado por um feitiço. A maneira como ele descreveu seus piskies corresponderia a muitos alienígenas modernos, e também a paralisia temporária já foi relatada por inúmeras testemunhas de atividades de óvnis.

OS DIRIGÍVEIS E A ERA INDUSTRIAL

Partindo dos relatos reconhecidamente ambíguos e imprecisos do passado distante, encontramos um grande número de relatos anteriores a 1947 que são consistentes com o fenômeno óvni. Estes relatórios foram frequentemente realizados por pessoas instruídas, familiarizadas com as tecnologias

Uma pintura vitoriana de uma trupe de fadas, seres sobrenaturais que compartilham muitas semelhanças com as descrições dos humanoides que surgem dos óvnis.

Um bombardeiro dirigível é surpreendido por holofotes durante a Primeira Guerra Mundial.

mecânicas da revolução industrial. Embora não tenham interpretado o que viram como óvnis ou algo relacionado a extraterrestres, suas descrições são muito mais precisas do que os antigos relatos tingidos pela crença em deuses ou fadas.

Entre 1895 e 1914, apareceram vários relatos de objetos voadores misteriosos, alguns tripulados por humanoides, que na época foram interpretados como balões dirigíveis de projeto avançado. Nesse período, os dirigíveis eram apenas aeronaves de grande porte fabricadas por humanos. Eles tinham até 90 metros de comprimento, em uma época em que os aviões eram frágeis estruturas de madeira cobertas de lona, com poucos metros de comprimento. Talvez fosse natural que uma testemunha da época presumisse que qualquer coisa grande que voasse fosse um dirigível.

Às 19 horas do dia 17 de novembro de 1896, um grande objeto com o formato de um charuto, que emitia uma forte luz branca, pairou sobre um subúrbio de Sacramento, na Califórnia. Uma das muitas testemunhas que viram a aeronave pensou ter ouvido uma voz que disse "esperamos estar em São Francisco amanhã ao meio-dia". Aquilo teria sido um bom desempenho para um dirigível da época.

Em 25 de janeiro de 1897, outro "dirigível" foi avistado sobre Hastings, Nebraska. Essa aeronave pôde ser observada por 30 minutos, enquanto se movia em círculos e passeava suspensa no ar. O objeto estava equipado com um farol brilhante que projetava um feixe de luz no chão, fazendo varreduras circulares. Em abril do mesmo ano, um veículo muito semelhante foi avistado fazendo manobras sobre Brown County, Kansas.

Em 23 de abril, a sequência de avistamentos se intensificou, quando o juiz Lawrence Byrne, de Arkansas, não apenas se deparou com um dirigível, mas também com sua tripulação. Ele disse que os ocupantes da aeronave pareciam ser japoneses e falavam uma língua que ele não compreendia. É possível que o juiz tenha desejado dizer que os tripulantes eram pequenos, amarelados e tinham olhos puxados, pois tal era o estereótipo que as pessoas do meio-oeste dos Estados Unidos costumavam ter dos japoneses.

Em agosto, relatos chegaram de Vancouver, na Columbia Britânica, Canadá, e de regiões no norte do México, assim como de vários lugares dos Estados Unidos. Em outubro, o número de avistamentos caiu, e, em janeiro de 1898, a misteriosa aeronave desapareceu.

Na época, a teoria mais popular para explicar tais avistamentos era a de que algum cientista norte-americano muito inteligente e rico havia desenvolvido um novo tipo de dirigível, e que estava fazendo testes. Quando os avistamentos acabaram e nenhum inventor se apresentou com sua aeronave, a ideia foi abandonada. Os avistamentos foram serenamente esquecidos até serem depois desenterrados por pesquisadores de óvnis.

Enquanto isso, a trilha de avistamentos de dirigíveis se deslocou para a Nova Zelândia. Em 23 de julho de 1909, um dirigível mergulhou das nuvens e pairou sobre uma escola em Kelso, na Ilha do Sul. Ele foi visto por dezenas de crianças e por todos os professores, enquanto pairava no alto, por dez minutos, antes de voltar para a cobertura de nuvens.

Três dias depois, um dirigível do tamanho de uma casa foi avistado sobrevoando o Kaka Point, na Ilha do Sul. O dirigível surgiu logo após o anoitecer, e parecia ser iluminado por dentro. Depois de se mover em círculos por uns momentos, voou para longe.

"GRÃ-BRETANHA INVADIDA"

Naquele ano, os dirigíveis surgiram sobre a Grã-Bretanha. A esta altura, as tensões com a Alemanha estavam altas, e muitos esperavam que os alemães lançassem uma invasão preventiva sobre a Grã-Bretanha. Sabia-se que a Alemanha possuía vários dirigíveis gigantescos, fabricados pelo conde Zeppelin, capazes de voar da Alemanha para a Inglaterra, munidos de bombas, e antecipava-se que qualquer invasão alemã seria precedida por bombardeios feitos por zepelins.

> "... O Primeiro Lorde do Almirantado, um tal de Winston Churchill, admitiu que o governo não sabia o que tais aeronaves misteriosas eram realmente."

Quando um objeto parecido com um zepelim passou por cima da cidade costeira de Southend, em 20 de maio de 1909, muitos habitantes temeram o pior. No dia seguinte, o jornal local noticiou com a manchete "Grã-Bretanha Invadida". O intruso voador foi descrito como uma "misteriosa máquina em formato de charuto, com faróis tremeluzentes e mecanismos barulhentos". Nos dias seguintes, aeronaves idênticas foram avistadas sobrevoando Norwich, Birmingham e a cidade galesa de Pontypool.

Os dirigíveis então partiram da Grã-Bretanha, mas voltaram em maior número, três anos depois. Entre novembro de 1912 e janeiro de 1913, dezenas de avistamentos de dirigíveis semelhantes a zepelins ocorreram em Cardiff, Liverpool, Dover e em outras cidades. A questão chegou à Câmara dos Comuns, onde o Primeiro Lorde do Almirantado, um tal de Winston Churchill, admitiu que o

Durante a Segunda Guerra Mundial, muitos aviadores que sobrevoaram a Europa relataram ter visto pequenos objetos brilhantes arredondados, que chamaram de *foo fighters*, os "combatentes de fogo".

governo não sabia o que tais aeronaves misteriosas eram realmente.

Em 1942, uma nova categoria de objetos voadores misteriosos surgiu nos conflituosos céus da Europa. Estes se tornaram conhecidos por aviadores britânicos e americanos como *foo fighters*, os combatentes de fogo. O tamanho típico dos objetos era razoavelmente pequeno, com menos de três metros de diâmetro, esféricos ou em forma de disco. Durante a noite, os *foo fighters* brilhavam com uma luz estranha, mas, durante o dia, pareciam ser feitos de alumínio. Eles normalmente voavam ao lado dos aviões, mas, às vezes, pairavam imóveis, nas rotas dos aviões.

É de se compreender que os tripulantes dos aviões ficassem apreensivos com a possibilidade de tais objetos serem algum tipo de arma secreta alemã. A princípio, temiam que fossem armas munidas de explosivos, mas, quando não viram nenhum explodir, a ideia de que fossem aeronaves de reconhecimento aéreo adquiriu credibilidade. Depois da guerra, as equipes de inteligência dos Aliados vasculharam diligentemente os arquivos nazistas e interrogaram os cientistas alemães, e descobriram que os alemães estavam tão perplexos com os objetos quanto os Aliados. De fato, os pilotos da Luftwaffe estavam tão assustados com os *foo fighters* quanto seus adversários.

Em 1946, estranhos foguetes foram vistos na Escandinávia. Os objetos foram em geral descritos como alongados, prateados e sem asas. Estimou-se que voavam com velocidades superiores a 1.600 km por hora, e, às vezes, deixavam rastros de fogo ou fumaça, mas nem sempre. As autoridades apressadamente concluíram que tais objetos talvez fossem alguma versão avançada dos terríveis foguetes V2, que os alemães usaram para devastar Londres, Roterdã e outras cidades, durante os bombardeios de 1944 e 1945.

O principal suspeito era a União Soviética. Quando as autoridades suecas exigiram respostas, os soviéticos negaram ter qualquer conhecimento de tais "foguetes fantasmas". Eles salientaram que se testassem novos armamentos, provavelmente o fariam sobre a Sibéria, e não sobre a Suécia. No entanto, o temor de que alguma potência estrangeira estivesse testando armas permaneceu. Os jornais suecos foram proibidos de publicar a localização dos avistamentos e o governo norueguês censurou tais notícias por completo. Porém, relatos continuaram a ser feitos por vários meses e só acabaram no começo dos anos 1950.

Embora houvesse uma quantia impressionante de objetos voadores não explicados sendo vistos em todo o mundo, o assunto nunca recebeu muita atenção na imprensa. Aparentemente, as autoridades oficiais nem sequer associaram os vários tipos de aparições como aspectos diferentes do mesmo fenômeno. Cada surto de avistamentos permaneceu uma sensação puramente isolada e ignorada pela imprensa internacional. As histórias podem ter recebido um bocado de cobertura na imprensa local ou regional, mas foi só isso.

Foi a aparição vista por Kenneth Arnold que capturou o interesse mundial por óvnis. Como podemos constatar, a aparição vista por Arnold não foi nada espetacular e nem especialmente bizarra. Quando comparada a alguns dos avistamentos anteriores, e posteriores, certamente não passou de trivial. Seu destaque se deve às possíveis associações com a alta tecnologia militar soviética sobre os Estados Unidos, a honestidade incontestável de Arnold e a criação da expressão "disco voador".

Uma vez que a noção dos discos voadores foi disseminada e discutida pela imprensa norte-americana e pelas redes de radiodifusão, logo se espalhou para outras nações do mundo desenvolvido. No começo, apenas as nações conectadas aos Estados Unidos acolheram a ideia: Inglaterra, Austrália, Canadá, as nações da Europa Ocidental, e assim por diante. A mídia no bloco comunista e no Terceiro Mundo não noticiou as reportagens, o que não significa que tais avistamentos não tenham ocorrido em tais países.

GANHANDO VELOCIDADE

Apenas três meses depois que a aparição vista por Arnold foi manchete, mais de 800 relatos de estranhos objetos voadores foram feitos para a Força Aérea dos Estados Unidos (USAF). Nos meses seguintes, o número de relatos caiu, mas continuaram a ser feitos, frequentemente por testemunhas muito confiáveis e com boa visibilidade. É claro que inevitavelmente houve relatos de eventos ocorridos com má visibilidade, ou feitos por pessoas, seja lá por quais motivos, de honestidade duvidosa.

Uma dose inicial de humor foi injetada no mito em expansão pelos eventos de 4 de julho de 1947. A notícia do avistamento relatado por Arnold, apenas duas semanas antes, espalhava-se rapidamente pela comunidade aeroviária, causando muita especulação. Na hora do almoço, uma discussão entre os funcionários das empresas aéreas no aeroporto de Boise, Idaho, foi interrompida por um piloto da United Airlines, E. J. Smith, que afirmou categoricamente que tudo não passava de insensatez. "Só acreditarei quando avistar", concluiu, batendo seu jornal com força no balcão e saindo a passos largos, para preparar seu avião para o próximo voo.

Smith decolou, e mal se passaram 20 minutos, quando foi confrontado por cinco objetos voadores em forma de disco, cada qual maior que seu próprio avião DC3. Os objetos também foram vistos pelo copiloto e pela aeromoça, antes de se afastarem em alta velocidade.

Um relato típico, entre os primeiros que atraíram a atenção das autoridades, foi o dos pilotos da Eastern Airlines, Clarence Chiles e John Whitted. Na noite de 23 de julho de 1948, eles pilotavam um DC3 levando passageiros, sobre o Alabama, quando avistaram o que pensaram ser outro avião, a certa distância logo à frente. Em poucos segundos, Chiles e Whitted perceberam que a outra aeronave vinha na direção deles em alta velocidade. Eles se prepararam para fazer uma manobra evasiva de emergência e evitar a colisão, mas o objeto passou por eles a poucas centenas de metros, e então disparou para longe e desapareceu.

A aeronave misteriosa esteve visível por apenas alguns segundos, mas se aproximou bastante, ao ponto de ambos terem seguramente dado uma boa olhada nela. Eles relataram que o objeto tinha o formato de um foguete ou charuto e que emanava uma pálida coloração azul sobre toda a superfície, com um brilho que os ofuscou, ao se aproximar ao máximo. Havia uma fileira do que poderiam ser janelas percorrendo o eixo lateral da aeronave. Havia pequenas chamas ou fumaças saindo da traseira do objeto. Mais tarde, Whitted descreveu o que havia visto como uma "nave-foguete tipo Flash Gordon".

> "Smith decolou, e mal se passaram 20 minutos quando foi confrontado por cinco objetos voadores disciformes, cada qual maior que seu próprio avião DC3."

LUTA NOS CÉUS

Em 1º de outubro de 1948, ocorreu um dos mais famosos e bem documentados avistamentos iniciais. Às 21 horas, o tenente da guarda nacional aérea George Gorman, de 26 anos, realizava um voo rotineiro de treinamento em um caça F51. Ele estava a uma altitude de 1.400 metros, e se aproximava para aterrissar no aeroporto de Fargo, Dakota do Norte, quando viu uma luz se movendo abaixo dele.

de Fargo, operado por L. D. Jensen. Jensen respondeu que o único outro avião na área era um Piper Cub, a uma distância segura ao oeste. Gorman olhou e localizou o Cub. Ao olhar novamente para a luz misteriosa, viu quando ela passou

E. J. Smith, piloto da United Airlines, mostra para uma comissária de bordo como o óvni que avistou em 1947 havia se comportado em voo.

Gorman pensou que estivesse vendo as luzes da cauda de outro avião, e estimou que estivesse a mil metros abaixo dele, fazendo mais ou menos o mesmo trajeto, a 400 km por hora. Preocupado que outro avião estivesse no mesmo curso de aterrissagem, Gorman chamou o controle de tráfego aéreo

sobre um campo de futebol iluminado, e ficou surpreso ao notar que não fazia parte de um avião, mas era um globo voador de luz.

Alertado por Gorman, Jensen contatou Manuel Johnson na torre de controle. Johnson pegou seus binóculos e localizou a luz, confirmando que não fazia parte de um avião. Jensen espiou o céu pela janela, e também avistou a estranha luz. Também a viram, alertados pelo rádio sobre o dramático acontecimento, o Dr. A. Cannon e Einar Nelson, no Cub.

Quando a luz misteriosa mudou de rota e mergulhou em direção ao aeroporto, Gorman decidiu agir. Afinal, ele era da guarda nacional, e estava pilotando um caça. Decidiu perseguir a luz. Gorman mais tarde relatou o seguinte: "eu mergulhei em plena velocidade [aproximadamente 650 km por hora em um F51], mas não consegui alcançar aquela coisa. Fiz uma curva estreita com meu 51 e tentei fechá-la. Estávamos, então, a aproximadamente 2.100 metros de altitude. De repente, ela fez uma curva fechada para a direita, e entramos em rota direta de colisão. Quando estávamos prestes a se chocar, acho que me apavorei, mergulhei, e a luz passou por cima de minha carlinga. Então, fiz uma curva para a esquerda a 300 metros acima e a persegui novamente".

Desta vez, Gorman decidiu que não evitaria uma colisão. De fato, ele estava bem preparado para bater no objeto misterioso e transmitiu sua intenção a Fargo, pelo rádio. A essa altura, Jensen e Johnson haviam abandonado suas atividades e puderam acompanhar a extraordinária batalha aérea que sucedeu. Por 20 minutos, Gorman e a luz misteriosa se perseguiram mutuamente pelos céus de Fargo. Então, o intruso aparentemente se cansou da brincadeira. A luz começou a subir em um ângulo acentuado. Gorman a seguiu até 5.200 metros, mas não conseguiu acompanhá-la. O objeto voou para o nordeste em alta velocidade. Gorman aterrissou, e fez um relatório.

Infelizmente para Gorman, espalhou-se o boato sobre sua intenção de se chocar com o misterioso objeto voador. Vários jornais especularam que a USAF havia instruído seus pilotos a colidir com discos voadores se pudessem, em vez de atirar neles. De fato, tal instrução nunca existiu. A princípio, a Força Aérea pensou que Gorman tivesse afirmado, e quase o processou no tribunal militar. Só desistiram quando foi esclarecido de que se tratava de mera especulação jornalística.

AR QUENTE

A batalha aérea de Gorman abriu vários precedentes. Um dos mais notáveis foi amplamente ignorado por muitos pesquisadores mais recentes. Quando os investigadores da USAF começaram a pesquisar o incidente e buscar uma explicação, interrogaram Gorman de forma detalhada e extenuante, por algumas horas. Eles verificaram a possível presença de outras aeronaves na região, procuraram por relatos de meteoros, etc. Não conseguiram chegar a conclusão alguma. Foi então que sugeriram a Gorman que ele havia visto um balão meteorológico.

Os balões meteorológicos da época carregavam um pequeno farol para que pudessem ser rastreados por meteorologistas. Foi sugerido que Gorman, cansado após um longo voo de treinamento, tivesse identificado o objeto erroneamente, e confundido os movimentos do objeto relativos à movimentação veloz do caça F51 com movimentos reais. Gorman disse-lhes que tinha certeza que não era nenhum balão, e que estava absolutamente certo de que a luz se deslocava em alta velocidade. Os investigadores da USAF estavam claramente indiferentes e apenas queriam abafar o caso com um balão meteorológico mal identificado. "O assunto para eles já estava encerrado", disse Gorman, posteriormente.

Mas o meteorologista de Fargo, George Sanderson, mantinha registros meticulosos. Ele

Um balão militar norte-americano do tipo apresentado repetidamente pela USAF como causa de avistamentos de óvnis.

confirmou que nenhum balão meteorológico havia sido lançado na ocasião. Os investigadores oficialmente registraram os eventos como "não explicados".

No entanto, um artigo de revista publicado em 7 de maio de 1949, que incluía detalhes aparentemente obtidos dos documentos oficiais, concluiu que Gorman havia perseguido um balão meteorológico. Não um balão de Fargo, mas, sim, um balão militar de hélio, que atinge altitudes elevadas, lançado de Minneapolis. O artigo especulou que esse balão havia sido lançado algumas horas antes, e havia vazado seu gás, perdendo altitude, pairando sobre Fargo no momento em que Gorman se aproximava para pousar. Não foi explicado como um balão com vazamento poderia rapidamente ganhar altitude.

Na ocasião, vários pesquisadores independentes pensaram que a história do balão de hélio havia sido publicada na revista pela força aérea para abafar o relato de Gorman. A primeira tentativa da força aérea de culpar um balão meteorológico fracassou; então eles apelaram para um tipo diferente de balão como suposta explicação. Foi uma manobra suspeita dos militares, vários anos depois, que se refletiu em um caso muito mais famoso.

ACELERANDO A MARCHA

Outro encontro semelhante ocorreu em 4 de dezembro de 1952 sobre Laredo, Texas. Um oficial regular da USAF, na época chamado Earl Fogle, embora este tenha sido um pseudônimo, patrulhava rumo à fronteira com o México durante a noite, quando viu um objeto azul e redondo a uma determinada distância. O objeto mudou de direção para interceptar o caça F51 de Fogle, entrando em rota de colisão e se aproximando em alta velocidade. No último segundo, o objeto se desviou, subiu rapidamente e então mergulhou para uma segunda passagem. Como eram tempos de paz, Fogle estava voando com suas luzes acesas. Ele então as desligou e mergulhou rapidamente, distanciando-se do objeto que se aproximava. Olhando por cima dos ombros, Fogle viu o objeto azul se mover em círculos, como se estivesse procurando por ele, subir para longe e sumir de vista.

Até então, apenas aeronaves a hélice, de baixo desempenho, haviam se deparado com discos voadores durante seus voos. Logo foi a vez dos jatos de caça de alto desempenho, e os pilotos da USAF não tinham ideia do que os esperava.

Em 29 de outubro de 1952, dois dos modelos mais modernos de caça F94 patrulhavam próximo a Long Island. O F94 não era apenas pesadamente armado e veloz, mas tinha radar ar-ar, operado por um segundo tripulante, sentado atrás do piloto. As duas aeronaves eram pilotadas pelos tenentes Burt Deane e Ralph Corbett. Por volta das duas da madrugada, Deane viu uma brilhante luz branca em frente aos jatos, a uns 13 quilômetros de distância.

Cientes de que eram os primeiros pilotos de jatos velozes

O astrônomo Clyde Tombaugh avistou oito misteriosas luzes verdes no céu sobre sua casa, no deserto do Arizona, em 1949.

a chegarem tão próximos de um disco voador, Deane e Corbett decidiram isso. Corbett foi o primeiro a travar o radar no alvo, mas foi Deane quem acelerou seu caça em potência máxima para atacar.

Imediatamente, o óvni se deslocou em alta velocidade, cruzando o trajeto da curva feita por Deane. Com seu caça, Deane fechou a curva o máximo possível, quase desmaiando com a intensa força G, mas não conseguiu corresponder ao desempenho da misteriosa aeronave. Corbett, então, iniciou seu ataque, usando táticas de caça-padrão, para tentar empurrar o óvni dentro do alcance das armas de Deane, mas não conseguiu. Apesar de as manobras feitas pelos pilotos, o óvni conseguiu escapar no último segundo, atingindo velocidades e fazendo manobras impossíveis para os caças F94. Depois de 10 minutos de confronto aéreo, o óvni subiu a uma velocidade supersônica. Deane e Corbet tentaram persegui-lo, mas logo ficaram para trás.

No relatório que apresentou após aterrissar, Deane escreveu: "Baseando-me em minha experiência com táticas de caça, minha opinião é de que o objeto era controlado por algo que manteve contato visual conosco. O poder e a aceleração estavam acima das capacidades de qualquer aeronave conhecida da USAF". Os investigadores que interrogaram os dois pilotos sobre o incidente novamente o classificaram como "não explicado".

> "... Deane fechou a curva o máximo possível, quase desmaiando com a intensa força G..."

Os pilotos militares não eram os únicos que estavam se deparando com discos voadores. Em 20 de agosto de 1949, ninguém menos que Clyde Tombaugh, o astrônomo que descobriu Plutão, se envolveu no crescente mistério dos discos voadores. Às 22h45, ele estava sentado no quintal de sua casa em Las Cruces, Novo México, com sua esposa e a mãe dela. Seu olho foi pego por uma luz verde que voava. Olhando para cima, Tombaugh viu outras sete luzes, todas da mesma cor, voando em curso paralelo. Ele pensou ter visto um formato escuro por trás das luzes, como se fossem janelas ou luzes afixadas a uma grande aeronave apagada, mas não teve certeza disso. A aeronave não fez qualquer ruído ao passar sobre eles, e desapareceu ao longe.

No dia 20 de maio do ano seguinte, outro astrônomo viu um disco voador. Foi o Dr. Seymour Hess, do observatório Lowell, em Flagstaff, Arizona, que estava fora do observatório, verificando a cobertura de nuvens, quando avistou um objeto brilhante no céu. Ele o estudou com seus binóculos por

Clyde Tombaugh, o astrônomo que descobriu Plutão, posa ao lado de seu telescópio, por ele construído, em Las Cruces, 1987.

alguns segundos, enquanto passava por cima dele. O objeto era um disco brilhante, voando por nuvens esparsas, às vezes desaparecendo atrás delas, e outras vezes voando abaixo. Depois de alguns segundos, o objeto sumiu de vista.

Não muito longe dali, em Farmington, no Novo México, a tarde do dia 18 de março se tornou histórica para os investigadores de discos voadores. Por mais de meia hora, os céus sobre a pequena cidade foram povoados com dúzias de aeronaves, em forma de disco, voando em formação, realizando manobras, subindo e mergulhando. Uma testemunha entre as centenas que viram o ocorrido descreveu isso como "um fantástico circo aéreo". Inclusive o delegado de polícia assistiu ao evento, sem saber como explicá-lo.

PESQUISAS CRUCIAIS

Um homem determinado a explicar o ocorrido foi o fuzileiro naval aposentado, Major Donald Keyhoe. Keyhoe era um escritor respeitado sobre assuntos relacionados à aviação, contratado, em maio de 1949, por Ken Purdy, editor da *True Magazine*, para investigar os relatos de discos voadores e escrever um artigo. A vida de Keyhoe nunca mais foi a mesma. Ele dedicou o resto de sua vida, até falecer em 1988, ao estudo dos fenômenos óvni, publicando vários livros respeitados.

Na época, Purdy acreditava que os relatos de óvnis foram inventados pela USAF como fachada para encobrir algum projeto secreto. Keyhoe era igualmente cético. Com seu conhecimento de questões relacionadas à aviação, sabia que as velocidades e comportamentos dos discos voadores nos relatos eram simplesmente impossíveis para a tecnologia da época. Keyhoe considerou a possibilidade remota de os relatos se referirem a um míssil secreto britânico, que ele sabia estar sendo testado pela RAF, mas desconfiava de que o armamento não tivesse tais capacidades. E, como se verificou, realmente não tinha.

Por algumas semanas, Keyhoe trabalhou com a hipótese de que os objetos tivessem sido descritos erroneamente, ou que a USAF estivesse testando alguma arma secreta, e que estava por trás dos relatos de discos voadores para encobrir a verdade. Gradualmente, porém, Keyhoe concluiu que a Força Aérea tentava desacreditar e encobrir os relatos de discos voadores, e não disseminá-los.

Em 1950, Keyhoe reexaminou as evidências que havia descoberto, tanto da realidade dos discos voadores quanto das tentativas da força aérea de acobertá-los. Ele chegou a várias conclusões. A primeira é a de que os relatos de discos voadores, em grande parte, confirmam perfeitamente a existência de grandes equipamentos voadores de origem desconhecida, capazes de atingir velocidades e de fazer manobras extraordinárias. Segundo, ele acreditou que o alto comando da USAF sabia exatamente o que os discos voadores eram, e de onde vinham, mas estavam desesperados para esconder esta verdade do povo norte-americano. Terceiro, concluiu que a única explicação que se encaixava nos fatos era a de que os discos voadores seriam espaçonaves alienígenas transportando seres altamente inteligentes de algum outro planeta.

Keyhoe especulou que o motivo pelo qual havia um aumento expressivo de relatos de discos voadores, assim como no número de visitas de alienígenas, desde 1947, encontrava-se em eventos recentes. Ele defendeu que a explosão das primeiras bombas atômicas em 1945 havia sido um marco decisivo no desenvolvimento tecnológico da civilização. O intervalo de dois anos entre as explosões atômicas de 1945 e o aumento de visitas alienígenas em 1947 foi o tempo necessário para uma civilização alienígena distante detectar as explosões das bombas atômicas e responder.

> "Gradualmente, porém, Keyhoe concluiu que a Força Aérea estivesse tentando desacreditar e encobrir os relatos de discos voadores, e não disseminá-los."

Em 1950, ele publicou seu clássico livro *The Flying Saucers are Real* [Os Discos Voadores são Reais]. Nele, ele descreve suas investigações minuciosamente, e expõe suas teorias. O livro foi um enorme sucesso, vendendo meio milhão de cópias em poucas semanas, e estabeleceu as crenças básicas dos anos iniciais de investigações sobre óvnis. Sua principal mensagem permanece importante até hoje.

Enquanto isso, os relatos de discos voadores continuaram chegando.

O AVISTAMENTO DE KENT

Em 1953, a onda de discos voadores atravessou o Atlântico com a ocorrência do incidente de West Malling. Em 3 de novembro, dois oficiais da RAF, T. S. Johnson e G. Smythe, cumpriam uma missão de reconhecimento aéreo em um jato de caça Vampire. Eles sobrevoavam West Malling, em Kent, a 6 mil metros de altitude, quando avistaram um objeto redondo e brilhante.

Enquanto os dois pilotos observavam, o estranho objeto mergulhou em direção ao caça. Ao se aproximar, eles viram que tinha um formato discoide e que um anel de luzes intensamente brilhantes reluzia de sua borda. O objeto voou em volta do Vampire e se afastou em alta velocidade. Ele foi visível por uns 30 segundos. Enquanto isso, foi detectado por uma estação de radar em Lee Green, também em Kent, e foi avistado do solo por um membro do pelotão de artilharia antiaérea da RAF, em West Malling.

A notícia do avistamento vazou para a imprensa local, e acabou sendo divulgada pela mí-

Capa do livro de Donald Keyhoe, que primeiro apresentou a ideia de que os óvnis eram espaçonaves alienígenas.

dia britânica. Três semanas após o evento, o coronel Schofield, um dos representantes de Kent no parlamento, fez uma pergunta na Câmara dos Comuns sobre o incidente. O Sr. Birch, que na ocasião era o ministro da defesa, respondeu que "dois balões meteorológicos experimentais foram observados em momentos distintos no dia 3 de novembro. Não houve nada de peculiar sobre qualquer das ocorrências". Outro parlamentar, Sr. Isaacs, deu um salto e fez uma pergunta adicional: "O ministro então concorda que esse assunto de discos voadores é tudo papo de baloeiro?". O congresso se desmanchou em gargalhadas, e prosseguiu a outras questões.

Muitos suspeitaram que o governo havia preparado o Sr. Isaacs, de antemão, com aquela pergunta perspicaz, para desviar a atenção do incidente. Se esse foi o caso, deu certo. Assim como no avistamento do confronto aéreo de Gorman, nos Estados Unidos, as autoridades usaram balões meteorológicos como uma explicação improvável para um evento muito sério.

Foi nessa época que estranhos boatos começaram a se espalhar entre os jornalistas e outros que investigavam os objetos misteriosos. Foi relatado que um, dois, ou mais dos discos voadores se espatifaram em algum lugar do sudoeste dos Estados Unidos. Disseram que a USAF apreendeu os destroços e que um estreito manto de sigilo foi imposto sobre a história.

Em 22 de março, a história chamou a atenção do FBI quando Guy Hottel, um funcionário em Washington DC, enviou um relatório baseado em uma conversa com um oficial de alto escalão da USAF. O relatório dizia: "Um investigador para a Força Aérea afirmou que três dos supostos discos voadores foram recolhidos no

Novo México. Eles foram descritos como tendo um formato circular com centros salientes, com aproximadamente 15 metros de diâmetro. Cada um estava ocupado por três corpos de forma humana, mas com apenas um metro de altura, vestidos com um tecido metálico de textura muito delicada. Os discos foram encontrados no Novo México em virtude de o governo possuir um radar muito potente instalado na região, e acredita-se que o radar interfira com o mecanismo controlador dos discos". O FBI não tomou nenhuma atitude em relação ao relatório. Talvez os oficiais do alto escalão do FBI pensaram que fosse tudo besteira, ou talvez soubessem do que estava por trás do relatório e não precisaram investigá-lo.

> "Foi em geral especulado que os 'homenzinhos de Vênus' morreram em função de alguma infecção ou pela incapacidade de respirarem o ar da atmosfera terrestre."

Na medida em que a história se desenvolveu, por volta de 1950, adquiriu uma forma definitiva. Dois discos caíram em algum lugar do Arizona ou Novo México. Dentro dos veículos foram encontrados os corpos de vários humanoides mortos, cada um com aproximadamente um metro de altura. As criaturas não estavam feridas e aparentemente não morreram por forças de impacto, fogo, ou outras causas comuns a desastres aéreos. Os seres estavam todos vestidos com o que pareciam ser uniformes. Especulou-se que os veículos caíram por acidente e as tripulações então morreram em virtude de algum tipo de contaminação natural. Foi em geral especulado que os "homenzinhos de Vênus" morreram em função de alguma infecção ou pela incapacidade de respirarem o ar da atmosfera terrestre. Disseram que a USAF abafara a história, por pretender educar o público gradualmente acerca da existência de visitantes extraterrestres na Terra.

De modo geral, a história não foi levada muito a sério. Donald Keyhoe afirmou que "a história tem todos os sinais de uma fraude bem planejada", e se recusou a perder tempo com ela.

Como depois veremos neste livro, a história pode ter sido mais substanciosa do que Keyhoe e outros pesquisadores concluíram, na ocasião.

CAPÍTULO 2

PATRULHA ARMADA

Fort Knox, a fortaleza das reservas de ouro dos EUA, foi o foco de um encontro fatal com um óvni em 1948.

Às 14h15 em 7 de janeiro de 1948, uma patrulha policial do Estado de Virgínia em uma via expressa próxima a Madisonville transmitiu à sua base um alerta urgente pelo rádio. Um grande objeto em forma de disco e com brilho prateado e vermelho passou logo acima em baixa altitude, e se deslocava rumo à principal reserva de ouro dos Estados Unidos, em Fort Knox. De acordo com o relatório da polícia, dezenas de pessoas em Madisonville viram o objeto.

A polícia imediatamente alertou os guardas que estavam a serviço em Fort Knox. Na época, ninguém sabia o que pensar a respeito dos discos voadores, e alguns achavam que talvez fossem aeronaves de ataque ultrassecretas dos soviéticos. O fato de um desses veículos, seja lá o que fosse, dirigir-se diretamente para o local mais importante do sistema financeiro do governo dos Estados Unidos foi muito preocupante. Fort Knox alertou a base da USAF no aeroporto Godman, responsável pela defesa aérea do depósito de ouro.

Em Godman, três caças P51 já estavam no ar fazendo um voo de rotina para o aeroporto Standiford. Eles foram rapidamente contatados, e dispararam rumo a Fort Knox. Mas o disco voador mudou de direção e surgiu sobre Godman às 14h40, enquanto os caças sobrevoavam Fort Knox.

O Coronel Guy Hix, oficial no comando de Godman, estava na torre de controle quando o objeto chegou. O céu estava nublado, mas o grande objeto redondo foi visto de forma inequívoca, ao voar ao sul da base. O oficial-chefe executivo, Woods, conseguiu brevemente cravar o radar nele, e estimou que tivesse 43 metros de comprimento. Os caças imediatamente receberam pelo rádio a ordem de retornar a Godman para persegui-los.

O comandante do voo era o capitão Thomas Mantell, um piloto experiente dos caças a hélice P51. Ao se aproximar de Godman com seus companheiros, ele disse pelo rádio: "Eu avistei a coisa. Parece ser metálica e tremendamente grande". Alguns segundos depois, completou: "está começando a subir. Está às 12 horas [bem à frente dele], e voa com a metade de minha velocidade. Vou tentar me aproximar".

Alguns minutos depois, Mantell relatou que o misterioso intruso havia acelerado até 580 km por hora. Então seu ala avisou que ele e seu colega abandonariam a caçada, enquanto Mantell continuou em frente. Às 15h15, ouviu-se novamente a voz de Mantell pelo rádio. "Ainda está acima de mim, mantendo minha velocidade ou ainda mais rápido. Estou subindo para 6 mil metros. Se eu não chegar mais perto, vou abandonar a caçada."

A aeronave de Mantell não estava equipada com oxigênio para voos em altitudes elevadas, por isso a decisão de abandonar a caçada a 6 mil metros foi sábia, embora o P51 fosse capaz de alcançar 12.500 metros.

Enquanto isso, na torre de controle de Godman, Hix, Woods e outras pessoas aguardavam ansiosamente. Quando nenhuma mensagem

Impressão artística dos últimos momentos do piloto da USAF Thomas Mantell, quando seu caça foi derrubado por um óvni.

adicional veio de Mantell, tentaram chamá-lo. Não houve resposta. Os dois alas redirecionaram suas aeronaves para o local onde o óvni havia sido visto pela última vez, mas não encontraram nada. Aviões de busca foram enviados e os destroços do avião de Mantell foram avistados. Mantell estava morto. Sua aeronave havia se partido em pleno voo e se esmigalhado em mil pedaços, que caíram por uma área extensa, indicando que a fragmentação havia ocorrido em altitude elevada.

Duas horas mais tarde, um óvni muito semelhante ao que Mantell havia perseguido foi avistado voando veloz e baixo sobre Columbus, Ohio.

Por meses, a USAF se recusou a comentar oficialmente sobre a morte de Mantell ou o óvni que ele perseguia. Então, alguns informes extraoficiais foram feitos a alguns jornalistas aeronáuticos seletos. Alegou-se que Mantell estava perseguindo o planeta Vênus, e que desmaiou quando sua aeronave voou acima de 7.600 metros. A aeronave, disseram, continuou a subir até uns 9.150 metros, e então mergulhou vertiginosamente, sem ninguém a pilotando, com seus motores em potência máxima. As pressões de tal mergulho em alta potência causaram a fragmentação da aeronave por volta dos 4.500 metros de altitude. Esta versão logo se tornou a explicação oficialmente aceita.

Mantell não seria o primeiro e nem o último piloto a confundir Vênus com uma aeronave. O planeta pode brilhar muito intensamente, e, em certas condições atmosféricas, pode parecer estranhamente grande. Durante a Segunda Guerra Mundial, vários artilheiros aéreos abriram fogo contra Vênus, confundindo-o com um caça inimigo se aproximando pela noite. Mas tais equívocos foram momentâneos e rapidamente percebidos. No entanto, Mantell perseguiu o óvni, ou Vênus, por mais de 20 minutos.

A pequena, porém crescente, gangue de pesquisadores de discos voadores desdenhou da explicação da USAF. Mantell não só havia sido um piloto altamente experiente, como Vênus sequer esteve na região do céu onde ele relatou ter avistado o disco. Além disso, um planeta Vênus, imóvel, não poderia explicar o objeto prateado e vermelho relatado por testemunhas do solo.

> "A pequena, porém crescente, gangue de pesquisadores de discos voadores desdenhou da explicação da USAF."

Em dezembro de 1949, a USAF mudou sua história, dessa vez emitindo um relatório oficial. Agora, a explicação foi a de que Mantell morrera de forma semelhante à história anterior, desmaiando em altitude elevada, mas, dessa vez, disseram que ele não havia perseguido Vênus, mas, sim, um balão de pesquisa de altitude elevada da Marinha dos Estados Unidos. Como nos casos de Gorman e West Malling, um balão meteorológico foi usado como desculpa para justificar o inexplicável.

O incrível é que essa nova explicação foi aceita, não somente pela imprensa geral, mas pela maioria dos pesquisadores de discos voadores. Apenas Donald Keyhoe, que no início de sua carreira trabalhara com balões meteorológicos, recusou-se a acreditar. Ele observou que os movimentos relatados do objeto eram completamente inconsistentes com o comportamento de um balão. O objeto também desaparecera em menos de dez minutos após a morte de Mantell, embora houvesse muito pouco vento para soprar um balão para longe. Alguns anos mais tarde, Keyhoe conseguiu obter acesso aos registros de todos os lançamentos civis e militares de balões de altitude elevada realizados no dia que Mantell morreu, e nos dias imediatamente anteriores. Não houve nenhum na região.

> "... permanece o fato de que Mantell partiu em perseguição a um disco voador que fora avistado por dezenas de testemunhas, várias delas muito confiáveis."

Porém, a morte de Mantell sumiu das manchetes. Mesmo entre os pesquisadores de óvnis, continua amplamente ignorada até hoje. É surpreendente que a morte de um experiente piloto de caça da USAF, envolvido na perseguição de um óvni grande e corroborado, tenha sido ignorada dessa maneira.

A morte de Mantell proporciona evidência direta de que, não obstante o que sejam tais discos ou quem os controlem, o propósito primário deles não é o de serem bondosos com a humanidade. O disco pode ou não ter atacado a aeronave de Mantell; pode até ter reagido a alguma manobra agressiva de Mantell. Mas permanece o fato de que Mantell partiu em perseguição a um disco voador que fora avistado por dezenas de testemunhas, várias delas muito confiáveis, e que acabou morto.

Alguns viram o incidente de Mantell como um exemplo da eficiência das autoridades para encobrirem incidentes mais dramáticos, quando realmente querem fazê-lo. Como veremos em um capítulo posterior, não demorou muito para que o governo dos Estados Unidos decidisse que a melhor política seria arrumar desculpas para explicar os avistamentos de discos voadores. As razões para tal decisão permanecem controversas.

Enquanto isso, discos voadores continuaram a ser avistados. Para quem deseja compreender a sua natureza e por que eles apareceram, o comportamento descrito nesses relatos é crucial.

COLISÃO FRONTAL

Na verdade, Mantell não foi o único piloto da USAF a morrer perseguindo um óvni. Em 23 de novembro de 1953, logo após anoitecer, um radar militar detectou uma aeronave não identificada comportando-se de modo estranho sobre o lago Michigan, perto de Soo Locks. Um caça F89C Scorpion, pilotado pelo tenente Felix Moncla, acompanhado do tenente R. Wilson como navegador, foi apressadamente enviado para interceptá-lo.

O operador de radar monitorou o progresso do jato, assim como o do veículo misterioso. Ele orientou o jato vetorialmente em direção ao intruso e alertou Moncla em que momento o objeto, caso fosse um avião normal com luzes, deveria surgir em seu campo de visão. A resposta foi um rotineiro "recebido e entendido". Subitamente, o veículo não identificado mudou de trajetória e se dirigiu diretamente rumo ao jato. Os dois sinais se mesclaram, permanecendo parados por alguns segundos, até desaparecerem.

Temendo que uma colisão tivesse ocorrido, o operador de radar alertou a guarda costeira, e uma ampla missão de busca e resgate foi empreendida. Nada foi encontrado. Nada nunca foi encontrado desde então. O evento permanece um mistério.

A Lua (esquerda), e Vênus (direita): quando se encontra em baixa posição no Céu, pode parecer que Vênus se move, em virtude de as correntes de ar atrapalharem a visão.

A maioria dos avistamentos, no entanto, não é fatal. No dia 14 de outubro de 1954, Salandin, tenente de voo do esquadrão 604 da força aérea britânica, estava sobrevoando Kent em um jato de caça Meteor, quando viu três objetos redondos voando acima dele. Dois foram embora, mas o terceiro mergulhou na sua direção. O objeto chegou a quase 180 metros de Salandin, que depois o descreveu como tendo um "formato de disco, com um pão em cima e um pão embaixo, prateado e metálico. Não havia escotilhas, nem chamas, nem nada." Depois de passar pelo Meteor, o objeto subiu e desapareceu a distância, em alta velocidade.

A epidemia de relatos de discos voadores se espalhou rapidamente, levando muitos pesquisadores a reconhecerem, no início dos anos 1950, que o fenômeno era global, ou que, pelo menos, alcançava as regiões mais avançadas do mundo, pois ainda não havia relatos dos países em desenvolvimento.

AVISTAMENTOS AUSTRALIANOS

Em 3 de maio de 1952, um óvni foi visto sobrevoando Wollongong, na Nova Gales do Sul, Austrália, às 6 horas da manhã. Entre as duas dúzias de pessoas que levantaram cedo e puderam vê-lo, havia um piloto de aviação civil, que descreveu o objeto como tendo o formato de um submarino, com 45 metros de comprimento e um par de luzes brilhantes em ambas as extremidades. Ele pensou que o objeto estivesse voando a uns 800 km por hora.

Uma semana depois, os residentes de Parramatta, também na Nova Gales do Sul, viram um grande globo prateado com o que aparentava ser um halo de luz brilhando em sua volta, voando lentamente acima deles.

Na semana seguinte, os avistamentos australianos se mudaram para Victoria. Às 22 horas, de 3 de janeiro, os funcionários de uma estação de rádio em Geelong saíam do trabalho, quando viram um brilhante disco amarelo voando acima deles. O objeto se deslocava lentamente, deixando para trás

A placa na entrada de uma base aérea da USAF, onde ocorreu um dos primeiros avistamentos de óvni, detectado tanto por contato visual como por radar, em 1957.

um nevoeiro luminoso. Ele partiu subitamente, em alta velocidade, e sumiu de vista.

Depois, ainda naquele mês, outro piloto da aviação civil, Douglas Barker, avistou um objeto que afirmou ter o formato semelhante ao de um cogumelo, porém metálico e brilhante, a sobrevoar o Vale Yarra. "Ele se movia para dentro e para fora das nuvens, a aproximadamente 600 metros de altitude", relatou, "e viajava mais rápido que qualquer jato que já vi. Algo semelhante, mas que deixou um rastro chuviscado de faíscas alaranjadas sobrevoou a cidade de Moorabin, e foi visto por uma moradora do local, a Sra. Banner.

Nas áreas mais remotas do norte da Austrália, as coisas foram um pouco mais demoradas. De fato, foi em Port Moresby, na Papua-Nova Guiné, que ocorreu o primeiro avistamento no norte. O Sr. T. Drury, um ex-oficial da força aérea britânica, que trabalhava em um aeroporto civil, avistou um estranho objeto, que pensou ser algo semelhante a um míssil prateado sobrevoando a cidade. Felizmente, ele tinha em mãos uma filmadora e conseguiu capturar imagens de alguns segundos, antes de o objeto sumir de vista.

Drury enviou o filme ao ministério australiano da aviação, que o repassou para a USAF para análise especializada. A USAF não só se recusou a revelar suas conclusões, mas também não lhe devolveu o filme. Felizmente, Drury havia feito uma cópia, antes de enviar o filme, que então submeteu a uma análise independente. Nela havia um objeto sólido, de coloração prateada reflexiva, com o formato de um charuto comprido. O objeto se moveu horizontalmente em relação às nuvens na imagem, depois fez uma curva acentuada para a direita, antes de subir, até desaparecer de vista, deixando um rastro de vapor, ao atingir altitudes elevadas. Por causa da ausência de quaisquer outros objetos sólidos na imagem, não foi possível estimar o tamanho ou a velocidade do objeto, apenas com base no filme.

CONTATO RADAR-VISUAL

Em 1957, aconteceu algo que parecia ser um novo avanço revolucionário. Até então, os óvnis haviam sido detectados apenas pelo olho humano, ou capturados em imagens duvidosas. Mas, em 4 de novembro de 1957, o que ficou conhecido como um contato "radar-visual" ocorreu no Novo México.

> **"O radar... não tem a mesma capacidade dos seres humanos, de justificar os óvnis como objetos mundanos."**

Dois operadores da torre de controle na base aérea da USAF em Kirtland perceberam um estranho objeto voando, a uma determinada distância. Ao acompanhá-lo com binóculos, os homens viram que era de composição metálica, mas não tinha asas, ou quaisquer tipos de hélices ou motores que fossem visíveis. Tinha um formato aproximadamente oval ou retangular, e estava visível no ar em posição longitudinal. Um dos homens pensou em ligar para o operador de radar da base, para ver se poderia travar o objeto na tela. Ele conseguiu, e durante três ou quatro minutos seguintes, o objeto foi rastreado, tanto visualmente como por radar. Ambos detectaram idênticos movimentos do objeto, ao mesmo tempo, o que deixou claro que estavam rastreando a mesma coisa.

O caso de Kirtland, como outros contatos do tipo radar-visual que ocorreram, não esclarecem o que os óvnis realmente são. O que fazem é estabelecer o fato de os óvnis serem objetos reais. Se fossem alucinações ou equívocos envolvendo estrelas e meteoros, não apareceriam no radar. E se fossem aeronaves normais, vistas sob circunstâncias incomuns, como afirmam alguns, então o radar revelaria a verdadeira identidade deles. Mas o radar não o fez, e assim como os observadores humanos, não consegue gerar desculpas para explicar os óvnis.

Centenas de outros relatos de objetos voadores atípicos e sem identificação choveram a partir da década de 1950. Gradualmente, começou a emergir uma ideia da aparência real das coisas. Embora alguns relatos tenham se diferenciado, a maioria se encaixou em um padrão comum.

O típico "disco voador", ou óvni, como os objetos se tornaram conhecidos, tinha um tamanho entre 9 e 30 metros. Quando avistados durante o dia, pareciam ser de metal acinzentado ou de prata altamente reflexiva. A superfície dos objetos era isenta de qualquer sinal de solda ou rebite, e parecia ser completamente lisa e sem emendas. Às vezes, janelas eram visíveis e, ocasionalmente, havia um domo transparente no topo do objeto. Em outras ocasiões, o domo era do mesmo material metálico do resto do objeto. À noite, brilhavam ou vibravam com uma variedade de cores, alterando frequentemente o sombreado e as tonalidades, em um ritmo pulsátil. Às vezes, eles lançavam feixes de luz brilhante. Era comum os óvnis frequentemente afetarem equipamentos elétricos, em especial os rádios, como se emitissem um forte campo elétrico ou magnético.

Nada disso deu qualquer indício do propósito dos discos voadores, ou dos seres que supostamente viajam dentro deles ou os controlam. Os óvnis normalmente parecem estar viajando de um lugar para o outro. De onde vêm, para onde vão e por quê, são enigmas que não podem ser deduzidos, nem da aparência deles nem das manobras que realizam.

ATERRISSANDO

Dos relatos de aterrissagem de discos, um dos primeiros a ser investigado e tratado com alguma seriedade veio da Austrália, em 1953. Em 21 de janeiro, Alan e Arnold Schnitzerling se dirigiam para a fazenda em que viviam em Graceville, Queensland, de caminhão. Subitamente, perceberam que o caminhão estava sendo seguido por um objeto globular, arredondado, que emitia uma forte luz branca, que se atenuava em um vermelho opaco.

Por causa da estrada mal pavimentada, os irmãos Schnitzerling dirigiam a uma velocidade de 32 km por hora, e o objeto não teve dificuldades em acompanhá-los. Depois de serem perseguidos por três quilômetros, os irmãos decidiram parar e ver o que aconteceria.

Em 1953, uma remota estrada no sertão australiano foi o cenário de um dos primeiros relatos de aterrissagem de um óvni.

O objeto continuou a avançar até que estivesse a 180 metros do veículo, então pairou por uns momentos, antes de aterrissar na estrada empoeirada.

Avaliando rapidamente a situação, os irmãos decidiram fugir. Eles ligaram novamente o caminhão e saíram dali, o mais depressa que puderam. Dessa vez, o objeto não os seguiu.

O incidente criou várias dúvidas para os pesquisadores. Estava claro que o objeto acompanhara o caminhão, mas não se sabe se foi atraído por ele, ou pelos humanos. Também não está claro por que abandonou a perseguição quando os irmãos pararam. Se o motivo da perseguição era hostil, se foi por curiosidade, ou por outra coisa, tudo o que se pode fazer é especular.

Outro dos primeiros relatos de aterrissagem de óvni também veio da Austrália, dessa vez de Claypans, na Austrália Meridional. O administrador dos correios, Sr. C. Towhill, viajava com um transportador, o Sr. P. Briggs, de Claypans à Adelaide, por volta das 2 horas da madrugada. Foi Towhill quem primeiro viu o objeto imóvel em uma clareira, a uns 365 metros de distância da estrada. Era maior do que um avião de passageiros e brilhava com uma luz interior, que aparentemente se dispersava de sua superfície. Towhill depois comparou o efeito à luz de uma tocha brilhando dentro de uma tenda de lona. O objeto estava enfeitado por várias luzes pequenas e arredondadas, que pulsavam entre as cores vermelho e azul.

Os dois pararam o veículo, e ficaram sentados, observando o objeto. Depois de dez minutos, decidiram investigá-lo. Eles se aproximaram até 180 metros do objeto, quando, nas palavras de Towhill, "nós dois sentimos que algo dentro da nave estava ciente de nossa presença, e estava nos observando". Os dois homens pararam de avançar e ficaram observando com cautela. O objeto se elevou lentamente no ar, pairando, em silêncio, por alguns segundos, e então acelerou rapidamente, ganhando altitude, em alta velocidade.

Mais uma vez, houve muita especulação acerca do ocorrido. O disco, que tinha uma configuração em "formato de charuto", ficou parado no chão por quase dez minutos, e era possível que já estivesse ali por muito mais tempo antes da chegada de Towhill e Briggs ao local. Talvez o veículo e seus ocupantes estivessem estudando algo, ou descansando, ou quem sabe estavam esperando que um veículo terráqueo se aproximasse pela estrada ao lado? Quaisquer que fossem as intenções deles, os ocupantes claramente não acolheram o interesse de dois humanos, e foram embora quando eles se aproximaram demais.

> *"... o objeto ... era maior do que um avião de passageiros e brilhava com uma luz interior, que aparentemente se dispersava de sua superfície."*

Houve uma série de incidentes envolvendo óvnis aparentemente interessados por aeronaves civis, no início dos anos 1950. Na época, os pesquisadores de óvnis atribuíram grande importância a tais eventos. Em parte, isso foi porque eles mostravam uma evidente interação entre o óvni e a aeronave, aparentemente indicando que um ser inteligente estivesse controlando o óvni. Talvez ainda mais importante para os pesquisadores era o fato de as tripulações das aeronaves serem, quase por definição, experientes em avistar coisas no céu, sendo bastante confiáveis para não confundirem algum objeto banal com algo misterioso.

Em 19 de outubro de 1953, por exemplo, um DC6 da American Airlines, que decolou de Washington, DC, encontrou um óvni sobrevoando Maryland. O piloto, J. L. Kidd, primeiro viu o objeto quando este estava a alguns quilômetros de distância. O óvni, então, mudou de direção e acelerou diretamente rumo ao DC6. Kidd mergulhou subitamente com seu avião, para evitar a colisão. A manobra foi tão súbita e violenta que vários passageiros foram lançados de seus assentos. Kidd regressou a Washington, para que a equipe médica pudesse dar atenção aos passageiros, embora nenhum deles tenha se ferido gravemente.

> *"Kidd mergulhou subitamente com seu avião, para evitar a colisão. A manobra foi tão inesperada e violenta que vários passageiros foram lançados de seus assentos".*

Um pouco mais sérios foram os resultados de um contato semelhante sobre Long Beach, na Califórnia, entre um voo da United Airlines e um óvni, em 14 de abril de 1954. Novamente, o óvni fez uma curva resoluta para se aproximar da aeronave em rota de colisão. O piloto J. M. Schidel jogou a aeronave para cima, em curva acentuada. Um passageiro quebrou uma perna e uma comissária de bordo, o tornozelo.

CENSURA

Talvez em reação a esse incidente, mas certamente devido à atenção geral dada pela mídia a relatos feitos por pilotos, o comitê do Estado Maior das Forças Armadas dos Estados Unidos se encarregou de expandir o escopo e a seriedade dos regulamentos emitidos sob as leis de espionagem que vigoravam na época. Tais leis há muito tempo criminalizam qualquer revelação feita por qualquer pessoa, ao público ou à pessoa não autorizada, de qualquer fato que um oficial do alto escalão das Forças Armadas a tenha instruído a manter em segredo. O propósito dos regulamentos simplesmente foi tornar ilegal que um civil passe adiante informações adquiridas acidentalmente ou em seu trabalho. Não havia absolutamente nada de sinistro neles.

Porém, as instruções começaram a ser emitidas a todas as companhias aéreas civis, afirmando que os regulamentos passavam a englobar todos os relatos de óvnis. Qualquer membro de tripulação aérea que revelasse um contato com um óvni a qualquer pessoa que não fosse um oficial militar se arriscava a pagar uma multa de 10 mil dólares, ou a passar até dez anos na prisão.

Foi uma reação autoritária à situação, mas que surtiu o efeito de reduzir drasticamente o número de relatos feitos ao público por tripulantes da aviação civil. Também aumentou a convicção, que então

Mais de um avião comercial foi forçado a fazer manobras evasivas para evitar colisão com um óvni.

se espalhava entre os pesquisadores de óvnis, de que o governo dos Estados Unidos, de modo geral, e a USAF, em particular, sabiam muito mais sobre óvnis do que aparentavam saber.

É claro, os novos regulamentos afetaram apenas as companhias aéreas americanas. Tripulações que trabalhavam para outras empresas continuaram a fazer seus relatos. No dia 29 de junho de 1954, o voo da British Overseas Airways Corporation, de Nova York à Londres, estava em cruzeiro sobre Quebec, a aproximadamente 5.800 metros de altitude, quando o piloto James Howard avistou algo estranho.

Embora a nebulosidade parcial obscurecesse sua visão, Howard percebeu que sua aeronave estava sendo acompanhada por vários objetos voando em um curso paralelo, a 2.450 metros abaixo e 5.5 quilômetros a bombordo. Quando a aeronave atravessou a costa canadense, as nuvens se dissiparam, e Howard, com sua tripulação, puderam estudar seus acompanhantes misteriosos com mais clareza. Havia um veículo grande acompanhado de seis objetos menores. Os seis objetos menores se mantinham próximos ao objeto maior, mas constantemente mudavam suas posições relativas.

Depois de uns dez minutos disso, Howard chamou pelo rádio o aeroporto Goose Bay, em Labrador, para pedir instruções. O controlador de tráfego aéreo respondeu que o avião da BOAC estava fora do alcance do radar de Goose Bay, mas que um caça F94 da USAF, que fazia uma patrulha rotineira na região, havia sido alertado, e logo se encontraria com o avião de Howard. Howard então mudou para a frequência de rádio da USAF, para falar diretamente com o piloto e fornecer a posição atual da aeronave e dos intrusos.

Enquanto isso, os acompanhantes misteriosos haviam alterado sua formação. Howard estava bem ocupado com o rádio, mas o navegador ficou observando. Os seis pequenos objetos haviam circulado em volta, e então, convergiram no objeto maior, desaparecendo de vista. Ele pensou que, de alguma forma, eles haviam entrado no objeto maior, mas não tinha certeza.

Quando o F94 se aproximou da aeronave de Howard, o óvni remanescente começou a se comportar de um jeito que só poderia ser considerado como bizarro. Embora permanecendo aparentemente sólido, e com uma cor indicativa que era composto de um metal acinzentado, ele começou a mudar de forma. Então, diminuiu de tamanho. Diante dos olhos estupefatos de Howard, de sua tripulação e dos passageiros, ele simplesmente se esvaeceu até sumir de vista. Quando o F94 entrou no alcançe de seu radar de combate ar-ar, não havia mais alvo a ser travado.

Mais tarde, Howard foi interrogado por investigadores da USAF. Questionaram-no de forma rigorosa e demorada, mas ele teve a impressão de que os oficiais não estavam realmente interessados. Foi quase como se eles já tivessem escutado tudo isso tantas vezes que estavam apenas registrando os detalhes por mera formalidade.

Vários relatos se acumularam indicando que os óvnis, ou suas tripulações, estão interessados nas bases militares humanas, e quanto mais secretas forem as bases, mais interessados os óvnis aparentam estar. Um dos casos clássicos desse tipo aconteceu em dezembro de 1980, na floresta de Rendlesham, em Suffolk.

> "... o óvni ... encolheu de tamanho. Diante dos olhos estupefatos de Howard, de sua tripulação e dos passageiros, ele simplesmente se esvaeceu até sumir de vista."

RENDLESHAM

A grande floresta de pinheiros de Rendlesham faz divisa, ao leste, com a costa do Mar do Norte, onde se encontra a longa península de Orford Ness. Em 1980, a península estava ocupada por uma base altamente secreta guarnecida por militares norte-americanos. Na extremidade do promontório há um farol. Na extremidade oeste da floresta havia, em 1980, dois campos aéreos da USAF: Bentwaters e Woodbridge, dos quais decolavam bombardeiros e caças que ativamente patrulhavam o Mar do Norte à procura de intrusos soviéticos durante a guerra fria. Os eventos que se sucederam em Rendlesham naquele ano foram submetidos ao típico sigilo da USAF, e tiveram que ser posteriormente recompostos.

O incidente começou por volta da meia-noite, não se tem certeza do horário exato, com uma aparição vista por Gordon Levett. Levett, que morava próximo à vila de Sudbourne, levou seu cão para passear no jardim e foi perturbado por uma luz brilhante, em um céu normalmente escuro, porém límpido. Ele olhou para cima e viu um objeto incomum passando silenciosamente. Mais tarde, descreveu-o como tendo o "formato de um cogumelo" e emitindo uma lúgubre luz branco-esverdeada. O objeto pareceu parar quase em cima de sua casa, antes de se deslocar rumo à base aérea Woodbridge.

Algum tempo depois da meia-noite (novamente não se tem certeza do horário exato), a família Webb ia para casa depois de uma festa. Eles desciam uma estrada que vai de Orford e então pareceu acelerar, e mergulhar no chão, sumindo de vista por trás das árvores da floresta de Rendlesham.

David Roberts estava estacionado em uma estrada de terra que saía da estrada principal, com sua namorada. Eles também viram o objeto voando acima deles, e sentiram um evidente impacto,

A densa floresta de Rendlesham foi palco de um clássico contato britânico com um óvni, em 1980.

até Woodbridge, quando a pista foi banhada por uma luz branco-esverdeada. Perscrutando o céu, eles avistaram um objeto grande, bem diferente das aeronaves militares que tipicamente viam voando pela região. O objeto se deslocava rumo a Woodbridge, quando aquilo atingiu o chão, em algum lugar entre as árvores ali por perto.

Por volta de 1h50 da madrugada, dois guardas da USAF, Bud Parker e John Burroughs, estavam em serviço no portão leste da base aérea Woodbridge. Eles viram um objeto brilhante se aproximar da base, vindo da floresta de Rendlesham, e disseram que se parecia com uma árvore de Natal. Enquanto o observavam, o objeto subitamente mergulhou dentro da própria floresta, que ficou iluminada por um facho de luzes piscantes. Burroughs ligou para a guarita principal e relatou o incidente. A eles correram para a floresta, em um jipe com farol alto e sirene acionada. O veículo passou correndo por Roberts e sua namorada, que, ao perceberem que algo estava errado, foram embora imediatamente.

Ao chegar à floresta, Penniston estudou, por alguns minutos, as luzes coloridas que piscavam, e concluiu que uma aeronave caíra.

Uma impressão artística de um óvni que aterrissou na floresta de Rendlesham, baseado em relatos de testemunhas que ali estavam naquela noite.

chamada foi registrada às 2 horas da manhã, o primeiro horário confirmado desse avistamento.

Enviaram o sargento Jim Penniston e Herman Kavanasac, da guarita, para a investigação. Depois de trocar algumas palavras com Burroughs e Parker, Ele voltou para o posto guardado por Burroughs e Parker, que discordaram dele, dizendo que o objeto aparentemente havia aterrissado com suavidade, sem cair. Juntos, os quatro homens entraram na floresta de Rendlesham para investigar mais a fundo.

Penniston logo descobriu que seu rádio não estava funcionando direito, pois os sinais haviam afundado em estática. Ele mandou Kavanasac voltar até o limite da floresta, onde a estática não estava tão ruim. Penniston ordenou que Kavanasac repassasse as mensagens entre ele e Woodbridge, enquanto fosse possível fazê-lo.

Foram Penniston e Burroughs os que encontraram a fonte da perturbação, ao adentrarem na floresta. Chegando a uma clareira, os dois homens deram de cara com um objeto de 9 metros de extensão, com o formato de um cone. Ele estava apoiado sobre pedestais, de acordo com Burroughs, enquanto Penniston pensou que estivesse flutuando e projetando luzes brilhantes no chão.

Os dois homens se entreolharam nervosamente por alguns segundos. Então, Penniston começou a se aproximar. Ele depois comparou essa experiência como pisar em melaço. Embora tentasse mover seu corpo, uma força parecia impedi-lo de continuar. Cada passo envolvia um esforço enorme.

Penniston mal havia avançado 3 metros em direção ao objeto, quando este emitiu um brilho ofuscante de luz. Ao recuperar a visão, os dois homens viram o veículo subir e rapidamente ganhar velocidade. O brilho aparentemente acordou a todos os animais selvagens da floresta, e o ar se encheu com o ruído do chamado de pássaros grasnando e de animais correndo pela vegetação rasteira. O objeto voou para longe até sumir de vista.

No dia seguinte, funcionários da USAF saíram de Woodbridge para investigar o local do contato mais detalhadamente. Eles descobriram que as copas de várias árvores haviam sido esmagadas, como se algo muito pesado tivesse voado baixo o suficiente para tosquiá-las. Na clareira, havia três depressões no solo, que correspondiam às posições dos pedestais ou feixes de luz projetados debaixo do objeto. Talvez o mais interessante foi o fato de o local ter emitido altos níveis de radiação.

> "... eles montaram uma equipe de homens armados com luzes de arco voltáico, contadores geiger, visores noturnos de infravermelho e outros equipamentos de busca."

Mais uma coisa foi descoberta naquela manhã. Gordon Levett descobriu que seu cão estava doente. Ele o levou ao veterinário mais próximo, que pensou que talvez o cão tivesse sido envenenado, mas não conseguiu fazer um diagnóstico específico. Três dias depois, o cão morreu.

Como os eventos daquela noite ocorreram fora da base da USAF, eles oficialmente eram de responsabilidade das autoridades britânicas. O comandante da base da USAF alertou o ministério da defesa britânico e a polícia local. A polícia de Suffolk apareceu prontamente, isolou a clareira e começou a fazer medições e moldes de gesso das marcas no chão. Então, a investigação foi abruptamente cancelada. Os homens que estavam no local depois disseram que a ordem de interromper o trabalho em Rendlesham viera bem do alto na linha de comando.

Naquela noite de 26 de dezembro, luzes brilhantes novamente saíram da floresta de Rendlesham. Desta vez, foram avistadas pelos guardas na base aérea Bentwaters. O comandante da base, Ted Conrad, chamou o chefe da segurança, o tenente Bruce Englund, e juntos, montaram uma equipe de homens armados com luzes de arco voltáico, contadores geiger, visores noturnos de infravermelho e outros equipamentos de busca. Ao saber o que estava acontecendo, John Burroughs correu até Woodbridge para se unir às buscas.

Quando a equipe de busca finalmente saiu rumo à floresta, liderada pelo coronel Charles Halt, deputado-tenente de Conrad, as luzes já haviam parado de piscar. No entanto, os guardas que as observaram não viram nada sair e estavam convencidos de que "aquilo", o que quer que fosse, ainda estava em algum lugar na floresta. Tal suposição foi reforçada pelo fato de que os rádios da equipe de busca logo começaram a chiar com a estática, e deixaram de funcionar, assim que os homens penetraram na floresta.

A princípio, pouco era visível, à noite, no bosque escuro. Halt tinha consigo um Dictafone, no qual gravava seus comentários. Ele ordenou que seus homens se espalhassem e lentamente continuassem adiante, rumo ao local de onde os guardas concluíram que as as luzes vinham. Eles haviam caminhado 60 metros para dentro do bosque, quando o contador Geiger rapidamente disparou, estabilizando-se – cerca de dez vezes acima dos níveis normais de leitura. Isso era alto, mas não perigoso. Halt ordenou que seus homens continuassem.

Os visores de infravermelho detectaram uma fonte de calor em algum lugar logo adiante. Por volta das 1h50 da madrugada, uma luz foi vista em meio às árvores. Halt disse a seus homens que avançassem cuidadosamente. O sargento Adrian Bustinza estava mais próximo da luz misteriosa, a qual descreveu como uma lâmpada fosca situada em cima de um nevoeiro, emitindo um opaco brilho amarelado. Então, luzes vermelhas começaram a faiscar do objeto. Halt pensou que as luzes estivessem se movendo em sua direção. Ele comentou em seu Dictafone: "isso é estranho". Ao se aproximar deles, puderam ver que a luz tinha um centro escuro.

Então, o objeto começou a se afastar por entre as árvores. Halt ordenou que seus homens avançassem mais uma vez. Eles seguiram o objeto para fora do bosque, sobre um campo e por um riacho. Subitamente, às 3h15 da manhã, o objeto começou a subir silenciosamente para o céu, projetando um feixe brilhante no chão, que logo se apagou, e foi seguido por uma sequência do que pareciam ser raios laser lançados na escuridão. Alguns dos raios passaram perto de Halt e de seus homens, e um atingiu o solo, a poucos centímetros de onde Halt permanecia em pé. Achando que estavam sendo atacados, Halt ordenou que seus homens procurassem abrigo. Mas o objeto, seja lá o que fosse, aparentemente perdeu o interesse e voou para longe.

Enquanto isso, a estação de radar na base da força aérea britânica em Watton rastreava o objeto, que não emitiu nenhum dos sinais de resposta conhecidos e não pôde ser contatado pelo rádio. Enquanto os operadores do radar especulavam acerca do sinal misterioso, ele subitamente acelerou até atingir velocidades inacreditáveis e saiu do alcance do radar.

"... tanta gente viu as luzes e participou das equipes de busca, que boatos de que algo estranho havia acontecido lentamente se espalharam..."

Três dias depois, oficiais do alto escalão da USAF chegaram na base Watton, da RAF, munidos de autoridade concedida pelo ministério da defesa britânico para apreender todos os registros de radar no período do Natal. Uma equipe semelhante da USAF levou os registros da base RAF Neatishead. Os registros nunca foram devolvidos. Nessa época, um voo secreto pousou em Woodbridge, com uma equipe de oficiais de inteligência da USAF. A missão deles nunca foi esclarecida. Uma censura geral dos eventos foi imposta, a pedido da USAF.

No entanto, tanta gente viu as luzes e participou das equipes de busca, que boatos de que algo estranho havia acontecido na floresta de Rendlesham no Natal lentamente se espalharam. Outros, não diretamente envolvidos, perceberam coisas estranhas. Um trabalhador florestal, por exemplo, descobriu que várias árvores em volta de uma clareira, mais tarde identificada como o local onde o objeto aterrissou na primeira noite, haviam sido derrubadas e removidas, embora ainda necessitassem de mais alguns anos para amadurecerem a ponto de serem derrubadas.

Na primavera de 1981, os pesquisadores de óvnis concluíram que um óvni havia aterrissado na floresta de Rendlesham, e que foi abordado por militares norte-americanos. Os detalhes adicionais eram muito vagos. Nem a USAF nem o ministério da defesa britânico estavam dispostos a confirmar ou negar os eventos. Só três anos mais tarde os primeiros documentos oficiais sobre o evento puderam ser arrancados das relutantes autoridades, por meio das leis de liberdade de informação, e mais alguns anos se arrastaram até que os detalhes fossem liberados.

Mesmo agora, persistem boatos de que evidências mais dramáticas permanecem suprimidas. Alguns creem que humanoides associados ao óvni foram vistos na floresta; outros, que o óvni deixou evidências físicas de sua visita.

Porém, as autoridades procuraram explicar os eventos, associando-os a uma estrela cadente de forte brilho, ou meteoro, que passou pelos céus do sul da Inglaterra às 2h50 da manhã de 26 de dezembro. Levantaram a hipótese de que tal evento dramático tenha disparado o alarme e que as equipes de busca depois confundiram a luz piscante do farol de Orford Ness com um óvni que teria caído na floresta.

Em resposta, deve-se observar que o objeto misterioso foi avistado bem antes das 2h50 da manhã e que, de qualquer maneira, nenhum meteoro foi relatado na noite anterior. Também não é convincente que homens acostumados a viver na base aérea por meses a fio pudessem confundir um farol, que viam todas as noites, com algo não explicado.

Os acontecimentos na floresta de Rendlesham permanecem um mistério. O fato de que a USAF e o ministério da defesa britânico tentaram acobertar a própria ocorrência do evento parece indicar que eles queriam mesmo esconder a verdade. Talvez tenham conseguido.

VISITANTES MISTERIOSOS

Outros relatos de aterrissagem de discos ou de visitantes aparentemente interessados nos humanos continuaram a se amontoar. Geralmente, os eventos não permitiram que conclusões sólidas pudessem ser tiradas. Alguns pesquisadores acreditaram que os ocupantes misteriosos estivessem apenas curiosos sobre os humanos; outros pensaram que os seres fossem um bocado indiferentes. Alguns acharam que os intrusos fossem hostis. Até hoje, pratica-

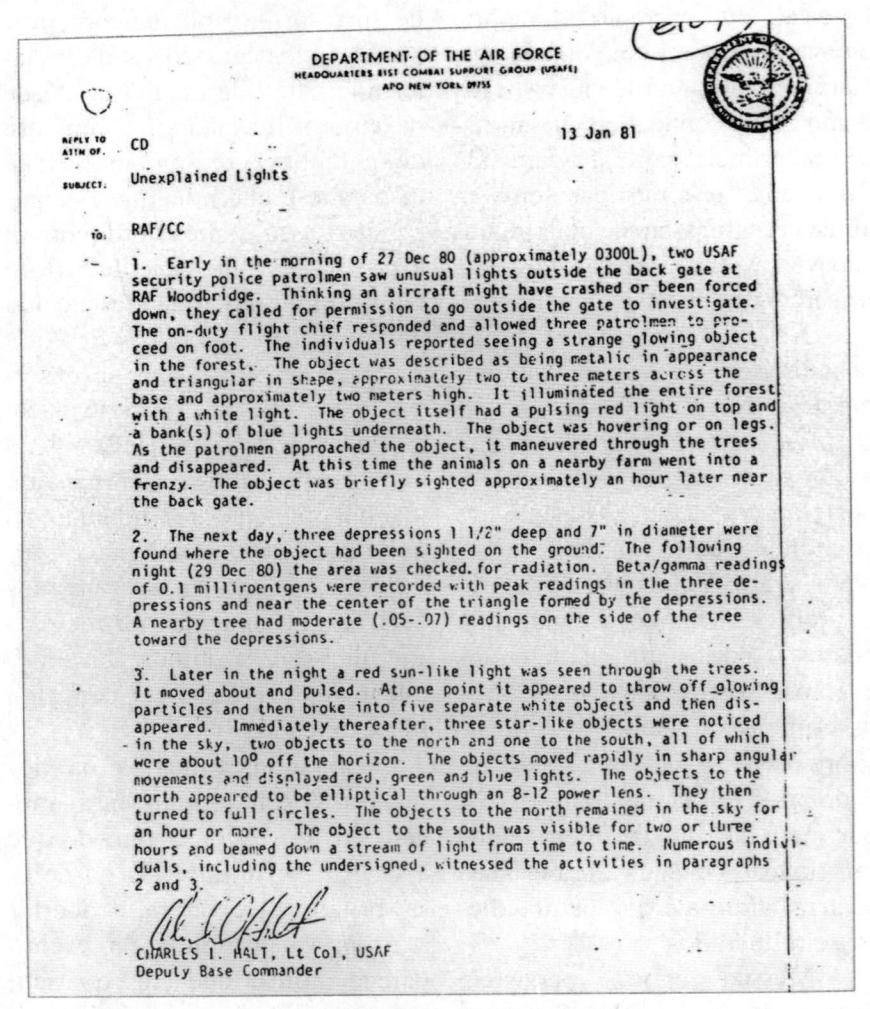

O relato inicial do tenente-coronel Charles Halt acerca do incidente de Rendlesham. Outros detalhes vieram à tona mais tarde.

mente todos concordam que os seres que controlavam os óvnis estavam realizando algum tipo de missão de reconhecimento.

Houve a expectativa generalizada de que, em um futuro próximo, os operadores dos discos decidiriam revelar o seu propósito à humanidade. Até então, os relatos continuariam a ser coletados e analisados. E todos especularam acerca da aparência física dos ocupantes dos discos voadores.

De fato, algumas pessoas afirmaram já terem visto os seres que controlavam os óvnis. O problema enfrentado pelos pesquisadores foi que muitas das testemunhas relutavam em falar publicamente sobre suas experiências, e muitas não queriam falar nada sobre elas. Isso significa que vários relatos nunca foram divulgados fora de círculos familiares restritos, enquanto outros foram publicados apenas quando os nomes das testemunhas foram mantidos em segredo. Inevitavelmente, a existência de uma única testemunha anônima comprometia a credibilidade do relato.

Mesmo os poucos relatos iniciais de seres a emergir dos discos que foram, de fato, publicados, eram frequentemente ignorados. A testemunha muitas vezes não tinha um bom grau de instrução, e não importava quão sincera ou idônea fosse, esse fato foi muitas vezes usado por céticos para rejeitar o relato.

Alguns exemplos ilustrarão as dificuldades encontradas pelos pesquisadores que investigaram os relatos iniciais durante os anos 1950.

Um dos primeiros aconteceu no Canadá, em Steep Rock, Ontário, em setembro de 1950. As duas testemunhas, que preferiram permanecer anônimas, foram um gerente de mineração e sua esposa, que passavam suas férias nas margens do Lago Ontário. No dia 2 de julho, eles passeavam de barco e pararam em uma pequena enseada para fazer um piquenique e relaxar. Subitamente, o casal sentiu a terra tremer e o ar se deslocar, como se uma explosão nas proximidades, embora não houvesse ruído algum.

O casal subiu em um pequeno aclive para ver o que havia do outro lado, já que o deslocamento de ar parecia ter vindo daquela direção. A 365 metros de distância, viram um objeto redondo, prateado e brilhante, aparentemente flutuando na água, próximo à margem do lago. Ele parecia ter 15 metros de comprimento, com portinholas em volta da borda e uma escotilha aberta no casco superior.

Dez vultos circulavam sobre o casco superior do disco. Cada vulto tinha um formato aproxi-

Em 1950, um casal em férias viu humanoides saírem de um óvni nas margens do Lago Ontário.

continuamente. Em determinado momento, o dispositivo parou, e todos os vultos interromperam suas atividades e olharam na direção que ele apontava. Alguns segundos depois, um veado surgiu de trás de um arbusto. O dispositivo voltou a girar, e os vultos continuaram trabalhando.

As testemunhas não conseguiram enxergar com clareza o que os estranhos vultos faziam, exceto o fato de que envolvia a movimentação de caixas e tubos. Um tubo foi lançado, por cima da lateral do veículo para dentro da água, e as testemunhas presumiram que a nave estivesse bombeando água para dentro, ou expelindo algum tipo de refugo.

Depois de alguns minutos, os vultos retrocederam para dentro do disco, levando com eles todo o equipamento. O disco decolou, deixando uma mancha vermelho-azulada na água onde estacionara, e voou rapidamente para longe.

Bem mais perturbador foi o contato ocorrido no dia 23 de fevereiro de 1955, quando um pedreiro de nome Fred Biggs pedalava em sua bicicleta para o trabalho, uma obra próxima da cidade de Romsey, em Hampshire, Inglaterra. Ao passar por um campo, ao lado de um riacho, ele notou um objeto pairando silenciosamente

madamente humano, mas faziam movimentos estranhos. Eles pareciam particularmente incapazes de movimentar suas cabeças e tinham de se esforçar para se reorientar de corpo inteiro rumo à direção na qual queriam olhar. Os vultos tinham por volta de 1,20 metro de altura e vestiam um tipo de macacão apertado de cor prateada ao longo do corpo, e mais escura, nos membros. As suas cabeças estavam envolvidas com capacetes de cor avermelhada.

Uma alta haste se projetava para cima, a partir do centro do disco, e, sobre ela, um dispositivo em formato de argola girava sobre a grama. Biggs parou, desceu da bicicleta e se aproximou.

Ele pôde ver que tinha um formato circular, de 9 metros de diâmetro, e uma cor prateada fosca ou de alumínio escovado. Em volta de sua borda havia uma fileira do que aparentavam ser janelas ou portinholas. Ele estava a 90 metros de Biggs e a 18 metros do chão.

Enquanto Biggs observava, um tubo ou haste surgiu da face inferior do disco, que estava conectado a uma pequena plataforma, sobre a qual havia um vulto. O vulto era basicamente humanoide, mas bem pequeno. Estava vestido com algo parecido com um macacão escuro e tinha um chapéu ou capacete em sua cabeça. Foi então que uma das aberturas semelhantes a portinholas emitiu um forte lampejo azul. Biggs sentiu como se tivesse sido atingido com força por algum objeto grande e pesado. Ele caiu de costas e ficou deitado na neve que cobria o campo. Embora tenha permanecido plenamente consciente, Biggs não foi capaz de mover seus braços e pernas.

Estendendo o pescoço para olhar para o disco, viu o vulto, a plataforma e o tubo serem recolhidos de volta para o interior do veículo. O disco, então, subiu na vertical, ganhando velocidade rapidamente,

A tripulação de um óvni avistado no Lago Ontário colocou um tubo no lago, como se estivesse sugando água.

até entrar na cobertura de nuvens com a velocidade de um avião a jato. Ao fazê-lo, emitiu um suave som sibilante.

Depois de alguns segundos, Biggs subitamente conseguiu se movimentar. Ele subiu em sua bicicleta e pedalou para o trabalho, onde seu colega, Ron Heath, esperava por ele. Biggs apressadamente contou a Heath o que havia acontecido, e juntos foram até o local no campo, para buscar evidências. As pegadas deixadas por Biggs podiam ser claramente identificadas, assim como as marcas na neve onde ele havia caído. Não havia marcas deixadas pelo óvni, mas Biggs realmente não o viu aterrissar. Aparentemente, a neve estava um pouco mais derretida sob o local onde o óvni pairou, mas foi só isso.

Consequentemente, os dois homens se atrasaram para o trabalho. Ao contarem ao chefe o que havia acontecido, este pediu que eles escrevessem o evento em detalhes, o que assim fizeram.

> "Foi então que uma das aberturas semelhantes a portinholas emitiu um forte lampejo azul. Biggs sentiu como se tivesse sido atingido com força por algum objeto grande e pesado."

Com declarações assinadas, escritas poucas horas após um contato com o tripulante de um disco voador, poderíamos pensar que o caso logo seria aceito por pesquisadores como evidência de que seres vivos pilotavam os óvnis. Porém, na ocasião, nenhum dos homens envolvidos estava disposto a revelar seu nome, e apenas uma versão editada das declarações foi divulgada. A história inteira não emergiu antes de 1979, quando já havia sido ofuscada por outros eventos.

CONTATO FRANCÊS

Uma situação oposta atrapalhou um avistamento de humanoides e de um óvni que surgiu na França em 1954. Na noite de 10 de setembro, umas três horas depois do ocaso, um fazendeiro chamado Marius Dewilde, que morava perto de Quarouble, próximo à fronteira com a Bélgica, ouviu seus cachorros latirem e uivarem. Dewilde pegou uma lanterna e saiu pelo campo da fazenda para identificar o problema.

A apenas a 4 metros dele havia um vulto humanoide, com um pouco mais de 1 metro de altura. A pouca distância dali, havia outro vulto. Na ocasião, os eventos se desdobraram muito rapidamente, mas ao contar a história depois, Dewilde descreveu os vultos como tendo pernas demasiadamente curtas para a estatura deles, com ombros largos e cabeças estranhamente grandes. Ele disse que vestiam macacões apertados, semelhantes aos usados pelos mergulhadores da época. Dewilde não viu quaisquer braços, mas concordou que teve apenas um segundo ou dois para absorver a aparição assustadora e surpreendente, antes que as coisas começassem a acontecer.

O vulto mais próximo se virou rapidamente e encarou Dewilde. A luz da lanterna do francês bateu de frente no rosto do ser, mas refletiu como se tivesse atingido um espelho. Dewilde pensou que talvez aquilo fosse o visor de algum tipo de capacete, o que explicaria o tamanho enorme das cabeças.

Dewilde então percebeu que havia um grande objeto escuro pousado sobre a linha férrea adjacente. Ele olhou na direção do objeto e foi imediatamente atingido por um intenso raio de luz emitido por ele. A luz cegou e paralisou Dewilde instantaneamente. Quando a luz se apagou, os dois vultos tinham partido. O enorme objeto lentamente subiu pelos ares, fazendo um ruído sibilante, de baixa frequência.

> "Investigações posteriores encontraram depressões profundas no chão ao lado da ferrovia, no local onde Dewilde disse que o objeto havia pousado."

Por alguns minutos, Dewilde não conseguiu se mexer. Então, ele subitamente recobrou o controle de seus membros. Ele correu quase dois quilômetros até o vilarejo e bateu na porta do policial local. Dewilde estava quase transtornado de medo e excitação. A princípio, o policial achou que Dewilde estivesse louco e, depois, que estivesse embriagado. Só quando o fazendeiro se acalmou, o policial começou a levar sua história um pouco a sério.

Investigações posteriores encontraram depressões profundas no chão ao lado da ferrovia, no local onde Dewilde disse que o objeto havia pousado. A profundidade das marcas indicava que o objeto pesava por volta de 25 toneladas.

Com marcas físicas deixadas pela aterrissagem de um óvni, e uma testemunha disposta a falar oficialmente, este caso tinha o potencial de proporcionar evidências tangíveis. Infelizmente, Dewilde não era exatamente uma testemunha confiável. Como um lavrador camponês de pequena instrução, ele foi um alvo fácil para os céticos. Além disso, houve o fato de os eventos dramáticos o terem afetado profundamente. Ele simplesmente não conseguia parar de falar sobre eles, quase sempre de maneira muito rápida e com grande entusiasmo. Em algumas semanas, porém, Dewilde mudou. Ele se tornou agressivo e se recusou a falar com qualquer pessoa sobre o incidente. Ele não foi uma boa testemunha.

CONFRONTO ARMADO

Também relutante em compartilhar suas experiências estava a família Sutton de Hopkinsville, Kentucky, nos Estados Unidos, que vivenciou um contato totalmente bizarro e verdadeiramente aterrorizante, em 21 de agosto de 1955. O desejo por privacidade foi pouco surpreendente, pois uma vez que o boato sobre o ocorrido se espalhou, a fazenda Sutton foi sitiada por visitantes, repórteres e outros diversos aborrecimentos.

Os eventos começaram quando um óvni foi visto pousando ao entardecer, perto da fazenda, por um dos Sutton. Ao anoitecer, todos os onze membros da extensa família estavam reunidos na casa da fazenda para o jantar, quando os cães começaram a latir e uivar. Dois dos homens foram até a porta para ver o que causava a confusão. Eles viram um estranho vulto atravessando o campo em direção a casa.

O intruso tinha um pouco mais de 1 metro de altura e emitia uma luz pálida, que parecia emanar de todo o seu corpo. Aparentemente, ele não usava nenhum tipo de roupa. A criatura tinha orelhas enormes, que terminavam em pontas afiadas em cima e embaixo. A cabeça era grande e bastante abobadada, mas tinha um queixo pequeno, um nariz minúsculo e sua boca parecia ser um pequeno talho. O corpo era magro e se afunilava acentuadamente, dos ombros largos à cintura fina, apoiada em pernas curtas e delgadas. Os braços eram extremamente compridos e terminavam em garras afiadas, suspensas em posição ameaçadora.

Compreensivelmente assustados, os dois homens observaram a criatura se aproximar em silêncio. Então o mais velho decidiu tomar uma iniciativa: voltou para dentro da casa, pegou sua espingarda de caça e foi para a porta, quando a criatura estava apenas a 6 metros de distância. Ele posicionou a arma em seu ombro e atirou. O ser caiu de costas e ficou deitado, imóvel no chão. Então, incrivelmente, ele se levantou e foi embora, aparentemente ileso.

Em seguida, outras criaturas semelhantes apareceram. Quando uma subiu no teto da casa da fazenda, foi derrubado com um tiro, mas novamente não se feriu. Os Sutton, aterrorizados, se protegeram dentro da casa, atirando em qualquer uma das estranhas criaturas, sempre que viam alguma. Depois de umas duas horas de tiroteio, decidiram fugir. Eles se amontoaram dentro de um carro e saíram correndo rumo à segurança de uma cidade próxima. Os seres não os perseguiram. Algumas horas mais tarde, quando a família voltou para a fazenda acompanhada de policiais armados, os intrusos haviam partido.

No início, os Sutton estavam dispostos a cooperar tanto com a polícia quanto com os pesquisadores de óvnis que os abordaram. Todos os onze membros da família foram consistentes acerca do que havia acontecido e sobre a aparência e comportamento dos humanoides. Eles até fizeram desenhos dos seres que os atacaram. O caso tinha o potencial de proporcionar evidência de qualidade sobre os tripulantes dos óvnis. Mas, então, os eventos foram noticiados pela estação de rádio local e, depois disso, atraíram a atenção da mídia nacional norte-americana. Logo a

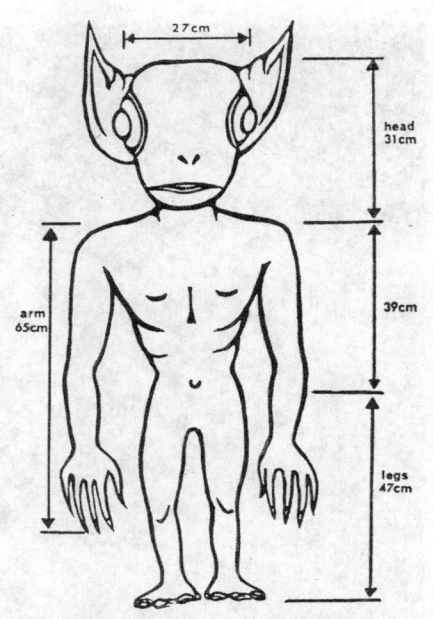

O esboço original de um dos alienígenas que atacaram a família Sutton em Kentucky, em 1955, desenhado no dia seguinte ao ataque.

fazenda foi inundada por visitantes, tanto amistosos como hostis. Os Sutton se fecharam e se recusaram a falar.

Foi a ausência de meios de comunicação, e não um excesso, que praticamente inutilizou um caso italiano potencialmente clássico. Em 24 de abril de 1950, Bruno Facchini ficou acordado até bem tarde em sua remota casa de campo perto de Varese. Ele avistou umas luzes piscantes pela janela e pensou que fosse um relâmpago, algo que logo desconsiderou, pois não havia sinal de tempestade. Ao abrir a porta para ver o que estava

Os Sutton, uma família de fazendeiros de Kentucky, atiraram nos alienígenas que os atacaram, com rifles e espingardas de caça.

acontecendo, Facchini parou subitamente, ao avistar a fonte das luzes.

A 30 metros de distância, ao lado de um poste telefônico, havia um objeto redondo, de 9 metros de diâmetro, que parecia ser feito de metal. No lado do objeto havia uma abertura pela qual Facchini pôde ver o que pareciam ser ponteiros, controles e cilindros. Ele não prestou muita atenção no interior do veículo, pois ao redor do mesmo havia quatro humanoides.

Cada um dos vultos tinha por volta de 1,5 metro ou mais de altura e vestia um apertado macacão cinza. Suas cabeças estavam encapsuladas em capacetes, que tinham máscaras faciais transparentes. De cada máscara saía um tubo, que descia até um bloco no peito. Facchini identificou os tubos como algum tipo de equipamento de respiração.

> "O objeto emitiu um raio de luz azulada, que atingiu Facchini no peito. O infeliz italiano foi arremessado para trás, como se tivesse sido atingido por uma força poderosa, e caiu estatelado no chão."

Vários óvnis, como o visto por Bruno Facchini em 1950, foram avistados próximos ou em cima de cabos transmissores de energia elétrica.

Os vultos estavam todos equipados com o que pareciam ser ferramentas para efetuar reparos no veículo, embora Facchini não pudesse identificar exatamente o que estavam fazendo. Ele pensou que estivessem efetuando reparos, e decidiu oferecer ajuda.

Assim que Facchini saiu pela porta da frente, os seres perceberam sua presença pela primeira vez. Eles se voltaram para ele e começaram a conversar entre si, em uma língua áspera, que ele nunca havia ouvido antes. Um dos vultos então apontou para ele um objeto parecido com um tubo. O objeto emitiu um raio de luz azulada, que atingiu Facchini no peito. O infeliz italiano foi arremessado para trás, como se tivesse sido atingido por uma força poderosa, e caiu estatelado no chão.

Atordoado, Facchini se sentou, ainda em tempo de ver o último dos seres ingressando no veículo pela escotilha. A porta então se fechou, o objeto começou a emitir um ruído e subiu gradualmente no ar, antes de se afastar em alta velocidade.

Facchini entrou em sua casa, trancou as portas e se sentou para esperar o dia amanhecer. Quando veio a luz do dia, ele saiu e constatou que os intrusos da noite anterior haviam ido embora. Eles deixaram para trás marcas de queimaduras

O reverendo Gill e seus trabalhadores da Nova Guiné acenaram para a tripulação de um óvni que apareceu sobre a missão deles, em 1959.

no chão e depressões, onde o disco aparentemente havia apoiado seus pés.

Facchini era uma testemunha confiável de eventos extraordinários. Infelizmente, o incidente foi relatado apenas nos jornais da região e, por muitos anos, não capturou a atenção dos pesquisadores.

Um problema de isolamento semelhante empesteou a aparição de humanoides vista pelo padre William Gill, um missionário que trabalhava em um local remoto no Monte Pudi, na Papua-Nova Guiné. Seu contato ocorreu no dia 26 de junho de 1959, mas só foi amplamente divulgado dez anos depois.

Por volta das 19 horas, um objeto voador de grande porte, com o formato de duas placas dispostas borda com borda, desceu pairando pela cobertura de nuvens, que Gill estimou estarem a 600 metros de altura. Nem mesmo Gill ou qualquer de seus neófitos sabia muito sobre aeronaves, e não percebeu que estavam observando algo muito incomum. Eles pensaram que o veículo fosse algum tipo de máquina voadora moderna, talvez operada pela USAF, que tinha bases na ilha.

> "Achando que seus visitantes fossem aterrissar na grande planície sobre a qual o objeto pairava, Gill acenou para eles. Um dos vultos no óvni olhou para baixo e acenou de volta."

O objeto tinha o que parecia ser um convés em volta da borda externa de seu lado superior. Um par de vultos humanoides surgiu do veículo e começou a andar pelo convés. Eles começaram a trabalhar com o que parecia ser ferramentas ou algum tipo de dispositivos. Achando que seus visitantes fossem aterrissar na grande planície sobre a qual o objeto pairava, Gill acenou para eles. Um dos vultos no óvni olhou para baixo e acenou de volta.

O objeto não fez qualquer aproximação para aterrissar assim, então: Gill e os aldeões concluíram que os tripulantes não estivessem com problemas e que não pretendiam visitá-los. Gill, então, saiu para jantar. A tripulação do objeto voador e os camponeses continuaram a trocar acenos por algum tempo. Depois, o veículo subiu até a cobertura de nuvens e desapareceu de vista.

Vários outros incidentes ocorreram durante os anos 1950, que vieram à tona apenas por testemunhas anônimas. Embora fossem de grande interesse para os pesquisadores de óvnis, o fato de as testemunhas se recusarem a ser identificadas, como nos casos seguintes, subtraiu do valor de seus relatos.

Em 5 de outubro de 1954, um adolescente em uma fazenda próxima a Loctudy, na França, foi mandado por sua família para tirar água de um poço, que ficava a alguns metros da casa. O menino ficou surpreso quando um luminoso objeto discoide desceu voando e aterrissou a 6 metros de distância. Uma porta se abriu, e de lá saiu um vulto humanoide, de aproximadamente 1 metro de altura, que tinha o rosto coberto de pelos.

O estranho vulto se aproximou do garoto, tocou-o no braço e começou a falar em um estranho idioma. Ele parecia surpreso com o fato de o garoto não poder compreendê-lo, e parecia estar fazendo algum tipo de pergunta. Desistindo, com aparente indignação, reembarcou no óvni e voou para longe.

ABDUÇÃO DE COELHOS

Em 14 de novembro do mesmo ano, um fazendeiro italiano viu um objeto oval aterrissar ao lado de sua fazenda, perto de Isola. Três humanoides de baixa estatura, com cerca de 1 metro e meio de altura, saíram do objeto. Eles estavam vestindo o que pareciam ser macacões de algum tipo de tecido metálico. Perambularam ociosamente, despreocupados com o fazendeiro que os observava. Então, um dos vultos encontrou uma gaiola de coelhos, que estavam sendo criados pelo fazendeiro, e chamou seus companheiros. O trio parou sobre a gaiola, apontando para os coelhos, com entusiasmo, conversando em um idioma que o fazendeiro não compreendia.

Quando um dos seres abriu uma das gaiolas e tirou um coelho, o fazendeiro concluiu que as coisas tinham ido longe demais. Ele correu para dentro de casa, pegou um rifle e voltou para fora. Apontando o rifle para os intrusos, ordenou que deixassem seus coelhos em paz. Um dos seres olhou para o fazendeiro, e o rifle ficou tão pesado que o fazendeiro teve de soltá-lo. Segurando um dos coelhos em seus braços, um dos intrusos voltou para seu veículo, enquanto os outros dois ficaram de olho no fazendeiro. Ao entrarem

Coelhos foram as inusitadas vítimas dos alienígenas que visitaram uma fazenda italiana, em 1954.

novamente na nave, os visitantes, então, voaram para longe.

Um caso beneficiado por um pouco de investigação oficial, embora um pouco superficial, ocorreu um 1962 quando a polícia argentina emitiu um relatório de avistamento de óvni. No dia 24 de maio, um óvni em forma de disco aterrissou perto de uma pastagem fora da cidade de La Pampa. Uma porta se abriu no lado do veículo e por ela saiu um par de vultos humanoides que se movimentavam de forma desajeitada, aos trancos. Os trabalhadores do rancho que testemunharam o evento pensaram que os visitantes fossem robôs. Os vultos se afastaram lentamente do veículo, olhando para o chão, aparentemente inspecionando a folhagem das plantas. Então, um deles deu uma olhada em direção à casa do rancho e viu os homens os observarem. Imediatamente, os dois vultos robóticos andaram de forma desajeitada até o veículo, entraram nele e partiram voando.

> **"Os vultos se afastaram lentamente do veículo, olhando para o chão, aparentemente inspecionando a folhagem das plantas."**

Quando os policiais chegaram, algumas horas mais tarde, tomaram depoimentos das testemunhas, todos muito coerentes, e foram investigar o local da aterrissagem. Lá encontraram uma área circular de 5 metros e meio de diâmetro, onde todo o gramado havia sido incinerado. Arbustos próximos ao local foram chamuscados.

MISTÉRIO ABORÍGENE

Em 1951, ocorreu um incidente que não alcançou a imprensa mundial até uns sete meses depois de ocorrido. Embora não seja mais muito discutido nos dias atuais, na época causou um impacto real, pois, pela primeira vez, pessoas de uma cultura não ocidental relataram uma inequívoca aterrissagem de um óvni, completa, com o que parecia ser um tripulante. Em meados de setembro (a data precisa nunca foi esclarecida), um grupo da tribo de aborígenes australianos Unmatjera caminhava pelas cordilheiras Stansmore, da Austrália Central. Na época, a tribo ainda não havia se assentado em uma reserva. Embora tenham periodicamente procurado ajuda médica em instalações do governo, enquanto os homens trabalhavam em ranchos para ganhar dinheiro e comprar coisas, eles ainda seguiam seus estilos de vida tradicionais.

> **"No vale rasteiro abaixo deles, viram um veículo grande de metal que pensaram estar relacionado com a civilização europeia."**

Naquele dia específico, quatro homens da tribo estavam caçando, quando chegaram ao topo de um pequeno cume. No vale rasteiro, abaixo deles, viram um veículo grande de metal que pensaram estar relacionado com a civilização europeia. Sem ver qualquer sinal de movimento, os homens ficaram sentados observando, escondidos. O objeto tinha 15 metros de comprimento, com 3 metros de altura no centro, e formato arredondado.

Depois de alguns minutos, um segundo objeto quase idêntico

desceu do alto com um zunido semelhante ao de um enxame de abelhas, porém muito mais alto, e pousou próximo ao primeiro objeto. Uma porta se abriu no lado do objeto recém-chegado, da qual saiu um vulto. O vulto tinha em torno de 1,2 metro de altura, usava uma roupa vermelha brilhante e tinha uma cabeça brilhante grande e redonda. Talvez estivesse usando algum tipo de capacete. Andou até o primeiro disco e entrou por uma escotilha. As escotilhas em ambos os discos então se fecharam com força e foram embora voando.

O grupo de Unmatjeras relatou o incidente quando pararam em um posto do governo, pensando que o evento que testemunharam talvez fosse algo interessante. Então, foram embora e voltaram para o sertão australiano. Quando os repórteres ouviram a história, as testemunhas tinham ido embora e não podiam ser entrevistadas. No entanto, a história foi muito divulgada, pois mostrava que não apenas ocidentais que assistem a filmes de ficção científica viam discos voadores.

UM CONTATO VIOLENTO

Nem todas as testemunhas se contentaram em apenas observar os eventos. Jose Ponce e Gustavo Gonzales decidiram agir de forma consideravelmente mais proativa, quase agressiva, quando

Os caçadores aborígenes, que viram dois enormes óvnis aterrissarem no sertão australiano em 1951, pensaram que fossem aeronaves europeias.

se depararam com um óvni e seu ocupante, nas proximidades de Petare, Venezuela, em 28 de novembro de 1954. Os dois homens dirigiam um caminhão por uma estrada rural, bem tarde da noite, quando viram que o caminho estava bloqueado por um objeto disciforme pairando logo acima da superfície da estrada.

Eles pararam o caminhão e saíram para enxergar melhor. Quando se aproximaram a 7,5 metros do objeto, viram que um humanoide de 1,2 metro de altura e coberto de pelos havia saído e caminhava em direção a eles. Gonzales reagiu primeiro, agarrando o vulto e levantando-o do chão. Mais tarde, Gonzales disse que ele pesava uns 20 quilos.

O humanoide claramente não queria ser tratado assim. Contorcendo-se, ele se livrou das garras de Gonzales e o atingiu com tanta força, que o jogou de costas no chão. Ponce então fugiu para uma delegacia de polícia que conhecia a meio quilômetro dali.

Enquanto isso, Gonzales estava sentado na estrada, quando o pequeno vulto se arremessou contra ele. Gonzales teve tempo de notar que os olhos do vulto brilhavam com o reflexo amarelo dos faróis do caminhão, como os olhos de um gato, antes de ser atingido pelo ser. Arranhando e mordendo, o humanoide aparentemente pretendia imobilizar Gonzales, segurando-o pelas costas. Gonzales conseguiu puxar sua faca e enterrou a lâmina no ombro da criatura. A lâmina se resvalou, como se tivesse atingido uma placa de metal, mas o golpe fez a criatura recuar.

Uma segunda criatura então apareceu, presumivelmente de dentro do óvni, e se apressou até eles. Ela segurava uma ferramenta tubular, que levantou e apontou para Gonzales. Houve um súbito brilho de luz, e Gonzales ficou desnorteado. Considerando-se derrotado, o jovem golpeou o ar a esmo com sua faca, sem acertar em nada. Quando novamente conseguiu enxergar, alguns minutos depois, viu que o óvni então pairava, a 9 metros acima do chão, até que silenciosamente se afastou e sumiu de vista.

"Gonzales conseguiu puxar sua faca e enterrou a lâmina no ombro da criatura."

Gonzales saiu em disparada e seguiu seu amigo até a delegacia de polícia. Lá, Ponce havia sido recebido com ceticismo, mas quando Gonzales chegou, com sangue jorrando de suas feridas, a polícia mudou de atitude. Gonzales recebeu tratamento médico, pois estava com

Em 1954, Gustavo Gonzales ficou momentaneamente cego ao lutar com dois alienígenas. Sua faca não surtiu efeito em seus oponentes.

um corte feio na lateral de seu corpo, o que causou alguma preocupação. Os médicos pensaram que tivesse sido causado por uma garra de um animal ou por algum tipo de gancho afiado. Eles não aceitaram a história do óvni.

O interessante é que a história dos dois jovens foi posteriormente corroborada por um conhecido médico da região, que preferiu permanecer anônimo. Ele dirigia apressadamente para um atendimento, quando passou por Gonzales, na estrada, observando o óvni que se afastava. O médico também viu o óvni, mas estava muito comprometido com seu atendimento para parar. Ele só resolveu falar com a polícia depois que a história apareceu na imprensa local.

SOCORRO: UM CASO CLÁSSICO

Ao considerarem o palco de tais eventos e incidentes, foi com grande alívio que os pesquisadores de óvnis esbarraram no incidente de Socorro em 1964. O caso envolveu testemunhas de honestidade incontestável, com boa capacidade de observação e totalmente confiáveis. Quando um óvni foi avistado por dois policiais, que observaram os seres emergindo do disco, com relativa proximidade, a notícia do avistamento se espalhou rapidamente e se tornou um caso clássico.

A principal testemunha foi Lonnie Zamora, um policial de Socorro, Novo México. Às 17h45, de 24 de abril de 1964, Zamora estava correndo atrás de um motorista com excesso de velocidade, quando ouviu uma explosão e viu uma torrente de chamas azuis subirem pelo céu, por trás de um morro próximo dali. Como sabia que uma empresa de mineração armazenava dinamite naquela direção, Zamora temeu que algum acidente tivesse acontecido, pediu reforços e foi investigar.

A rota de Zamora o levou por uma estrada de terra em solo acidentado. Ao se aproximar do armazém de dinamite, Zamora se sentiu aliviado ao constatar que ainda estava intacto. Ele então viu um objeto branco, de forma ovoide alongada, que permanecia em um dos lados. Ao se aproximar, viu que havia uma insígnia vermelha semelhante a uma seta incompleta, pintada em um dos lados, e que o objeto estava apoiado em pernas curtas, parecidas com tocos. Ao lado do objeto havia dois vultos humanoides vestidos de branco.

Zamora depois perdeu o objeto de vista, atrás de uma elevação do solo. Ao dirigir para o alto da elevação, ele novamente pôde ver o objeto, mas os vultos não estavam mais lá. Ele estava a uns 46 metros do objeto, mas a estrada ali fazia uma curva e seguia para a direção errada.

Zamora parou seu carro, saindo dele, para se aproximar a pé. Ao fazê-lo, ouviu uma sequência de ruídos vindos do veículo, como se estivessem batendo portas. Chamas azuis começaram a sair da sua base, fazendo Zamora se jogar ao chão para se proteger. Espiando de trás de uma pedra, ele observou o veículo subir lentamente para o céu e se afastar. Foi então que o sargento Chavez chegou para dar reforço a Zamora. Ele viu o veículo ganhar velocidade e sumir de vista, mas chegou tarde demais para ver os humanoides.

O incidente de Socorro ganhou as manchetes, pois a principal testemunha foi um policial de caráter irrepreensível.

O caso foi uma sensação. Ele demonstrou a muitos pesquisadores de óvnis, e a outros, que os óvnis eram veículos mecânicos com tripulantes. O que Zamora viu de relance indicava qual era a aparência e o comportamento de tais tripulantes.

Os vultos eram basicamente de forma humana, embora muito pequenos, com altura entre 1 a 1,2 metro. Eles estavam vestidos com roupas razoavelmente apertadas, que se pareciam com jalecos. Zamora pensou que estivessem usando algum tipo de capacete, mas não pôde fornecer detalhes. Talvez os intrusos precisassem de capacetes para se proteger da atmosfera da Terra.

Embora o propósito da visita tenha sido desconhecido, o comportamento dos vultos ficou bem claro. Quando foram avistados, estavam próximos ao óvni aterrissado, mas aparentemente não trabalhavam nele nem o tocavam de forma alguma. Se faziam algo, apenas observavam seus arredores. No entanto, uma vez que Zamora surgiu no campo de visão, o comportamento deles mudou dramaticamente. Os vultos entraram no óvni e fugiram rapidamente. Não importa o que estivessem fazendo, eles não queriam entrar em contato direto com Zamora, e presumivelmente, com nenhum outro humano.

O resultado mais importante do caso de Socorro foi subitamente

Em Socorro, investigadores de óvnis inspecionam o local da aterrissagem, onde marcas na areia revelaram os pontos de apoio do óvni.

tornar respeitável o relato de avistamentos de criaturas humanoides relacionadas aos óvnis. Nos meses e anos que se seguiram, foram feitos numerosos relatos de contatos com tais criaturas. Alguns desses relatos eram de ocorrências recentes, feitos poucos dias ou horas após os eventos. Outros eram de eventos mais antigos, mas que então emergiram em virtude de as testemunhas não temerem tanto ser ridicularizadas quanto antes temiam. A imprensa também passou a levar em consideração incidentes anteriores, relatados por testemunhas que haviam sido amplamente ignorados até então.

Um desses incidentes envolveu o empreiteiro francês Georges Gatay. No dia 30 de setembro de 1954, ele estava trabalhando em um local próximo a Marcilly-sur-Vienne, quando um objeto brilhante em forma de cúpula desceu e pairou sobre o solo, bem perto dali. Todos os homens no local interromperam o trabalho para observá-lo. Apenas Gatay se sentiu estranhamente compelido a andar até o objeto. Um vulto humanoide de baixa estatura apareceu, como se tivesse saído de trás do veículo. Um raio de luz saiu de um cinto em torno da cintura dele. Gatay chegou bem perto do vulto, quando ele voltou para o veículo, que decolou e voou rapidamente, até sumir de vista.

No dia seguinte, quase todos os homens avisaram que estavam doentes, reclamando de enjoos e tonturas. A doença misteriosa não durou, e em 48 horas eles estavam trabalhando novamente. Gatay, porém, teve dificuldades para dormir por algumas semanas após seu contato.

"O incidente de Gatay foi o primeiro indício de que os seres que saem dos óvnis são capazes de controlar os seres humanos de alguma forma."

O incidente de Gatay foi o primeiro indício de que os seres que saem dos óvnis são capazes de controlar os seres humanos de alguma forma. Gatay insistiu que não quis andar em direção ao óvni, pois estava tão surpreso e assustado quanto seus colegas, mas que sentiu um ímpeto irresistível de fazê-lo.

Outro incidente ocorreu em outubro de 1958, quando um tal de Sr. Angelu dirigia sua motocicleta, perto de Figueras, na Espanha. Angelu estava observando a estrada, por isso não pôde ver muitos detalhes do objeto que voava baixo bem acima dele e mergulhou em um bosque perto dali. Temendo que uma aeronave pequena tivesse caído, Angelu pulou de sua motocicleta e entrou pelas árvores. Ele chegou perto o suficiente para ver que o objeto não se parecia com nenhuma aeronave que havia visto e que não havia caído.

O objeto disciforme e arredondado estava pousado levemente no chão, e havia dois vultos ali por perto. Eles eram muito mais baixos do que humanos adultos e tinham cabeças desproporcionalmente grandes. Pareciam estar fascinados com as plantas da região, puxando folhas e obtendo amostras de ramos. Escondido atrás da vegetação rasteira, Angelu observou os humanoides por uns dez minutos. Então, eles voltaram ao veículo, que decolou, e sumiu de vista.

ORGULHO À ALTURA

Embora os seres identificados com os óvnis obedecessem, em sua maioria, a um certo tipo físico, nem todos se encaixaram em tal padrão. Muito diferentes, por exemplo, foram os humanoides vistos saindo de um óvni perto de Belo Horizonte, no Brasil, em 28 de agosto de 1963.

As criaturas tinham 2 metros de altura e, embora basicamente humanoides, tinham pele vermelha, nenhum cabelo, nenhum nariz, apenas um olho. O óvni tinha a forma de um globo transparente que emitia uma luz fosca pulsante. Um dos vultos flutuava do lado de fora do globo e desceu, à deriva, até o chão, apoiado sobre um raio de luz. Uma das testemunhas tentou jogar uma pedra no intruso, mas seu braço ficou paralisado ao ser atingido por um feixe de luz que saiu do peito do ser. O visitante então voltou para o óvni, que partiu, em alta velocidade.

A imagem do alienígena "típico", que emergiu dos avistamentos ocorridos nas décadas de 1960 e 1970.

A aparição de Belo Horizonte foi considerada bizarra na época, e continua sendo até hoje, pois não se enquadra no panorama geral das descrições e relatos. O fato de todas as três testemunhas terem menos de 14 anos de idade e de terem ficado aterrorizadas com o ocorrido explica algumas das discrepâncias, mas nem todas.

Apesar desses casos estranhos, a percepção geral que emergiu dos ovnionautas, ou dos seres que saem dos óvnis, ficou clara no fim dos anos 1960. Os seres, de modo geral, tinham forma humanoide, eram bípedes e andavam eretos, tinham dois braços, um tronco e uma cabeça. A cabeça geralmente era muito maior do que seria esperado de um ser humano, mas tinha face com dois olhos, um nariz, uma boca e, quase sempre, duas orelhas. Eles tinham baixa estatura, geralmente entre 1 e 1,2 metro de altura. Os detalhes dos relatórios variavam um bocado. Os vultos eram cabeludos ou carecas, usavam macacões ou corriam nus, e eram cinzentos, verdes ou marrons. Porém, tais discrepâncias podem ser explicadas pelo fato de as testemunhas terem ficado, compreensivelmente, surpresas com a visão dos intrusos e, com frequência, assustadas.

De forma semelhante, o comportamento da maioria dos seres que saíram dos óvnis se encaixava em um padrão, embora houvesse exceções. Na maioria das vezes, os visitantes eram vistos quando aparentavam estar alheios da presença dos humanos. Quando percebiam que havia humanos nas proximidades, fugiam, com claros indícios de pressa.

Enquanto não eram perturbados, os intrusos aparentemente se comportavam com profunda curiosidade acerca dos lugares onde aterrissavam. Eles cutucavam nos campos e bosques à volta deles, espiavam dentro de celeiros e inspecionavam equipamentos, com interesse. Pareciam estar muito interessados em plantas e animais, tanto selvagens como domésticos. Às vezes, coletavam amostras e as levavam para o óvni.

Alguns pesquisadores acharam que tal comportamento era típico de exploradores que chegaram a um planeta estranho pela primeira vez. Comparações foram feitas com o modo em que os navegantes europeus se comportaram ao chegarem pela primeira vez nas ilhas do Pacífico, no século XVIII.

Ocasionalmente, os ovnionautas reagiam de maneira agressiva com os humanos. Eles frequentemente paralisavam a testemunha humana, derrubando-a, com algum tipo de campo de força, ou fazendo-a desmaiar. Porém, a testemunha não parecia sofrer nenhum ferimento permanente, de forma que tais contatos podiam ser compreendidos como ações defensivas, e não como ataques diretos.

As únicas fatalidades que poderiam ser atribuídas aos seres misteriosos ocorreram em casos, como o de Thomas Mantell, nos quais o humano estava em um veículo que colidiu, por consequência da atividade do óvni. Não há certeza de que os ovnionautas saberiam que abater um avião poderia matar o piloto. Talvez eles sequer soubessem que a aeronave fosse tripulada, pois podem tê-la interpretado como algum tipo de míssil.

> "... a testemunha não parecia sofrer nenhum ferimento permanente, de forma que tais contatos podiam ser compreendidos como ações defensivas e não como ataques diretos."

A maioria dos pesquisadores dos anos 1950 e 1960 estavam dispostos a dar aos ovnionautas o benefício da dúvida. Presumiam que, quem quer que fossem e o que quer que desejassem, não eram hostis à humanidade. Alguns acharam que fossem indiferentes a ponto de serem frios, podendo esmagar um humano, sem maior reflexão do que tem um humano ao esmagar uma mosca; mas, mesmo assim, não eram deliberadamente violentos.

No entanto, os pesquisadores não tiveram a disposição de ir além. Enquanto a maioria pensava que os ovnionautas fossem alienígenas, de outros planetas, e que os óvnis fossem espaçonaves, a origem dos veículos e o propósito de suas visitas à Terra eram geralmente considerados como desconhecidos. Talvez, pensavam eles, o tempo diria. Talvez os alienígenas, algum dia, se revelariam à humanidade e explicariam o seu propósito.

Mas, então, evidências começaram a emergir, indicando que alguns humanos sabiam muito, muito mais acerca dos óvnis do que era publicamente conhecido. Que, de fato, eles poderiam ter feito contato direto com os próprios alienígenas, e não da maneira mais pacífica ou objetiva. Em suma, que a verdade sobre os óvnis estava sendo ocultada.

CAPÍTULO 3

VÍTIMAS DE GUERRA

O diretor da CIA, Richard Helms (à direita), se encontra com o presidente Richard Nixon. Acredita-se que Helms tenha arquitetado um encobrimento das informações obtidas pelo governo dos EUA sobre os óvnis.

Desde o início de 1950, houve boatos recorrentes, suposições e alguns indícios de que nem tudo havia ocorrido como pretendido pelos alienígenas que controlavam os óvnis. De fato, alguns pesquisadores sugerem que as coisas deram errado para os alienígenas desde os primeiros dias das atividades reconhecidas dos óvnis, após o fim da Segunda Grande Guerra.

Muitas testemunhas de aterrissagens de óvnis, e o comportamento dos seres que saíram deles, indicaram que os alienígenas pareciam perturbados pela presença dos humanos. O que quer que os alienígenas pretendiam fazer ao aterrissarem, e, muitas vezes, pareceu incluir o estudo da vida selvagem e vegetal, foi interrompido pela chegada dos humanos. Em si, isto indicava que o projeto alienígena, o que quer que fosse, estava sendo regularmente perturbado, no entanto, não significa necessariamente que os alienígenas foram dissuadidos do seu propósito. Afinal, eles podem muito bem ter incluído em seus planos a suposição de que algumas aterrissagens seriam perturbadas e interrompidas.

Porém, a perda de um óvni com sua tripulação, e sua captura pelas autoridades humanas, certamente representaria um sério revés aos alienígenas e ao trabalho deles. Não obstante o que mais possa ser dito sobre os óvnis e suas tripulações, o desejo de permanecerem anônimos e com a existência não comprovada parece ser essencial. Afinal, se os ovnionautas quisessem fazer contato direto e aberto com a humanidade, poderiam simplesmente aterrissar no Central Park, ao lado da Torre de Londres, ou na Praça Vermelha. O fato de terem decidido aterrissar em áreas rurais remotas e fugir, quando vistos pelos humanos, demonstra que desejam permanecer anônimos.

No entanto, houve boatos recorrentes de óvnis acidentados, com tripulações mortas, e de que tanto os óvnis como as tripulações tenham sido confiscados por governos humanos e removidos para estudos. Por razões óbvias, tais alegações permanecem não comprovadas. Se forem verdadeiras, os governos envolvidos têm razões fortes e claras para negar que elas ocorreram e acobertar as evidências. Se não aconteceram, os mesmos governos teriam motivos igualmente óbvios para alegar que não aconteceram.

Para revelar a verdade, é claro que pouco valor pode ser atribuído a documentos oficiais emitidos deliberadamente pelas autoridades. Uma vez, perguntaram ao diretor da CIA, Richard Helms, qual era a regra mais importante para se guardar um segredo. Ele respondeu: "não ponha nada no papel". Devemos supor que, se óvnis caíram e foram removidos, os governos devem ter seguido o conselho de Helms o mais à risca possível.

> "Embora os relatos iniciais estivessem causando uma comoção em alguns lugares e setores da sociedade, outras pessoas ainda não haviam ouvido falar no fenômeno; ou se ouviram, pouco se importavam."

Ao investigar tais alegações, com matizes de acobertamento e conspiração, o pesquisador corre o risco de acreditar na verdade de um suposto evento, mesmo que a evidência não o corrobore. A ausência de documentos pode ser interpretada, não como indício de que o evento não ocorreu, mas de que o governo esteja acobertando a verdade. É muito difícil investigar supostos acobertamentos e conseguir manter as coisas em perspectiva. O melhor que pode ser feito é examinar a evidência disponível que sustente a possibilidade da queda e remoção de óvnis, e, a partir delas, tentar chegar a conclusões que tenham significado.

O caso mais famoso e bem pesquisado é o incidente em Roswell, de 1947, mas não é o único. Alguns pesquisadores acreditam que a evidência a favor de Roswell não seja, de fato, muito convincente. De qualquer modo, deve valer a pena voltar atrás e dar uma olhada nas outras supostas quedas de óvnis, e nas circunstâncias que as envolveram, antes de estudar o incidente em Roswell.

Vários dos relatos começaram no fim dos anos 1940, por isso é importante lembrar que, naquele tempo, as atitudes das pessoas eram diferentes das atuais. Para começar, todo esse assunto de óvnis, ou de discos voadores, como eram então chamados, era novidade. Embora os relatos iniciais estivessem causando uma comoção, em alguns lugares e setores da sociedade, outras pessoas ainda não haviam ouvido falar no fenômeno; ou se ouviram, pouco se importavam. Mesmo os que se interessavam ainda não pensavam em alienígenas. O estranho veículo poderia ser um míssil soviético, um experimento realizado por bilionários reclusos, ou algum fenômeno natural bizarro. Ninguém sabia, e poucos tinham alguma noção clara. Os discos eram um jogo de quebra-cabeças estranho e sem explicação, nada mais.

Um barqueiro iça um tronco e atravessa Puget Sound, onde um óvni foi visto com problemas aparentemente sérios de voo em 1947.

Outro fato importante a ser lembrado é que, no final dos anos 1940, a maioria das pessoas tinha muito mais confiança nas autoridades do governo do que têm hoje. O mundo acabara de sair dos horrores e pressões da Segunda Grande Guerra. Durante a guerra, todos os povos dos países aliados cooperaram entre si no apoio aos seus governos para derrotar o regime nazista e o poderio expansionista do Japão. As pessoas estavam acostumadas a ver o governo trabalhando para o bem comum. Se o governo quisesse manter algo em segredo, a percepção geral é que deveria haver algum bom motivo para tal. A confiança do povo na autoridade do governo ainda não havia se desgastado por anos de pronunciamentos públicos dissimulados, fraudes e corrupção, denunciados nos escalões mais elevados.

O primeiro desses casos a vir à tona ocorreu em julho de 1947, quando Raymond Palmer, um editor de Chicago especializado no estranho e no sobrenatural, recebeu uma carta de um homem chamado Harold Dahl. Com a carta, foram entregues alguns pedaços pequenos de um estranho material levemente metálico.

O AVISTAMENTO DE DAHL

Dahl morava em Maury Island, perto de Tacoma, no estado de Washington, Estados Unidos, e ganhava a vida localizando e recuperando troncos e outros materiais perdidos pelas várias madeireiras que operavam nas florestas do interior. Esses troncos flutuavam na correnteza do rio e desaguavam no mar, até serem encontrados por homens como Dahl.

De acordo com Dahl, ele estava em Puget Sound, com seu filho e seu cão, no dia 21 de junho, quando seis grandes naves com o formato de rosquinhas surgiram, voando baixo. Ele disse que cada veículo media 30 metros de diâmetro e que tinham uma coloração metálica fosca. Um dos veículos voava de forma errática, mergulhando e guinando, enquanto perdia altitude. Os outros pareciam voar em torno dele, para protegê-lo. Dahl sacou sua câmera e tirou algumas fotos da nave.

Então, veio um som de explosão, ou um estrondo, da nave assolada. Um fluxo do que parecia ser metal derretido irrompeu da lateral do objeto e se esparramou ruidosamente no mar. O material que se derramava se tornou, então, mais escuro e aparentemente mais pesado. Um pouco do material caiu no barco de Dahl, queimando e danificando a embarcação, e matou o cachorro.

Em seguida, a nave danificada se afastou rapidamente, voando para o oeste sobre o Pacífico, e sumiu de vista, perseguida pelas outras. Dahl, então, jogou água sobre os destroços que caíram em seu barco e foi apressadamente para casa.

No dia seguinte, ele estava se aprontando para trabalhar, quando um homem de terno escuro bateu em sua porta. O homem alegou ser de uma madeireira disposta a tratar de negócios e convidou Dahl para tomar o café da manhã em um restaurante. No restaurante, Dahl apreciava sua refeição quando o homem subitamente admitiu não pertencer à indústria madeireira, e que estava lá para falar sobre os discos voadores. Ele descreveu o contato, embora Dahl ainda não tivesse contado nada a ninguém. O homem advertiu que Dahl ficasse quieto e não contasse a ninguém sobre o ocorrido. Então, ele foi embora.

Dahl pensou na estranha experiência por algum tempo e procurou um conhecido, chamado Fred Crisman. Dahl alegou que foi Crisman quem sugeriu que entrasse em contato com Palmer, embora eventos posteriores tenham tornado este fato duvidoso. Qualquer que tenha sido a verdade, as coisas aconteceram de forma muito rápida, depois que Dahl contatou Palmer. Farejando uma boa reportagem, Palmer se voltou para o único homem que conhecia que tinha alguma experiência real com discos voadores, Kenneth Arnold, que fizera o primeiro relato importante sobre "discos voadores",

O editor Ray Palmer, que enviou Kenneth Arnold para investigar o incidente de Maury Island, após receber a carta de Dahl.

no dia 24 de junho. Palmer pagou $200 a Arnold para investigar as alegações de Dahl, assim que tivesse que viajar até lá a negócios.

No dia 29 de julho, Arnold voou para Tacoma, encontrou Dahl na lista telefônica e ligou para ele. Naquela noite, os dois homens se encontraram, e Dahl mostrou a Arnold alguns fragmentos que alegou serem pedaços solidificados do material que caíra em seu barco. Arnold pensou que eles se pareciam com algum tipo de rocha metálica. No dia seguinte, Arnold se encontrou com Dahl e Crisman, e viu outros fragmentos do material. Arnold pediu para ver as fotos que Dahl havia tirado, mas Crisman disse que haviam perdido a câmera. Eles procurariam novamente por ela, agora que havia um investigador no caso.

A essa altura, Arnold começou a ficar desconfiado e pensou que estava sendo enrolado. Ele também achou que os fragmentos do material mostrados por ambos, Crisman e Dahl, eram muito diferentes dos que viram na noite anterior. Os pedaços novos se pareciam com lava, enquanto aqueles que tinha visto antes eram bem mais estranhos. Arnold chamou um amigo dele, A. J. Smith, para obter sua opinião. Smith chegou naquela noite, e os dois marcaram um encontro com Crisman e Dahl no dia seguinte.

Naquela noite, Arnold recebeu uma ligação perturbadora de um repórter, Ted Morello, da United Press Agency (UPA), com quem Arnold já havia conversado sobre sua própria experiência. Morello disse a Arnold que um homem havia acabado de ligar para ele, para contar sobre a investigação de Arnold e entregar a ele as conversas particulares ocorridas entre Arnold e Smith, na privacidade do quarto de hotel que estavam compartilhando, transcritas, palavra por palavra. Claramente, o quarto havia sido grampeado, mas não estava claro por quem, ou porque ligaram para Morello.

No dia seguinte, 31 de julho, Smith e Arnold foram se encontrar com Crisman e Dahl, que lhes entregaram mais fragmentos, alegando ainda que não encontraram a câmera. Depois da reunião, Smith concordou com Arnold que alguma coisa naquele negócio cheirava muito mal, mas nenhum dos dois sabia dizer o que era. Então, eles decidiram entregar a questão aos militares e ligaram para o contato de Arnold, o capitão William Davidson, do departamento de inteligência do 4º quartel general da força aérea no campo Hamilton, Califórnia. Davidson voou no dia seguinte, em um transporte B25, com o tenente Frank Brown, um colega também oficial de inteligência, como seu copiloto. Davidson e Brown se encontraram com Crisman, mas não com Dahl, que estava trabalhando, e confiscaram uma caixa de fragmentos supostamente vindos do Óvni. Logo depois que Davidson e Brown partiram de volta ao aeroporto,

Morello telefonou novamente, para dizer que seu informante acabara de ligar para fornecer os detalhes completos da reunião.

> **"Logo após a decolagem, o motor de bombordo pegou fogo e continuou a queimar por alguns minutos, até o avião cair, matando os dois homens e destruindo a caixa de fragmentos."**

Naquela tarde, Brown e Davidson decolaram do aeroporto de Tacoma no B25 deles. Logo após a decolagem, o motor de bombordo pegou fogo e continuou a queimar por alguns minutos, até o avião cair, matando os dois homens e destruindo a caixa de fragmentos. Um terceiro tripulante escapou com segurança.

Morello, então, ligou para Arnold e o aconselhou a sair de Tacoma imediatamente, mas que, primeiro, deveria ter o cuidado de checar seu próprio avião. As costumeiras fontes militares da UPA ficaram quietas, quando perguntadas sobre a queda do avião, e se recusaram a responder quaisquer perguntas. Além disso, Crisman foi preso por militares, colocado em um avião, com seus fragmentos de óvni, e mandado para o Alasca. Arnold tentou entrar em contato com Crisman, mas foi informado que ele fora chamado para resolver negócios urgentes e não estaria disponível por vários dias.

Então, apareceu um tal de major Sander, da inteligência do exército, e confiscou todos os supostos fragmentos de óvni que Arnold tinha consigo. Sander afirmou que a história toda era uma fraude e que os fragmentos não passavam de escória de um alto-forno. Ele disse que os pedaços seriam analisados e que os resultados seriam enviados a Arnold. Arnold nunca recebeu o relatório da análise. Uma semana depois, o escritório de Palmer em Chicago foi arrombado. Os únicos objetos roubados foram os fragmentos enviados a ele por Dahl, com a carta original.

INVESTIGAÇÃO DO FBI

Em meados de agosto, o FBI anunciou que estava investigando o caso. Eles concluíram que a história fora inventada por Dahl e Crisman, em uma tentativa de lucrar com a sensação dos discos voadores, vendendo entrevistas para a imprensa e o rádio. A queda que matou Davidson e Brown foi um acidente. Não houve menção do grampo no quarto de Arnold, ou do arrombamento em Chicago.

Na época, Arnold e outros investigadores de óvnis aceitaram o relatório do FBI, sem ressalvas. Na época, o FBI era a principal organização de investigação criminal dos Estados Unidos, com recursos volumosos à disposição, e nenhum motivo óbvio para enganar o público.

O que nem Arnold nem qualquer um que tenha investigado o incidente de Maury Island sabia na época é que, durante a recém-terminada Segunda Guerra Mundial, Crisman trabalhou para o escritório de serviços estratégicos (Office of Strategic Services – OSS), organização precursora da famosa CIA. O trabalho de Crisman na OSS era obscuro e mal documentado. Ele pode ter sido incumbido de espalhar boatos em territórios ocupados pelo inimigo, mas isso é incerto.

> "... o FBI era a principal organização de investigação criminal dos Estados Unidos, com recursos volumosos à disposição, e nenhum motivo óbvio para enganar o público."

Todos concordam que o envolvimento de Crisman é elemento central do mistério sobre o que realmente aconteceu em Maury Island. Os céticos argumentam que Crisman inventou a história e convenceu Dahl a ser seu testa de ferro. Os dois homens planejavam ganhar dinheiro vendendo a história deles, como disse o FBI.

Outros acreditam que Dahl realmente teve uma experiência genuína com óvnis e, sem saber como lidar com isso, procurou Crisman por causa de suas conexões com o mundo da espionagem e das atividades secretas. Nesse cenário, Crisman teria aconselhado Dahl a procurar um editor particular, porque sabia que o governo não merecia confiança em tais questões. Entretanto, alguns alegam que Crisman ainda estava trabalhando para a CIA e manipulando os eventos para desacreditar a experiência genuína de Dahl.

Arnold depois afirmou publicamente que Crisman era a pessoa de quem realmente havia desconfiado o tempo todo. Dahl o havia impressionado como um trabalhador honesto, embora não especialmente inteligente, que tinha visto algo muito estranho, para o qual procurava por uma explicação. Depois que saiu o relatório do FBI, Dahl se recusou a falar sobre o óvni por muitos anos. Pouco antes de morrer, em 1982, ele rompeu o silêncio, alegando que a aparição que havia avistado era real e que aconteceu exatamente como ele dissera.

Visto *a posteriori*, há diversos tipos de perguntas sem resposta sobre o incidente de Maury Island. O envolvimento de um agente da OSS na história toda é estranho, e os que desconfiam da CIA dizem que é algo absolutamente sinistro. O fato de o quarto de Arnold ter sido grampeado novamente sugere o envolvimento de agências de espionagem. Arnold achou que os supostos destroços do disco mudaram de aparência, assim que Crisman entrou em cena. O fato de que nem Brown nem Davidson conseguiram enviar um pedido de socorro do avião avariado, enquanto ainda voavam, nos poucos minutos após o motor ter se incendiado, também nunca foi explicado. E inclusive não ficou claro por que um terceiro tripulante pôde escapar com segurança, enquanto nem Brown nem Davidson conseguiram fazê-lo.

"Pouco antes de morrer, em 1982, Dahl rompeu o silêncio, alegando que a aparição que havia avistado era real e que aconteceu exatamente como ele dissera".

Kenneth Arnold foi enviado para investigar o incidente de Maury Island, mas teve seu trabalho impedido por homens misteriosos, que provavelmente trabalhavam para o FBI.

Seja o que for que tenha realmente acontecido em Maury Island, ou depois, durante a visita de Arnold, está claro que a verdade nunca foi revelada. Os eventos, no entanto, estabeleceram um padrão para incidentes posteriores. Um acobertamento eficaz foi organizado, e se Arnold não tivesse se envolvido, o ocorrido talvez ainda fosse praticamente desconhecido por pesquisadores de óvnis até hoje.

De acordo com as primeiras versões da Queda de Aztec, os investigadores entraram no óvni destroçado por uma janela.

DESTROÇOS NO NOVO MÉXICO

Outro caso antigo, desacreditado como fraude, e depois em grande parte perdido pelos pesquisadores de óvnis, foi a Queda de Aztec. Como no incidente de Maury Island, houve recentemente um interesse renovado pela queda asteca, por parte de pesquisadores menos dispostos a aceitar as declarações das fontes oficiais, como ocorrera com os pesquisadores da época.

A história primeiro veio à tona em março de 1950, quando um homem chamado Silas Newton deu uma palestra na Universidade de Denver. Newton trabalhava na indústria petrolífera e alegou ter obtido suas informações de um homem chamado "Dr. Gee" (um pseudônimo), um cientista que fora chamado pela USAF para ajudá-los a estudar um disco voador que havia sofrido um acidente.

O relato foi descoberto por Frank Scully, colunista de um jornal muito respeitado. Scully passou algum tempo entrevistando Newton, "Gee" e outras testemunhas, para produzir um livro intitulado *Behind the Flying Saucers* (Por Trás dos Discos Voadores), publicado no final daquele ano. Scully, mais tarde, alegou que havia entrevistado oito dos homens envolvidos na remoção do disco acidentado e que utilizou o nome "Dr. Gee" para esconder suas identidades. O fato de Scully ter decidido não divulgar os nomes de suas fontes desvalorizou sua história, aos olhos de algumas pessoas. Outros pensaram que a necessidade de manter os nomes das testemunhas em segredo apenas ressaltava a alta probabilidade de uma reação hostil por parte do governo dos Estados Unidos aos fatos publicados.

De acordo com a versão dos eventos apresentada por Scully, o acidente aconteceu no Cânion Hart, perto de Aztec, no Novo México, Estados Unidos, em março de 1948. O disco foi rastreado por radar militar ao descer riscando os céus, até cair em uma área remota do deserto adjacente. Naquele momento, os militares não sabiam o que havia caído e enviaram um esquadrão para dar uma olhada. Eles relataram que o objeto que caíra era um disco prateado bem grande, e que estava intacto. Os militares então isolaram a área do público e montaram uma equipe de cientistas e técnicos, que foi enviada para o Cânion Hart.

"O casco do disco consistia em uma placa completamente lisa, de metal prateado, sem indícios de quaisquer rebites, soldas ou outras junções."

O exame inicial do disco mostrou que tinha 30,48 metros de diâmetro. O seu casco consistia em uma placa completamente lisa de metal prateado, sem indícios de quaisquer rebites, soldas ou outras junções. Instaladas no casco, havia várias portinholas transparentes, fundidas diretamente no metal, sem quaisquer junções. Não havia qualquer sinal de porta; então, os técnicos tentaram perfurar o metal com perfuradoras industriais com pontas de diamante. Não surtiram efeito. Maçaricos e outras ferramentas também não tiveram êxito.

Assim, um dos membros da equipe de investigação percebeu um minúsculo buraco em uma das portinholas. Uma fina haste foi inserida pelo buraco e usada para pressionar várias alavancas e botões que podiam ser vistos de fora. Quando uma das alavancas foi empurrada, uma escotilha previamente escondida se abriu.

Cautelosamente, a equipe escalou para dentro do disco. Eles descobriram que ele estava inteiramente intacto, com exceção do pequeno buraco na janela, mas que os dezesseis humanoides da tripulação estavam todos mortos. Os seres, de um metro de altura, pareciam ter sido queimados ou carbonizados. Teorizou-se que algum objeto havia perfurado a janela, e que isso, de algum modo, havia matado a tripulação. Não ficou claro se o orifício fora causado no vácuo do espaço ou na atmosfera da Terra. Os corpos foram removidos para exames posteriores.

Na sequência, realizou-se um estudo detalhado da nave. Ela tinha um setor central de 5,5 metros de diâmetro, que continha as salas de controle da tripulação, dormitórios e outros compartimentos. Os setores exteriores do disco não puderam ser acessados no início, embora parecesse que podiam girar livremente em volta do setor central. Depois de alguns dias remexendo e cutucando, os investigadores conseguiram desmantelar o seu anel exterior, que constataram ser composto por vários setores apertadamente encaixados.

As várias partes da nave foram então enviadas por transporte rodoviário para a base da força aérea Wright-Patterson, para estudos adicionais. Wright-Patterson, próxima a Dayton, Ohio, era uma base militar de alta segurança, como permanece até hoje. Lá, novos equipamentos são testados sob condições de extremo sigilo. Também é a base onde armas e equipamentos soviéticos capturados eram levados para análise durante a guerra fria, e, por isso, seria o lugar ideal para estudar um disco acidentado.

Um dos cientistas entregou a Scully alguns pedaços de metal, obtidos do disco. Scully os submeteu a uma série de testes científicos, mas além de descobrir que os pedaços eram compostos por uma liga complexa de metais, alguns dos quais não puderam ser identificados, os testes não revelaram nada.

As alegações de Scully causaram um impacto sensacional. Até mesmo pesquisadores, como Donald Keyhoe, que estava propenso a descartar a história como uma fraude, começaram a se interessar. O livro baseado na Queda de Aztec estava vendendo bem, quando, subitamente, a história se desmantelou.

Um homem chamado Leo Gebauer foi preso por fraude. Ele havia montado uma empresa para explorar petróleo e convenceu vários homens abastados a investirem milhares de dólares. A empresa alegava ter um dispositivo capaz de detectar petróleo e outros minérios através de centenas de metros de rocha sólida. Alegava-se que o dispositivo fora roubado do disco voador que havia caído em Aztec, por um dos cientistas convocados para investigar a tecnologia alienígena.

> "Até mesmo pesquisadores, como Donald Keyhoe, estava propenso a descartar a história como uma fraude, começaram a se interessar."

Um dos investidores ficou desconfiado e chamou a polícia. As investigações logo provaram que a "tecnologia alienígena" não passava de equipamentos de mineração perfeitamente normais, montados de maneiras não convencionais. Tal equipamento era incapaz de detectar petróleo em uma lata de óleo, muito menos através de quilômetros de rocha. A polícia, então, descobriu ligações entre Gebauer e Newton, que também foi preso por sua participação na trapaça. No tribunal, Gebauer foi chamado de "Dr. Gee". Os dois homens foram condenados por fraude.

Scully e todos os outros pesquisadores de óvnis apressadamente se distanciaram dos dois trapaceiros. Os céticos usaram o caso para enfraquecer o assunto de discos voadores, alegando que Gebauer e Newton estavam no topo do *iceberg*, e que enquanto eles eram pegos, os outros falsários do disco tiveram mais sorte. Os ataques dos céticos em cima da suposta queda em Aztec representaram um amplo descrédito nos primeiros pesquisadores de óvnis e nos outros incidentes que eles buscavam destacar.

Scully, no entanto, continuou a sustentar que havia entrevistado oito cientistas envolvidos no estudo do disco e que Gebauer não estava entre eles. Além disso, é notável o fato de que Gebauer e Newton foram condenados por uma fraude baseada na falsa alegação de terem obtido equipamentos do disco acidentado. A questão da existência ou da não existência do disco não teve importância no julgamento ou no crime que cometeram.

A capa sensacionalista do livro de Frank Scully sobre a Queda de Aztec, que mostrava mulheres com roupas provocantes, minou a credibilidade da pesquisa supostamente sóbria e científica contida no livro.

Quase quarenta anos mais tarde, os investigadores William Stinman e Scott Ramsey decidiram, cada um por si, retomar as alegações originais de Scully, para ver se poderiam encontrar alguma evidência que as corroborasse. Os dois desenterraram alguns fatos e testemunhas interessantes.

Mais de cem pessoas que moravam na região na época da suposta queda foram entrevistadas. A maioria não se lembrava de nada interessante, com exceção de quatro pessoas. Um homem recordou que viu um óvni voando acima dele, em baixa altitude, mas não se lembrava da data, sequer do ano em que isso aconteceu. A descrição de um grande disco prateado com algumas janelas também correspondia àquela feita por Scully. Curiosamente, a testemunha disse que a nave parecia estar com problemas, sacolejando no ar e soltando faíscas. Ela viu a nave cair na direção do Cânion Hart. O homem disse que ligou para a base da força aérea mais próxima, para informar sobre a aeronave com problemas, mas nunca mais ouviu nada a respeito.

> "Ambas as testemunhas se lembraram que as equipes de homens que combateram o fogo relataram o avistamento de algo que parecia ser um avião acidentado no chão..."

As outras testemunhas se lembravam de terem sido incumbidas de apagar um incêndio florestal ao norte de Aztec, perto do Cânion Hart, na primavera de 1948. Investigações posteriores revelaram que esse grande incêndio aconteceu no dia 25 de março. Ambas as testemunhas se recordaram que as equipes de homens que combateram o fogo relataram o avistamento de algo que parecia ser um avião acidentado no chão, mais uma vez, perto do Cânion Hart. Uma das testemunhas, Doug Nolan, disse que andou na direção do objeto e que estava convencido que tinha um formato discoide.

Uma última testemunha, Fred Reed, era um agente aposentado da OSS, mais tarde chamada de CIA. Ele disse que foi enviado para um local perto de Aztec, em algum mês de 1948, e encarregado de uma equipe com a tarefa de limpar um local. Ele tinha ordens de pegar quaisquer fragmentos de metal, remover quaisquer marcas restantes de pneu e fazer o melhor possível para que o lugar parecesse intocado. Disse que o acesso ao local era uma estrada de cascalho recentemente construída e que havia uma grande plataforma de concreto nas proximidades. A pista e a plataforma ainda estão lá, embora muito encobertas com vegetação.

Várias pessoas se lembram de uma história sobre um disco voador, publicada em um jornal local, o *Aztec Hustler*, mais ou menos na época da suposta queda, mas as lembranças variavam acerca do conteúdo da reportagem. Um relato contemporâneo da região de Aztec, impresso antes da palestra de Newman, teria um valor incalculável. Porém, o Aztec Hustler foi comprado por um jornal maior, alguns anos depois da suposta queda, e todas as cópias de arquivo foram queimadas.

> "... Gebauer pode ter inventado o suposto localizador de petróleo para desonestamente levar vantagem em cima de um relato genuíno sobre um disco acidentado."

É difícil chegar a conclusões úteis sobre a queda de Aztec. Se não fossem as testemunhas que se apresentaram nos anos 1990, a evidência apontaria para o fato de toda a história ter sido inventada pelos dois trapaceiros e contada a Scully como meio de criar um pano de fundo útil à suposta obtenção de tecnologias alienígenas. No entanto, Gebauer pode ter inventado o suposto localizador de petróleo para desonestamente levar vantagem em cima de um relato genuíno sobre um disco acidentado.

As histórias contadas pelas testemunhas aparentemente indicam que algo grande e incomum caiu em uma área próxima à suposta da queda do disco. Porém, as declarações foram feitas mais de quarenta anos após o evento. A maioria das testemunhas não conseguia se lembrar do ano em que tal fato acontecera. Talvez todos estivessem falando de 25 de março de 1948, ou não. Depois de tanto tempo, é impossível dizer.

QUEDAS DE DISCOS

Outro evento que veio à tona, mais ou menos na mesma época, foi a queda de Paradise Valley, que supostamente ocorreu em outubro de 1947. Os detalhes da ocorrência são ainda mais superficiais que os referentes à queda de Aztec. Supostamente um disco de 11 metros de diâmetro caiu na região do Vale Paradise, conhecida como Cave Creek, no Arizona, Estados Unidos. Dois corpos de alienígenas foram removidos da nave, que estava em piores condições do que aquela supostamente recuperada em Aztec. Um corpo estava sentado, de forma ereta, diante dos controles, e o segundo estava parcialmente dependurado para fora da escotilha.

A única testemunha da queda de Paradise Valley disposta a fornecer provas abertamente foi Selman Graves, ainda adolescente em 1947. Ele se lembrou que, no meio de outubro, ele e alguns amigos saíram para caçar coelhos em Cave Creek, mas que guardas militares mandaram que voltassem. De acordo com Graves, uma grande área havia sido isolada. Ele e seus amigos foram caçar em outro lugar, mas, como era curioso, subiu um morro, de onde se tinha uma boa vista da área cercada com os cordões de isolamento. Graves lembra-se de ter visto homens andando para lá e para cá, caminhões passando pela estrada de terra que cruzava a área e um objeto estranho que ele não pôde adequadamente identificar. Na época, pensou que o objeto fosse alguma tenda ou estrutura de um domo prateado, e presumiu que fosse alguma coisa militar. Só mais tarde contemplou a possibilidade de o domo prateado ser um disco acidentado.

Ainda outra queda de disco foi a que supostamente ocorreu perto de Laredo, Texas, em 7 de julho de 1948. Naquele dia, um óvni foi visto voando baixo sobre Albuquerque, em altíssima velocidade.

Mais tarde, funcionários da base aérea de Carswell, que ficava nas vizinhanças, foram mobilizados para cercar a área com cordões de isolamento e montar guarda armada sobre uma área semidesértica próxima a Laredo. Os homens foram instruídos a não permitir que ninguém entrasse área e que nem eles teriam acesso ao perímetro que estavam guardando. Um coronel da USAF foi até o local, mas seu acesso foi negado por um oficial de inteligência, apesar do fato de ele ter alta patente de segurança. Os homens que guardavam o perímetro da área estavam convencidos de que protegiam um disco voador acidentado. Nenhum dos que quiseram falar publicamente, depois do evento, havia visto o disco, mas estavam convencidos de que pelo menos um de seus colegas o havia visto.

Um evento misterioso, que ocorreu no dia 29 de maio de 1947, também foi uma suposta queda de disco voador, embora os detalhes do incidente tenham sido desordenados desde o início, por terem ocorrido bem no meio da fronteira do México com os Estados Unidos.

Às 19h20, os militares norte-americanos lançaram um foguete experimental a partir da cordilheira de White Sands, no

Novo México. Ele estava equipado com uma ogiva explosiva, dotada de um detonador de proximidade, projetado para explodir ao se aproximar de qualquer objeto metálico de grande porte. A ideia era que pudesse ser lançado contra jatos velozes, explodindo com força suficiente para derrubá-los, sem de fato chegar a atingi-los. Por precaução, todos os aviões foram advertidos para que ficassem longe da área do teste.

"Cinco minutos depois, o piloto de um pequeno avião particular ... relatou ter visto alguma coisa voando para o sul em altíssima velocidade, queimando, com uma forte luz brilhante."

Pouco tempo depois do lançamento do míssil, a ogiva explodiu a uma altitude de 12 mil metros, como se tivesse se aproximado de uma aeronave.

Cinco minutos depois, o piloto de um pequeno avião particular que sobrevoava Juarez, no México, a alguns quilômetros ao sul, relatou ter visto alguma coisa voando para o sul em altíssima velocidade, queimando, com uma forte luz brilhante. Logo após, algo atingiu o solo ao sul de Juarez e explodiu com um enorme estrondo.

Muitas casas, em um raio de vários quilômetros, foram abaladas pelo estrondo e centenas de pessoas viram a coluna de fumaça e fogo que subiu pelos ares do local do impacto.

Os primeiros a chegarem ao local encontraram uma cratera de 15 metros de diâmetro e 6 metros de profundidade. Os arbustos da região estavam queimados ou chamuscados, enquanto fragmentos, do que parecia ser areia fundida em vidro pelo intenso calor, estavam por toda parte. Os militares mexicanos chegaram rapidamente ao local e isolaram a área.

A USAF anunciou que um foguete do padrão V2, do tipo adquirido da Alemanha no fim da Segunda Guerra Mundial, havia se descontrolado durante um lançamento. Aparentemente, um defeito no sistema de navegação do foguete o desviara para o sul, rumo a Juarez.

Infelizmente para a USAF, entre os civis que viram o lançamento do foguete naquele dia estava o editor do jornal local. Ele publicou a notícia, detalhando a duração do voo, sua direção e o que aconteceu, contradizendo as habilidades de um foguete-padrão V2. Mais tarde, a USAF foi forçada a retificar sua versão. Curiosamente, o editor também relatou ter visto um objeto redondo, brilhantemente iluminado, voando alto no céu, próximo ao

O óvni avistado sobre White Sands, uma base da USAF usada para testes de aeronaves ultrassecretas.

foguete, no momento em que ele explodiu.

Os pesquisadores teorizaram que tal objeto era um óvni, e tal presença ativou o detonador de proximidade e explodiu a ogiva. Foi adicionalmente conjeturado que o óvni estava tão avariado que se descontrolou e voou para o sul, caindo e explodindo perto de Juarez.

Em 1952, uma equipe de agentes do alto escalão da USAF viajou para Paris, França, para se conectar com oficiais europeus em questões de alta segurança. Há muito tempo especula-se que tal conferência envolveu discussões acerca dos óvnis. Uma recente declaração feita por um dos homens envolvidos afirma que, entre outras coisas, a queda de um óvni perto de El Paso, no Texas, foi discutida.

EVIDÊNCIA NÃO CONFIRMADA

Há várias outras histórias publicadas pelos jornais, durante os anos 1940 e no começo dos anos 1950, que ainda não foram detalhadamente estudadas por pesquisadores atuais. Um caso típico é a queda de Spitzbergen, em junho de 1952.

O incidente começou quando um voo de seis jatos militares noruegueses patrulhava o estreito

VÍTIMAS DE GUERRA

de Hinlopen, no Ártico, ao norte da Noruega Continental. Subitamente, os rádios dos jatos foram inundados com estática, ao cruzarem a costa da Ilha de Spitzbergen. O comandante do voo, capitão Olaf Larsen, ordenou que sua formação circulasse, enquanto ele tentava contatar a base com seu rádio. Ele não conseguiu, mas, bem abaixo, viu de relance um brilhoso reflexo do Sol em algo metálico. Ao descer para investigar, Larsen encontrou o que parecia ser um grande objeto circular de metal afundado na neve da remota ilha congelada. O veículo parecia ter uns 45 metros

Um dos veículos testados em White Sands como parte do programa espacial da NASA. A semelhança com alguns dos óvnis relatados é óbvia.

soviético secreto que havia se desviado de seu curso, os noruegueses enviaram uma equipe para inspecioná-lo.

Depois disso, não foram feitas quaisquer declarações à imprensa. Não se sabe se isso ocorreu porque o objeto era algo totalmente banal, ou porque o governo norueguês impediu a divulgação de informações.

De forma semelhante, relatos da queda de um disco na Alemanha não deram em nada. Relatou-se que tal óvni foi descoberto tombado no mar, em local raso, próximo à costa da Ilha de Heligoland. O objeto era um disco de 27 metros de diâmetro, feito de um material metálico prateado. As autoridades foram avisadas e enviaram uma equipe de cientistas para investigar. A imprensa, então, divulgou que a cobertura de metal do veículo suportava temperaturas de 15 mil graus sem derreter ou se deformar, e que, dentro dele, era possível avistar os corpos de sete humanoides.

de diâmetro, e tinha símbolos abstratos em seu casco.

Quando Larsen e seus homens retornaram à base, informaram sobre a descoberta à força aérea norueguesa. Desconfiados de que o objeto pudesse ser um míssil

"... logo após as 20h30, uma enorme explosão sacudiu o vilarejo de Llandrillo, no País de Gales. Toda a população do vilarejo sentiu e ouviu a explosão."

Como na queda de Spitzbergen, a imprensa subitamente se calou a respeito da queda de Heligoland. Não houve reportagens adicionais: ou a verdade não merecia ser divulgada, ou a imprensa foi persuadida a não publicar mais nada. Não é novidade que alguns jornais e revistas, embora não os mais respeitáveis, são inclinados a reciclar boas matérias. É possível, mas não muito mais que isso, que essas histórias isoladas de discos acidentados no fim dos anos 1940 e começo dos anos 1950 tenham sido inventadas pelos editores, para estimular uma edição entediante em um dia sem boas notícias. A história da queda de Aztec seria a origem mais provável de tal trapaça.

Um caso que definitivamente não foi uma história reciclada, e que ocorreu bem depois dos outros, aconteceu no País de Gales, na noite de 23 de janeiro de 1974. Os relatos iniciais de algo estranho se tornaram manchetes nacionais, tanto nos jornais como na televisão. Entretanto, como de costume, as autoridades se esforçaram em minimizar a importância dos acontecimentos. Somente mais tarde a sequência de eventos foi esclarecida e, mesmo assim, nunca houve certeza do significado de tais eventos.

LUMINOSIDADE ASSUSTADORA

Tudo começou por volta das 18h30, em Cheshire, Inglaterra, quando várias pessoas ligaram para a polícia para relatar que haviam visto um grande disco luminoso deslizando silenciosamente pelo céu. Alguns alegaram terem visto três objetos voadores, mas todos concordaram que o objeto avistado emitia um brilho esverdeado com uma luminosidade assustadora.

Duas horas mais tarde, logo após as 20h30, uma enorme explosão sacudiu o vilarejo de Llandrillo, no País de Gales. Toda a população do vilarejo sentiu e ouviu a explosão. Objetos foram derrubados de prateleiras e quadros caíram das paredes. Ao correrem para a rua, os habitantes viram um clarão de luzes que surgia do alto das Montanhas Cader Berwyn, ao leste. O clarão variava do verde para o azul e passava para o laranja, fazendo um arco bem alto no céu, e então se apagando e se acendendo novamente. Então ocorreu outro estrondo, quando uma segunda explosão sacudiu a região.

Dois policiais do vilarejo chegaram rapidamente até o local. Após conversarem com as testemunhas, concluíram que uma aeronave caíra na encosta da montanha. Eles

Os primeiros homens que subiram as montanhas acima de Llandrillo, no País de Gales, em 23 de janeiro de 1974, viram um grande objeto brilhante pousado no chão.

contataram a delegacia pelo rádio para pedir reforços e pediram emprestado um veículo utilitário de um fazendeiro, para subir por uma estrada abandonada até chegar à montanha. Logo perceberam que o acesso estava bloqueado pelo terreno acidentado, mas podiam ver as luzes brilhando a 1,5 quilômetro de distância.

Enquanto isso, uma segunda tropa de policiais chamou a enfermeira do distrito, Pat Evans, e pediram que ela os acompanhasse ao local do suposto acidente de avião, caso pudesse prestar socorro a quaisquer sobreviventes feridos. Evans e seus acompanhantes escalaram a encosta por uma rota alternativa e conseguiram chegar bem perto do local da queda, antes de terem de deixar o veículo para trás.

Ao caminharem pelos pastos acidentados da montanha, Evans e o policial perceberam que não estavam olhando para os destroços incendiados de um típico avião de pequeno porte, como antes esperavam. As luzes não eram chamas ou destroços incandescentes, mas pareciam com algum tipo de brilho elétrico que pulsava, mudando de tonalidade e de intensidade. A uma distância de 60 metros, Evans e o policial pararam. Eles viram que o brilho vinha de um objeto oval ou arredondado que parecia estar intacto, pousado delicadamente sobre a relva. Incertos do que fazer, mantiveram a distância e observaram.

Logo depois, alguns homens da Força Aérea Real Britânica (RAF) chegaram ao local. Eles disseram que tinham ordens de liberar a área para que uma equipe de investigadores da RAF pudesse examinar o acidente e os destroços. Evans e o policial foram escoltados para longe da encosta. No alvorecer da manhã seguinte, a montanha havia sido isolada pela RAF e permaneceu fechada ao público por vários dias.

Quando os habitantes da região puderam subir a montanha novamente, não havia mais nada lá, como se nada tivesse acontecido: não havia fragmentos, nem cratera, nem destroços.

Muitos dias depois, as autoridades anunciaram que, no final das contas, não havia ocorrido nenhum acidente aéreo. A forte explosão havia sido, de fato, um terremoto que atingiu a área. Sem dúvidas, o estremecimento das casas podia ser explicado por um tremor, que também podia explicar os dois ruídos distintos, como se uma explosão tivesse acontecido. Porém, a dança das luzes que foram vistas no topo das colinas, por dezenas de moradores do vilarejo, eram mais difíceis de explicar.

"No alvorecer da manhã seguinte, a montanha havia sido isolada pela RAF e permaneceu fechada ao público por vários dias."

Algumas pessoas relataram a visão de um fenômeno conhecido como "luzes terrestres" durante terremotos. Elas se parecem com auroras boreais vistas perto dos polos, mas normalmente não são tão brilhantes ou duradouras como as luzes vistas em Llandrillo. De qualquer maneira, não há uma explicação científica sólida para as luzes terrestres, portanto, o uso dessas como explicação apenas substitui um mistério pelo outro.

E inclusive as luzes terrestres não poderiam possivelmente explicar o objeto visto pela enfermeira Evans.

Muitas pessoas acreditam que, naquela noite, um óvni caiu por terra em Llandrillo. Se, em seguida, ele decolou novamente, ou foi capturado pela RAF, não se sabe.

A maioria dessas histórias de óvnis acidentados, removidos para estudo pelas autoridades militares, data do período entre 1947 e 1953. No entanto, entre todos os lugares que foram mencionados na mídia ou que capturaram a atenção dos pesquisadores de óvnis, há um cuja omissão é óbvia. É um nome que hoje domina as discussões sobre alienígenas e óvnis, mas que, na época, não foi sequer mencionado.

Trata-se de Roswell.

A QUEDA DE ROSWELL

Nos últimos anos, a queda de Roswell adquiriu um *status* quase icônico entre crentes e céticos, com relação à pesquisa de óvnis. Para os que acreditam, trata-se de um caso que oferece a irresistível possibilidade de comprovar que os óvnis não apenas existem, mas são pilotados por alienígenas. Para os céticos, a queda de Roswell oferece a oportunidade de refutar um evento-chave e, por tabela, desmascarar todo esse assunto de óvnis e descartá-lo de qualquer exame feito com seriedade.

Foi a natureza misteriosa dos eventos ocorridos em Roswell, em julho de 1947, assim como a maneira peculiar pela qual chegaram ao conhecimento do público, que estimulou ambos os lados do debate. Acusações de subterfúgio, dissimulação, conspiração e muito mais foram lançadas para todos os lados. Por causa de tudo isso, é importante buscar apegar-se aos fatos conhecidos e se lembrar do que aconteceu, na época do evento, assim como em anos mais recentes, quando testemunhas que mantiveram o silêncio por décadas decidiram se apresentar com seus relatos.

Embora na época a queda de Roswell tenha sido amplamente ofuscada por outras notícias, ela chegou a receber uma pequena atenção na mídia, incitada por um comunicado à imprensa, feito pelo tenente Walter Haut, do departamento de relações públicas da base Roswell, às 11 horas do dia 8 de julho.

Desde então, o documento original foi perdido, mas o relatório da agência de imprensa (Press Agency – PA) baseado nele ainda existe. Ele foi emitido às 14h26, horário de Roswell, e diz:

> "Foi a natureza misteriosa dos eventos ocorridos em Roswell, em julho de 1947, assim como a maneira peculiar pela qual chegaram ao conhecimento do público, que estimulou ambos os lados do debate."

Roswell, NM. A força aérea do exército hoje aqui anunciou que um disco voador foi encontrado em um rancho perto de Roswell e está em poder do exército. A agência de inteligência declara que tomou posse do disco por meio da cooperação de um rancheiro de Roswell e do delegado de Roswell, George Wilson. O disco aterrissou em um rancho próximo de Roswell, em algum dia da semana passada. Como não tinha equipamento telefônico, o rancheiro, cujo nome ainda não foi obtido, guardou o disco, até que pôde entrar em contato com a delegacia de polícia de Roswell. A delegacia então notificou um major da 509ª Agência de Inteligência. Providências foram tomadas imediatamente, e o disco foi removido da casa do rancheiro e levado para a base aérea de Roswell. Depois de examinado, oficiais de inteligência o transportaram em um superfortress (B29) para um quartel general superior não revelado.

A base aérea se recusou a fornecer detalhes acerca da estrutura do disco ou de sua aparência. Residentes próximos ao rancho onde o disco foi encontrado relataram terem visto uma estranha luz azul, vários dias atrás, por volta das 3 horas da manhã.

Na verdade, o nome do delegado era Wilcox, mas fora isso, este relatório contou exatamente o que recorda a maioria das pessoas que viram o comunicado original.

A "509ª" se refere ao 509º Grupo de Bombardeio da USAF, que era baseado em Roswell. Este grupo era um assunto delicado para a USAF: tratava-se de uma força de bombardeiros pesados de longo alcance, capazes de transportar bombas atômicas. De fato, era a única força de bombardeiros no mundo que dispunha de bombas atômicas na base, prontas para o uso. As aeronaves não tinham autonomia para alcançar a União Soviética a partir de Roswell, mas havia instalações em pontos de reabastecimento que as permitiriam chegar ao espaço aéreo soviético em 15 horas após o início de uma guerra. A sensibilidade da USAF com respeito a qualquer coisa que envolvesse o 509º deve ser levada em consideração.

De modo semelhante, muitos sentiram que se os alienígenas

dos óvnis estavam preocupados com o uso do poder atômico pela humanidade, então o 509º seria um alvo-chave da vigilância deles.

Alguns minutos mais tarde, a Agência de Imprensa (PA) emitiu uma nota identificando o oficial de inteligência do 509º que estava lidando com o caso: o capitão Jesse A. Marcel. Uma nota posterior afirmou que o tenente general Hoyt Vandenberg, subcomandante das forças aéreas do exército, tratava das declarações da USAF a respeito do caso, em seu escritório em Washington D.C.

Embora o relatório tenha apenas dito que Marcel estava lidando com o caso, sua função abrangia muito mais do que isso. Foi Marcel quem removeu os destroços do rancho, transportou-os em um caminhão até Roswell e, depois, acompanhou os contêineres de material para a base aérea em Fort Worth.

REPORTAGEM DE JORNAL

Em Fort Worth, no Texas, um repórter chamado Bond Johnson, do Fort Worth Star, conseguiu o relatório da AP. Ele sabia que aeronaves de transporte de Roswell normalmente pousavam na base aérea de Fort Worth, para serem transferidas por meio das instalações de armazenagem da base. Ele ligou para o general Roger Ramey, que confirmou que os destroços de Roswell estavam indo para Fort Worth e, em seguida, partiu, a caminho da base aérea.

Ao chegar, às 16h30, Johnson foi logo levado até o escritório de Ramey, o que foi estranho, pois ele habitualmente se encontrava com repórteres na sala de imprensa. O escritório de Ramey estava cheio de pequenos fragmentos. Havia suportes de madeira de balsa, pedaços de borracha queimada e finas folhas de alumínio. Ramey disse a Johnson que aqueles eram os "destroços do disco" enviados de Roswell, identificando-os como um balão meteorológico acidentado, e assim, despedaçando as esperanças que Johnson tinha por uma grande reportagem. Johnson fotografou o material e voltou ao seu escritório.

> "De modo semelhante, muitos sentiram que se os alienígenas dos óvnis estavam preocupados com o uso do poder atômico pela humanidade; então o 509º seria um alvo-chave da vigilância deles."

Enquanto isso, a USAF em Washington emitiu uma nota de imprensa dizendo que os destroços estavam sendo levados para a base aérea de Wright-Patterson para estudos.

locais, mas todas as linhas para fora da cidade estavam ocupadas.

Ramey concedeu uma entrevista coletiva à imprensa para todos os repórteres locais, transmitida

O local da suposta queda de Roswell, que fica em um cerrado semidesértico perto da cidade no Novo México.

Às 17 horas, Johnson concluiu a revelação das fotografias dos destroços que Ramey lhe mostrara e começou a transmiti-las pela agência de notícias da AP. A essa altura, o sistema telefônico de Roswell estava congestionado. Nem a base aérea nem a delegacia de polícia conseguiam fazer quaisquer telefonemas, em função do enorme volume de ligações que inundavam a cidade. Outros conseguiram fazer ligações pelo rádio, ao vivo, pela NBC. Isso foi às 18h15. Ramey disse aos repórteres que compareceram que o "disco voador" não era nada do que diziam, e passou a palavra ao oficial de meteorologia de Fort Worth, Irving Newton. Newton exibiu os destroços, identificando-os como os restos de um balão meteorológico de estudos pluviométricos, e apresentou as principais características da identificação. Os jornalistas ficaram convencidos.

Jesse Marcel, um oficial aposentado da USAF, lidou com parte dos destroços de Roswell e, em 1978, anunciou publicamente seu relato sobre a queda do óvni.

Às 18h31, foi noticiado pelo serviço da AP que o "disco voador" era um balão meteorológico acidentado. Todo o interesse na história se perdeu. Somente alguns jornais e estações de rádio noticiaram o evento de Roswell, antes de a história ser efetivamente aniquilada por Ramey.

Contudo, um homem não ficou satisfeito. O major Jesse Marcel estava convencido de que os restos apresentados a Johnson por Ramey, e exibidos na entrevista coletiva de imprensa, não eram os mesmos destroços que ele havia transportado de Roswell em um avião. Ele conhecia a aparência de um balão meteorológico, mesmo depois de uma queda, e, embora concordasse que os restos apresentados eram o de um balão, ele afirmava que aqueles restos que havia transportado não eram.

Porém, Marcel era um oficial da USAF muito ocupado e preocupado com sua carreira profissional. Se as autoridades queriam manter a verdade em segredo, ele suspeitava que tivessem bons motivos para isso. Ao correr dos meses e anos, no entanto, ele começou a refletir a respeito do que realmente havia acontecido e a se sentir incomodado com o contínuo silêncio das autoridades. Então, começou a compartilhar suas experiências com seus amigos.

A EVIDÊNCIA VEM À TONA

Em 1978, o pesquisador de óvnis Stanton Friedman estava participando de um programa em Baton Rouge, quando, por acaso, ouviu um boato sobre um homem da região que havia manuseado os restos de um disco voador acidentado. Nessa altura a história de Roswell fora esquecida pela comunidade de pesquisas sobre óvnis; portanto, a alegação foi um bocado chocante para Friedman. Porém, ele reconheceu a importância da história e se esforçou em localizar e entrevistar o homem, que era o já aposentado major Jesse Marcel.

> "Às 18h31, foi noticiado pelo serviço da AP que o 'disco voador' era um balão meteorológico acidentado. Todo o interesse na história se perdeu."

Marcel disse a Friedman o que sabia, e aquilo, embora indicasse tanto a queda genuína de um disco voador e um amplo acobertamento do governo, estava longe de conter provas reais. No final, tratava-se da palavra não corroborada de um oficial militar aposentado, já idoso.

Em 1978, o mundo da pesquisa de óvnis era bem diferente daquele em 1947. Havia mais gente envolvida em pesquisas, trabalhando com mais recursos e melhores instalações. A ideia de que os óvnis fossem pilotados por alienígenas havia ganhado ampla aceitação em 1978, em comparação ao final dos anos 1940, quando ainda se acreditava que a Rússia soviética era uma plausível fonte dos objetos.

A primeira página do *Roswell Daily Record* que anunciou a queda de Roswell em 1947, antes de a história ser abafada pelos militares.

Criticamente, os pesquisadores já estavam menos dispostos a aceitar facilmente declarações e explicações oficiais. Havia uma convicção ampla e crescente de que as autoridades, em especial o governo dos Estados Unidos, sabiam muito mais sobre os óvnis do que admitiam.

Foi neste contexto de pesquisa oviniológica que Friedman se empenhou no trabalho sobre as alegações de Marcel. Ele logo foi acompanhado por outros, e em poucos anos, a verdade por trás dos eventos em Roswell começou a vir à tona. Cabe enfatizar que apenas pouca coisa do que emergiu pode ser categorizada como factual e aceita como tal por todos os envolvidos. Outros detalhes se apoiam nas lembranças de pessoas que falaram décadas após o evento. Embora não haja motivo para desconfiar de que essas pessoas estivessem mentindo, elas tentavam recontar coisas que haviam ocorrido há muito tempo, e é possível que datas, horários e outros detalhes tenham ficado confusos, obscuros ou esquecidos. E há sempre a possibilidade de algumas testemunhas terem simplesmente inventado seus relatos por conta de um senso de humor inapropriado ou por motivos pessoais desconhecidos.

CAMPO DE DESTROÇOS

Com isso em mente, o que aparentemente aconteceu em Roswell foi o seguinte: na noite de 4 de julho de 1947, um rancheiro chamado Mac Brazel ouviu o que parecia ser uma explosão, que ocorreu sobre o Rancho Foster, onde ele trabalhava como capataz. Ao cavalgar no dia seguinte, encontrou uma área de pasto escarpado com pequenos pedaços de ferragens, a qual, mais tarde, ficou conhecida como o "campo de destroços". As ferragens consistiam em centenas de pedaços de metal leve, hastes curtas feitas de algum tipo de plástico, folhas de metal e um tipo de fiação. Brazel coletou alguns pedaços, que o deixaram muito perplexo. Ele não conseguia cortá-los com sua faca ou queimá-los com fósforos, apesar do fato de parecerem ser muito finos e delicados.

> "As ferragens consistiam em centenas de pedaços de metal leve, hastes curtas feitas de algum tipo de plástico, folhas de metal e um tipo de fiação."

No dia 6 de julho, Brazel foi até a cidade e relatou sua descoberta ao delegado Wilcox, que enviou dois policiais para darem uma olhada. Então, pensando que os destroços deveriam pertencer a algum avião, ele ligou para a base aérea de Roswell, caso eles soubessem de alguma coisa sobre o incidente. Foi então que o capitão Jesse Marcel foi enviado com mais dois homens para investigar. Depois de ligar para Wilcox, Marcel dirigiu até o Rancho Foster, mas já estava escurecendo, então decidiu voltar na manhã seguinte.

Na manhã de 7 de julho, Marcel viu o campo de destroços no local indicado por Brazel. Marcel se lembrava de que os destroços estavam espalhados por uma área de 68 metros de largura por 730 metros de comprimento. Havia um sulco profundo na terra, ao longo do centro da área, como se algum objeto pesado tivesse atingido o chão e decolado novamente.

Marcel e seus homens passaram a maior parte do dia coletando pedaços das ferragens. Um furgão carregado de fragmentos foi enviado para a base aérea de Roswell no início da tarde, e ele próprio conduziu o segundo carregamento, pouco antes do anoitecer. Ambos, Marcel e Brazel, ficaram com alguns pedaços dos destroços, que mostraram a amigos e parentes, nenhum dos quais se esqueceu das propriedades estranhas que eles apresentavam: ao serem torcidas

O coronel William Blanchard foi o oficial da USAF que autorizou o comunicado à imprensa que anunciou a queda do óvni em Roswell.

com as mãos, as folhas metálicas adquiriam novamente suas formas planas originais; as hastes não podiam ser cortadas e nenhum material se queimava.

Na manhã seguinte, Marcel estudou os pedaços das ferragens com o comandante da base, o coronel William Blanchard. Foi depois disso que Blanchard ordenou a Haut que emitisse o comunicado à imprensa que despertou o interesse da mídia.

Marcel então carregou os contêineres de fragmentos em um avião, e voou com eles para Fort Worth. Lá, entregou-os para Ramey, que abriu as caixas e retirou vários pedaços dos fragmentos. Em seguida, Marcel saiu para almoçar e descansar um pouco. Ele recapitulou que, quando voltou ao escritório de Ramey, os fragmentos haviam sido removidos e substituídos pelos pedaços rasgados de um balão meteorológico que foram mostrados à imprensa.

Quando Friedman e outros continuaram suas pesquisas, começaram a conversar com pessoas que na época moraram em Roswell ou serviram na base aérea. Suas lembranças logo indicaram que algo muito mais dramático do que alguns destroços despencando no chão havia acontecido.

Boa parte dos testemunhos indicava que algo de estranho havia acontecido, mas não proporcionava uma ideia clara do que fora. Muitas pessoas disseram que as áreas da base aérea haviam sido isoladas por várias semanas por guardas armados. Outros se lembram da chegada e partida de aeronaves levando oficiais de alto escalão, e que os voos eram mantidos em segredo. Alguns civis se recordam de que funcionários da força aérea isolaram uma área bem grande ao norte de Roswell por alguns dias. Não se trata do Rancho Foster, mas sim de uma área a vários quilômetros de distância. Tudo indicava o fato de que algo importante ou incomum havia acontecido.

> "Havia um sulco profundo na terra, ao longo do centro da área, como se algum objeto pesado tivesse atingido o chão e decolado novamente."

Então, duas testemunhas se apresentaram para descrever um óvni. James Ragsdale e William Woody alegaram ter visto um óvni branco-azulado riscar o céu ao norte de Roswell e talvez cair ao solo. Outros também se lembraram de ter visto esse objeto, mas não tinham certeza da data exata.

CORPOS HUMANOIDES

Várias pessoas se apresentaram para dizer que um homem chamado Barney Barnett havia visto uma aeronave caída em uma área isolada, com três pequenos corpos humanoides dentro do objeto acidentado ou perto dele. Barnett encontrou o objeto no início da manhã de 5 de julho. Enquanto o observava, um grupo de arqueólogos se juntou a ele. Então, uma tropa de soldados da USAF chegou ao local e acompanhou todos eles para longe. Infelizmente,

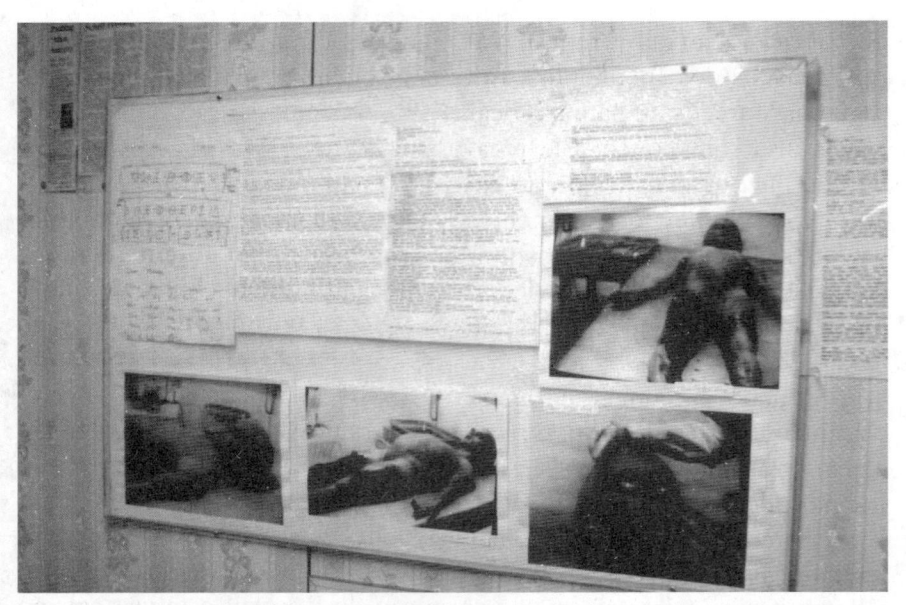

Fotos no Roswell UFO Museum (Museu de óvnis de Roswell) que supostamente seriam de uma autópsia realizada em corpos de alienígenas removidos do local da queda.

o próprio Barnett morreu alguns anos depois, mas seu relato parecia ter consistência, sempre que ele o contava.

Os pesquisadores tentaram encontrar os arqueólogos. A tarefa levou alguns anos, complicada pelo fato de que, na verdade, os homens não eram arqueólogos, e sim antropólogos. Finalmente, o líder da equipe foi identificado. O Dr. Curry Holden já tinha 92 anos quando os pesquisadores o encontraram, e se confundia com facilidade. Ele não conseguia se lembrar de datas e os detalhes que dava eram contraditórios e incoerentes. No entanto, afirmou com clareza que esteve perto de Roswell e que viu uma aeronave acidentada de um tipo que não pôde identificar.

Outras testemunhas incluíram Glenn Dennis, que trabalhou em um mortuário em Roswell. Ele se recordou de que, na época do incidente, foi contatado várias vezes por funcionários da base aérea de Roswell, perguntando como preservar corpos no calor do deserto. Isso foi atípico, pois, nas poucas ocasiões em que alguém morrera na base, Dennis havia sido chamado para cuidar do corpo. Dessa vez, ele foi impedido. Na época, acreditou que ocorreu a morte de alguma pessoa importante, talvez em um acidente, e que a USAF não queria que o fato fosse divulgado.

Muitos outros se lembraram de conversas com funcionários da base aérea que apontaram que corpos estranhos, que não eram humanos, foram encontrados e submetidos a uma autópsia.

Talvez a evidência mais clara não estava relacionada ao óvni acidentado ou à sua tripulação, mas sim às tentativas desesperadas da USAF de encobrir o que havia acontecido.

Brazel foi preso e mantido sob guarda armada por vários dias, depois que relatou suas descobertas. Ele foi, então, forçado por seus guardas a dizer especificamente à imprensa que havia se enganado em suas alegações anteriores acerca da natureza incomum dos fragmentos. Foi ordenado a manter silêncio, pois a questão dizia respeito à segurança nacional. Como norte-americano leal, ele ficou quieto.

> **"Brazel foi preso e mantido sob guarda armada por vários dias, depois que relatou suas descobertas."**

Alguns anos mais tarde, Mac, o filho de Brazel, encontrou alguns fragmentos esquisitos na casa da família. Ele contou a alguns amigos e, em poucos dias, foi contatado por oficiais da USAF, que os confiscaram.

AMEAÇA VELADA

Frank Joyce trabalhava na estação de rádio de Roswell. Ele lembrou-se de ter recebido uma ligação oficial de Washington DC afirmando que a estação perderia sua concessão de radiodifusão caso continuasse a noticiar a matéria.

Finalmente, há a versão oficial apresentada por Ramey e pela USAF, alegando que a descoberta de Brazel não passou de um balão meteorológico acidentado, sem fazer qualquer menção do suposto local da queda, ao norte de Roswell. Como já observamos, a explicação do balão meteorológico já foi utilizada várias vezes pelas autoridades para explicar avistamentos, mesmo quando patentemente falsa. Ambos, o incidente de West Malling e o confronto aéreo de Gorman, foram justificados com tal pretexto. Tal explicação foi usada com tanta frequência que perdeu qualquer credibilidade a ela inerente.

BALÃO DE ESPIONAGEM

Quando os pesquisadores começaram a desenterrar evidências que contradiziam a versão oficial, a USAF, a princípio, não fez qualquer comentário. Então, em 1955, emitiram um novo relatório, alegando ser o resultado de extensas investigações internas. O relatório afirmava que a versão original sobre um balão meteorológico era inteiramente falsa, emitida para encobrir a verdade, e que os fragmentos encontrados por Brazel eram os restos de um balão espião Mogul que, em 1947, era supersecreto.

De acordo com essa versão, os destroços vieram do lançamento do Mogul nº 4. Esse balão desapareceu do alcance dos radares sobre o Novo México em meados de junho. A restrição de segurança imposta na época, de acordo com a USAF em 1995, foi concebida para esconder o projeto Mogul do público.

Os pesquisadores logo encontraram problemas com o novo relatório. Os balões Mogul certamente carregavam equipamentos ultrassecretos de alta tecnologia, mas não eram muito diferentes dos típicos balões meteorológicos. Os componentes não correspondiam às descrições de fragmentos dadas por Brazel, Marcel e outros.

> "... os fragmentos encontrados por Brazel eram os restos de um balão espião Mogul que, em 1947, era supersecreto."

Nem os outros Moguls foram tratados com idêntico grau de sigilo como nos eventos de Roswell. O lançamento do Mogul nº 6 saiu do curso e caiu. Ele foi encontrado por um fazendeiro chamado Sid West, que imediatamente o identificou como sendo um balão da USAF e ligou para a força aérea, para que viessem resgatá-lo.

Mais uma vez, a USAF já usara essa explicação volátil. Eles primeiro disseram que Gorman estava caçando um balão meteorológico e, quando isso foi conclusivamente refutado, alteraram a explicação para identificar o óvni como um balão militar de hélio de grande altitude.

De qualquer forma, a nova explicação ainda ignorava as crescentes evidências, embora circunstanciais, da descoberta de cadáveres. Dois anos mais tarde, a USAF emitiu outro relatório. Desta vez, a questão do resgate de corpos foi abordada. Alegou-se que os corpos eram provavelmente bonecos de teste de colisão, usados pela USAF para mensurar os

Os materiais do balão Mogul (vistos aqui) eram diferentes das descrições das pessoas que manusearam os destroços de Roswell.

prováveis ferimentos causados ao corpo humano por uma variedade de acidentes e ocorrências aéreas. Nenhuma evidência foi apresentada para comprovar que tais testes foram conduzidos perto de Roswell.

> "É certo que alguma coisa caiu e sem dúvida foi levada para ser estudada pela USAF, e, com certeza, as autoridades se esforçaram muito para manter a situação em sigilo."

Mesmo com o auxílio da visão retrospectiva é impossível saber o que aconteceu em Roswell. É certo que alguma coisa caiu e sem dúvida foi levada para ser estudada pela USAF, e, com certeza, as autoridades se esforçaram muito para manter a situação em sigilo. No mínimo, as investigações de Roswell contribuíram para aumentar a certeza entre vários pesquisadores de que a USAF sabia muito mais sobre os óvnis do que deixava transparecer.

Qualquer que seja a verdade dos vários relatos e versões existentes, as histórias têm algumas características que sugerem algum complô ou conspiração mais ampla. Uma dessas foi uma característica do incidente de Maury Island, que foi totalmente ignorada na época, e só pareceu ter significado com o passar dos anos: o misterioso visitante do café da manhã de Harold Dahl. De acordo com Dahl, aquele homem usava um terno executivo e alegou ser um vendedor de madeira. A princípio, seu comportamento correspondia ao que alegava ser, mas então, ele recontou a Dahl os detalhes do contato com o óvni, detalhes que ninguém poderia possivelmente saber, e passou a proferir ameaças com o objetivo de impor sobre Dahl o silêncio. Tais ameaças não eram específicas, mas resolutamente assustadoras. Curiosamente, uma vez que Dahl anunciou sua experiência ao público, o homem não voltou e suas ameaças não se concretizaram.

Essas características mais tarde se tornariam bem conhecidas pelos pesquisadores que investigam os incidentes com óvnis. Uma após outra, as testemunhas foram visitadas por homens sinistros e ameaçadores. Eles se tornaram conhecidos como "os Homens de Preto" ou MiB (*Men in Black*). A maior parte dos encontros com os MiBs seguiu o padrão estabelecido pelo homem que visitou Dahl.

ENCONTROS COM HOMENS DE PRETO

Outro caso antigo ocorreu em 1952, depois que um italiano chamado Carlo Rossi viu um óvni, enquanto pescava em um trecho de rio perto de San Pietro a Vico. Ali não era o local onde costumava pescar e ele demorava algumas semanas para voltar. Em questão de minutos, após se preparar na margem do rio, Rossi foi abordado por um homem vestido com um terno azul-escuro. O homem falou com um sotaque que para Rossi parecia ser escandinavo –, e tinha um nariz muito pontudo. Ele lhe perguntou se tinha visto recentemente algum objeto voador estranho na região. Rossi disse que não. O homem lhe ofereceu um cigarro e sugeriu que conversassem um pouco. Rossi aceitou o cigarro, mas assim que tragou começou a se sentir mal. O estranho pediu desculpas, pegou o cigarro de volta e o rasgou. Depois, sem dizer mais nada, foi embora.

Em maio de 1964, um bombeiro britânico chamado James Templeton descobriu o que parecia ser um homem com uma veste espacial em uma das fotos que tirou em um passeio em Cumbria, na Inglaterra. Na ocasião, ele não havia notado o vulto, mas estava bem evidente na fotografia. Dois homens vestindo ternos escuros apareceram no dia seguinte em um Jaguar preto e bateram na sua porta.

Os homens disseram que eram do governo e que haviam sido enviados para investigar o avistamento do homem do espaço. Eles pediram a Templeton que os acompanhasse ao local do incidente, a 8 quilômetros dali, no carro deles. Assim que chegaram ao local, os homens fizeram várias perguntas que deixaram Templeton

Will Smith e Tommy Lee Jones caracterizados como Homens de Preto para o filme de mesmo título, uma sátira das atividades mais sinistras dos Homens de Preto (MiBs) da vida real.

"O homem lhe ofereceu um cigarro e sugeriu que conversassem um pouco. Rossi aceitou o cigarro, mas assim que tragou começou a se sentir mal".

atônito. Por exemplo, perguntaram sobre o clima no dia do incidente e o comportamento de pássaros selvagens na região. Depois de um tempo, ficaram irritados. Eles saíram em disparada, pularam no carro e foram embora. Templeton teve de voltar a pé para casa.

> "Ele não havia notado o vulto na ocasião, mas estava bem evidente na fotografia. Dois homens vestindo ternos escuros apareceram no dia seguinte em um Jaguar preto e bateram à sua porta."

Em 1967, um homem chamado Robert Richardson acidentalmente bateu com seu carro em um óvni pousado perto de Whitehouse, Ohio, nos Estados Unidos. No dia seguinte, encontrou uns estranhos pedaços de metal grudados no carro. Ele relatou a descoberta à polícia local e ao grupo de pesquisa de óvnis Aerial Phenomena Research Organization (APRO), administrado por Coral e Jim Lorenzen. Mais tarde, naquela noite, dois rapazes chegaram à casa de Richardson em um Cadillac 1953 preto, de placa 8577-D. Os dois homens bateram à porta de Richardson e conversaram com ele de maneira gentil, porém despropositada, por alguns minutos.

Uma semana depois, ele recebeu a visita de dois homens diferentes. Eles tinham pele morena e usavam ternos escuros. Um deles falava com um sotaque pesado, e Richardson concluiu que fossem estrangeiros. A princípio, tentaram convencer Richardson de que ele não havia visto nenhum óvni e muito menos colidido com um. Como não tiveram sucesso, pediram que ele lhes entregasse pedaços do metal. Richardson recusou e disse que já os havia despachado para a APRO.

Os dois homens se enfureceram e adotaram uma postura ameaçadora. "Se você quer que sua esposa continue assim bonita", disse um deles, com desprezo, "deve recuperar esse metal". Então, eles foram embora. Richardson os viu quando desceram a rua, entraram em um Dodge 1967 e partiram. Dessa vez, não conseguiu anotar a placa.

> "A princípio, tentaram convencer Richardson de que ele não havia visto nenhum óvni e muito menos colidido com um. Como não tiveram sucesso, pediram que ele lhes entregasse pedaços do metal."

Assustado, Richardson contatou a APRO e pediu que verificassem a placa do Cadillac. A placa nunca fora emitida. Como em tantas ocasiões, Richardson nunca mais viu os homens, e as ameaças que fizeram não se concretizaram.

Não são apenas as testemunhas de óvnis que recebem visitas dos homens de preto. Elas também ocorrem com pesquisadores. Em outubro de 1975, o investigador Herbert Hopkins recebeu uma ligação de um homem que alegava estar interessado em um caso recente que Hopkins estava pesquisando, e perguntou se poderia visitá-lo para conversar. Ele concordou. Em menos de um minuto, ele estava à sua porta. Somente este fato já deixou Hopkins perplexo. Isso foi antes da invenção dos telefones celulares, e não havia telefone público nas redondezas.

O homem usava um terno executivo preto, que Hopkins considerou um pouco fora de moda, e era totalmente careca. Ele não conversou muito sobre o caso específico que havia mencionado, mas, em vez disso, concentrou-se no assunto geral dos óvnis com o pesquisador.

O misterioso intruso pediu a Hopkins que segurasse uma moeda na palma de sua mão. Enquanto Hopkins observava, a moeda primeiro ficou azul e, depois, desapareceu. O visitante disse: "Nem você nem ninguém mais nesse planeta verão aquela moeda de novo". Ele então perguntou a Hopkins se ele sabia como uma testemunha de óvni havia morrido. Hopkins sabia. O homem morrera de derrame. "Não", respondeu o homem, "ele morreu porque ele não tinha

O típico Homem de Preto chega como se não tivesse vindo de lugar algum e parte de forma igualmente misteriosa.

coração, assim como você não tem mais sua moeda."

Subitamente, o visitante se levantou. "Eu tenho que ir", disse. "Minha energia está se esgotando." Ele caminhou em direção à porta e saiu noite afora.

Os homens de preto alegam ser do governo, da polícia ou de qualquer outra agência oficial, embora às vezes se apresentem como jornalistas ou como pesquisadores de óvnis. Quando tais alegações são depois investigadas, constata-se que são falsas. As carteiras de identidade e outros documentos que os homens de preto mostram às suas vítimas, porém, são genuínas ou falsificações muito boas.

Quem seriam exatamente os homens de preto e quais seriam suas intenções são problemas antigos para os pesquisadores de óvnis. Eles normalmente parecem ser seres humanos perfeitamente normais. O encontro com Hopkins foi muito atípico. Eles se vestem elegantemente, com cores escuras, e, quando os veículos que dirigem são vistos, sempre são carros perfeitamente normais, embora, em geral, grandes, escuros, e às vezes um pouco velhos. O comportamento deles costuma seguir um padrão estabelecido. Eles conversam com a testemunha, ou com o pesquisador, de forma amigável, antes de começarem a fazer perguntas específicas sobre um avistamento. As perguntas frequentemente parecem se concentrar em detalhes sem importância. Os homens de preto, então, tentam convencer a vítima a ficar quieta ou a aceitar alguma explicação trivial para o incidente. Se a vítima se recusa, ficam agressivos e fazem ameaças. Depois, eles vão embora.

> "O misterioso intruso pediu a Hopkins que segurasse uma moeda na palma de sua mão. Enquanto Hopkins observava, a moeda primeiro ficou azul e, depois, desapareceu."

No início, os pesquisadores presumiam que os homens de preto fossem oficiais do governo tentando intimidar as testemunhas a manter silêncio. O fato de que suas supostas identidades acabam sendo falsas sugere que as agências envolvidas não têm a intenção de se associarem com a intimidação de civis.

No entanto, outros pesquisadores se concentraram nos aspectos mais estranhos do caso. Como sugere a expressão "homens de preto", os MiBs normalmente se vestem com ternos executivos escuros e chegam em carros escuros. Eles têm sotaques estrangeiros e falam como se estivessem conversando em uma outra língua. Alguns deles, como o que se encontrou com Herbert Hopkins, comportavam-se de maneira muito estranha. Foi sugerido que os homens de preto são alienígenas fingindo-se de humanos, ou são robôs enviados pelos alienígenas.

> **"Os homens de preto, então, tentam convencer a vítima a ficar quieta ou a aceitar alguma explicação trivial para o incidente. Se a vítima se recusa, ficam agressivos e fazem ameaças".**

> **"Foi sugerido que os homens de preto são alienígenas fingindo-se de humanos, ou são robôs enviados pelos alienígenas."**

Se os homens de preto forem considerados alienígenas, suas conversas não seriam as únicas que supostamente ocorreram entre humanos e alienígenas. Embora as conversas com os homens de preto sejam tipicamente irrelevantes, assustadoras e muito breves, o mesmo não pode ser dito dos que alegam ter contatos frequentes e prolongados com os alienígenas que pilotam os óvnis.

CAPÍTULO 4

CONTATOS ALIENÍGENAS

Em 20 de novembro de 1952, o dono de uma hamburgueria em Paloma saiu cambaleando do deserto californiano para dizer ao mundo que não havia apenas visto um óvni e seus ocupantes, mas que também havia conversado com eles. O seu nome era George Adamski e suas afirmações revolucionariam o estudo dos óvnis.

Antes daquele fatídico dia, em 1952, Adamski viveu uma vida que poderíamos educadamente considerar como colorida. Ele nasceu na Polônia, em 1891, e imigrou para os Estados Unidos com sua família aos 2 anos de idade. Em 1913, entrou para o exército dos Estados Unidos e patrulhou a fronteira com o México em uma unidade de cavalaria, durante os anos voláteis da revolução mexicana e das guerras civis subsequentes.

No fim dos anos 1920, Adamski morava em Laguna Beach, na Califórnia, onde fundou uma seita religiosa mística chamada Ordem Real do Tibete (Royal Order of Tibet). Adamski anunciou que uma parte vital das cerimônias religiosas de sua nova seita envolvia o consumo de determinadas quantias de álcool. Com base nisso, obteve permissão para produzir vinho, embora a lei seca estivesse em vigor na época. Uma quantia razoável de "vinho sagrado" chegou ao mercado negro, e Adamski prosperou.

Quando a lei seca terminou, Adamski e seus discípulos começaram a levar essa religião mais a sério. Eles recrutaram vários seguidores impressionados com o aspecto espiritual da seita. Um dos novos neófilos foi convencido

Uma das fotos produzidas por George Adamski do que ele afirmou ser uma nave de reconhecimento vinda do planeta Vênus.

informações. Entre as ideias que Adamski apresentou estava a de que os óvnis tinham preferência por certos lugares e regiões por motivos de navegação, e que esta era a razão de serem vistos nesses lugares em vez de em outros.

Em 1952, começou a visitar os lugares que havia identificado como prováveis pontos de visitação óvni. Seus amigos perguntavam se podiam acompanhá-lo, e ele alegremente os levava consigo. Em uma dessas viagens ao Desert City, na Califórnia, Adamski foi acompanhado por dois casais, o Sr. e a Sra. Al Bailey e o Sr. e a Sra. George Williamson.

a comprar uma fazenda perto do monte Palomar, enquanto outros faziam doações em dinheiro ao movimento. No Palomar, Adamski abriu um restaurante, o qual administrava na época de seu encontro interplanetário.

De acordo com Adamski, ele avistou vários óvnis na região do Palomar, a partir de 1943. Em 1950, ele tirou uma fotografia granulosa do que alegou ser um óvni. A fotografia e um artigo escrito por Adamski foram publicados na revista *Fate*. Adamski entrou em contato com outros pesquisadores de óvnis, compartilhando ideias e

OBJETO EM FORMA DE CHARUTO

De acordo com o relato fornecido pelas cinco pessoas, eles estavam vasculhando, quando viram um grande objeto em forma de charuto mergulhando silenciosamente na direção deles. O objeto desceu e pairou a algumas centenas de metros acima do solo, talvez a um pouco mais de 900 metros de distância. Adamski saiu a pé pelo deserto para investigar, enquanto os outros permaneceram para esperá-lo.

Adamski chegou a 180 metros do objeto, quando um pequeno objeto disciforme se separou do óvni e desceu, circulando em volta dele, para depois voltar voando para a nave-mãe. Adamski fotografou o veículo circular, que chamou de "nave de reconhecimento".

Então, ele percebeu que havia um homem a 360 metros de distância, que não estava ali antes de a nave de reconhecimento realizar seu voo. Adamski caminhou até ele e constatou que tinha uma aparência muito humana. O homem tinha por volta de 1,70 metro de altura, peso médio e parecia estar na faixa dos 20 anos de idade. Tinha cabelos loiros, que chegavam até os ombros, olhos verdes e um leve bronzeado. Estava vestido com um sobretudo marrom, bastante apertado, que parecia ser uma peça única, sem qualquer tipo de fecho, e usava sandálias em seus pés.

Logo Adamski presumiu que tal ser de aparência humana fosse um ocupante do óvni. Tentou conversar com o alienígena, mas aparentemente não pôde ser compreendido. Então, tentou usar a língua de sinais e gestos faciais, o que provocou uma reação mais resoluta. O homem então tocou no braço dele, de uma maneira específica (Adamski nunca revelou como), e, de repente, os dois estavam conversando telepaticamente.

> "Adamski tentou conversar com o alienígena, mas aparentemente não pôde ser compreendido. Então, tentou usar a língua de sinais e gestos faciais, o que provocou uma reação mais resoluta."

De acordo com Adamski, o nome do alienígena era Orthon e seu planeta de origem era Vênus. Orthon disse que seres de outros planetas do Sistema Solar, e de além dos limites dele, também visitavam a Terra. O propósito das visitas era advertir a humanidade sobre os perigos da força nuclear e de outros aspectos tecnológicos que estavam sendo explorados pelos cientistas. Orthon disse que os venusianos haviam decidido contra o contato público com os vários líderes políticos da Terra, pois temiam uma reação violenta. Em vez disso, optaram por vigiar o progresso da humanidade e contatar alguns indivíduos selecionados, dentre os quais estava Adamski.

Adamski então perguntou a Orthon se poderia fotografá-lo e sua nave, a fim de provar sua

Uma impressão artística de Orthon, o alienígena que George Adamski alegou tê-lo visitado várias vezes nos anos 1950.

o deserto como se estivessem procurando algo.

Adamski alegou que, após algumas semanas, sentiu um anseio de retornar ao local do contato. A nave de reconhecimento apareceu novamente, mas Orthon não. Em vez disso, um pequeno objeto caiu do óvni. Adamski apressadamente o pegou e viu que era o rolo de filme que entregara a Orthon. Depois de revelado, o filme estava coberto com um amontoado de símbolos e hieróglifos que Adamski não foi capaz de decifrar. Ninguém jamais conseguiu interpretá-los.

experiência a terceiros. Orthon recusou, mas concordou em levar um rolo de filme consigo. A nave de reconhecimento voltou. Orthon ingressou nela e voou para longe. Adamski retornou aos seus amigos.

Juntos, eles caminharam até o local do contato para inspecionar as pegadas deixadas por Orthon. Elas pareciam ser suficientemente reais, e Adamski fez o molde delas com gesso de Paris. Enquanto os humanos caminhavam até o carro, eles viram um jato militar passar em rasante pela região, e depois um segundo jato, e juntas, as duas aeronaves cruzaram repetidamente

Como fez com seus avistamentos e ideias anteriores, Adamski divulgou os detalhes de seu contato com Orthon para seus colegas pesquisadores e outros interessados. Um deles foi o escritor britânico Desmond Leslie, que estava escrevendo um livro sobre o tema. Leslie pediu que Adamski escrevesse um relato detalhado de seu contato com Orthon, para incluí-lo em seu livro como um apêndice. Adamski concordou. Quando obteve o manuscrito de Leslie, o editor imediatamente tornou o relato de Adamski a peça central, tanto do livro como do material publicitário.

BEST-SELLER

O livro foi lançado com o título *The Flying Saucers Have Landed* (Os Discos Voadores Aterrissaram) e se tornou um *best-seller* imediato na Grã-Bretanha. Alguns meses depois, foi lançado nos Estados Unidos e causou forte impressão. Os pesquisadores fizeram fila para tomar partido nas disputas que seguiram. Alguns saudaram Adamski como um homem que havia genuinamente contatado os alienígenas, quando ninguém o havia feito. Outros o denunciaram como impostor.

O próprio Adamski se tornou o centro de um alvoroço com tantas entrevistas marcadas, solicitações de artigos de revistas e perfis publicados. Inevitavelmente, houve pressão por parte dos editores por uma continuação. Em 1955, Adamski e Leslie cooperaram na concepção do manuscrito do livro *Inside The Space Ships* (Dentro das Naves Espaciais), lançado nos Estados Unidos como *Inside the Flying Saucers* (Dentro dos Discos Voadores).

Desmond Leslie (à esquerda) e George Adamski trabalharam no manuscrito de um de seus livros sobre as experiências de Adamski.

O livro fez alegações ainda mais extraordinárias do que as relacionadas ao contato de 20 de novembro de 1952.

A obra tem início com um relato de uma visita de negócios que Adamski fez a Los Angeles, em fevereiro de 1953. Depois de comparecer às suas reuniões, Adamski foi abordado na rua por dois homens. Um deles tocou seu braço do mesmo jeito que Orthon e, mais uma vez, a comunicação se tornou possível. Os dois homens levaram Adamski até um carro e o dirigiram para fora da cidade. Eles explicaram que um deles era um marciano chamado Firkon, o outro se chamava Ramu e era de Saturno, e que o estavam levando para um encontro com Orthon.

Orthon levou Adamski para uma nave de reconhecimento, que decolou e atracou em uma nave muito maior, na estratosfera. Por toda a narrativa de tal encontro, Adamski forneceu relatos altamente detalhados e circunstanciais do ocorrido. Ao entrar na nave-mãe, ele foi acompanhado até uma passagem.

"Quando passei pela entrada", escreveu Adamski, "entrei em um saguão luxuoso e imediatamente minha atenção foi absorvida por duas adoráveis moças, que se levantaram de um dos divãs, aproximando-se de nós". Ele prosseguiu, com descrições detalhadas das duas estonteantes alienígenas, de como uma delas tinha longos cabelos loiros e "olhos dourados com uma expressão que era gentil e alegre", enquanto a outra tinha longos cabelos negros e olhos negros com nuanças marrons. Ambas eram, disse Adamski, "uma visão de perfeita beleza".

O livro tinha quase 200 páginas desse tipo de material. Havia uma descrição minuciosa dos discos e de outras espaçonaves, embora os dados técnicos fossem vagos e completamente sem sentido. O relato detalhava as longas conversas dos alienígenas com Adamski, a respeito dos horrores da guerra, da futilidade da existência humana e dos aspectos superiores da própria Fraternidade Espacial deles. As mensagens eram embelezadas com um monte de simbolismos e linguajar insólito, mas que poderiam ser resumidas em um apelo para que os humanos fossem gentis uns com os outros, para ocorrer a mudança.

> "Depois de comparecer às suas reuniões, Adamski foi abordado na rua por dois homens. Um tocou seu braço do mesmo jeito que Orthon fizera e, mais uma vez, a comunicação se tornou possível."

> "... em meados dos anos 1950, Allen Dulles, diretor da CIA, recusou-se a permitir que um pesquisador conversasse com qualquer funcionário da CIA sobre Adamski, por motivos de segurança nacional."

Novamente, muitos livros foram vendidos, e Adamski ganhou muito dinheiro. Nos anos que sucederam, Adamski produziu vários outros livros, várias fotografias de óvnis e uma contínua e frustrante vaga sequência de mensagens dos alienígenas a implorar que a humanidade se tornasse melhor. Adamski alegou ter viajado a Lua e Saturno a bordo dos óvnis.

Por volta de 1960, o interesse do público por Adamski e suas histórias havia perdido a força. Não só havia uma completa ausência de qualquer tipo de prova que corroborasse suas histórias, mas o rápido crescimento do conhecimento científico acerca do Sistema Solar estava refutando muitas de suas alegações. Foi descoberto, por exemplo, que a superfície de Vênus é tão quente a ponto de derreter chumbo. Uma criatura essencialmente humana, como Orthon, jamais poderia viver ali.

Adamski morreu em 1965, e a verdade de suas alegações e histórias morreu com ele, o que não impediu alguns pesquisadores de tentar descobrir o que vinha acontecendo. Não há dúvida de que a maioria das alegações tardias e dos livros de Adamski eram ficção científica. Também não pode haver muita dúvida de que Adamski era o tipo de homem que aproveitaria ao máximo qualquer boa oportunidade de ganhar dinheiro que surgisse pela frente.

Mas isso não elimina a possibilidade de que seu primeiro contato com Orthon foi, pelo menos até certo ponto, genuíno. Adamski não fez nenhuma alegação absurda sobre aquele contato, fora o fato de ter se encontrado e comunicado com um alienígena. Ele não disse que havia entrado em um disco voador, e muito menos ter voado até a Lua. Pelo menos no começo, Adamski também não tentou ganhar dinheiro em cima daquele contato. Em vez disso, procurou outros pesquisadores em busca das ideias e opiniões deles sobre o evento.

Também veio à tona que Adamski tinha algum tipo de contato com o FBI e a CIA. A natureza exata de tal comunicação clandestina nunca foi revelada, embora se saiba que, em meados dos anos 1950, Allen Dulles, diretor da CIA, recusou-se a permitir que um pesquisador conversasse com qualquer funcionário da CIA sobre Adamski, por motivos de segurança nacional.

De fato, a experiência inicial de Adamski não era tão diferente das relatadas por outros que alegam ter contatado e conversado com alienígenas. Houve mais de um pesquisador que pensou que Adamski teve algum tipo de experiência genuína, mas que, depois, aumentou a fantasia fictícia para ganhar dinheiro. Suas alegações posteriores eram tão obviamente falsas, que muito fizeram para desacreditar o assunto dos óvnis aos olhos de grande parte do público. Talvez, especulou-se, essa tenha sido a intenção da CIA desde o início.

O PROFETA ALIENÍGENA DE CARACAS

Embora às vezes pareça que todos os contatos com alienígenas acontecem na América do Norte ou na Europa, eles realmente são um fenômeno mundial. Em 7 de agosto de 1967, o Dr. Sanchez Vegas de Caracas, Venezuela, foi visitado por um alienígena de 1,2 metro de altura, que solicitou um exame médico. Vegas fez o que ele havia pedido e descobriu que a criatura tinha dez dentes, que não tinha ouvidos e tinha olhos completamente redondos, entre outras coisas.

Quando Vegas perguntou ao alienígena como foi que havia aprendido a falar um espanhol tão perfeito, ele respondeu que ele e seus amigos aprendem os idiomas da Terra com aparelhos. Ele também explicou que em seu planeta natal não havia guerras ou doenças, e que não tinha pais, pois sua raça se "reproduzia de um jeito diferente". Antes de ir embora, o alienígena alertou Vegas de que havia uma fenda profunda nas rochas bem abaixo de Caracas, que estava gradualmente se enchendo

CONTATOS ALIENÍGENAS

de água. Quando estivesse cheia, disse, a fenda estouraria, causando um terremoto devastador na cidade.

A mensagem da destruição iminente da humanidade, combinada com uma visão utópica do mundo dos próprios alienígenas, era semelhante às informações dadas a Adamski. Assim foi a mensagem recebida por James Cook, nos arredores de Runcorn, em 7 de setembro de 1957.

OS VISITANTES DE ZOMDIC

Cook viu um objeto redondo, pulsando com luzes coloridas. Ele desceu, mergulhando até um metro ou dois do chão, que estava molhado pois tinha chovido. Uma voz telepática disse a Cook para que ele pulasse em um trilho, mas com cuidado para não tocá-lo e o chão ao mesmo tempo, por causa do forte campo elétrico do aparelho. Cook seguiu as instruções e entrou no óvni. Ele viu que estava em uma grande sala vazia, iluminada por uma luz suave que emanava das paredes. A voz disse a ele que deveria se trocar e vestir uma roupa, uma peça única, que estava no chão. Mais uma vez, Cook seguiu as instruções.

O objeto então voou para longe e estacionou em um veículo maior, a bordo do qual Cook

Impressão artística dos alienígenas e do interior do óvni como descrito por James Cook, após seu contato em 1957.

encontrou os seres que controlavam ambos os objetos. A tripulação era basicamente humana, tanto em tamanho como em aparência, apesar de Cook notar que tinham feições infantis. Os seres o informaram que vinham do planeta Zomdic e que no mundo deles havia paz eterna entre as raças, que não havia machos nem fêmeas, mas se reproduziam de um jeito diferente.

Os seres de Zomdic explicaram a Cook que já visitavam a Terra havia algum tempo, pois estavam muito preocupados com o futuro da humanidade. As constantes disputas entre grupos de humanos e o uso frequente da força perturbavam o balanço natural do planeta. Os humanos deveriam, disseram os zomdicianos, tentar descobrir algum meio mais harmonioso de resolver seus problemas. Eles pediram que Cook fosse divulgar isso à humanidade.

> "Os seres de Zomdic disseram a Cook que já visitavam a Terra havia algum tempo, pois estavam muito preocupados com o futuro da humanidade."

Cook, exibindo um bom senso atípico entre os que alegam conversar com alienígenas, afirmou duvidar de que o resto da humanidade acreditaria nele, pois ele não passava de um trabalhador comum. "Eles também não acreditarão em mais ninguém", respondeu o zomdiciano com um sentimento de grande tristeza.

Cook então voltou a Runcorn pelo mesmo caminho. Ao sair do disco voador, porém, se esqueceu da advertência sobre tocar nele e no chão ao mesmo tempo, e levou um choque elétrico que queimou seu braço seriamente. Embora pensasse que apenas duas ou três horas haviam passado, Cook descobriu que já fazia dois dias desde que embarcara no óvni.

FAZENDEIROS MARCIANOS

Muito semelhante foi a experiência do fazendeiro Gary Wilcox em Tioga, no Estado de Nova York, em 24 de abril de 1964. Ele avistou um objeto oval prateado de 7,5 metros de diâmetro estacionado no canto de um campo, e foi investigá-lo. Ao se aproximar, viu dois homens, cada um com 1,2 metro de altura, vestindo sobretudos de peça única. Eles carregavam amostras do solo retiradas do campo.

Os vultos disseram ao atônito Wilcox que eram de Marte e

CONTATOS ALIENÍGENAS

estavam interessados na agricultura terrestre. Wilcox começou a explicar seus métodos de cultivo, incentivando uma série de perguntas por parte dos alienígenas. Ele teve a impressão de que os marcianos pareciam bastante indiferentes aos graus de desenvolvimento tecnológico dos humanos. Estavam, porém, fascinados com suas descrições dos ciclos anuais e diários da vida e pareciam surpreendidos com o conceito do tempo. Quando ele mencionou fertilizantes, pediram que Wilcox desse um pouco para eles. Wilcox caminhou até seu celeiro, mas quando voltou, viu que os alienígenas e o veículo tinham partido. Ele deixou o saco no chão, que desapareceu durante a noite.

Em julho de 1950, Daniel Fry avistou um disco voador pousado no

Uma das convenções de óvnis altamente lucrativas, organizadas por Orfeo Angelucci, depois de seu encontro com alienígenas em 1952. Os céticos com frequência mencionam o lucro financeiro como motivo das testemunhas de óvnis, mas poucas chegam a ganhar muito dinheiro.

A testemunha Truman Bethurum alegou que o comandante do óvni que contatou era uma mulher estonteantemente atraente, vestida com um corpete de veludo negro e uma saia vermelha.

Novo México. Ao se aproximar para investigar, um vulto saiu e levantou a mão para impedi-lo. "É melhor não tocar no casco, meu amigo", disse o recém-chegado, em inglês, com um perfeito sotaque americano. "Ainda está quente". Quando tentou fugir assustado, o ser falou novamente: "Fique tranquilo, meu amigo. Você está entre amigos".

Fry afirma que foi, então, levado para um passeio dentro do disco voador, que subiu repentinamente a noroeste, para sobrevoar a cidade de Nova York, antes de voltar para o Novo México. A viagem de ida e volta demorou um pouco mais que 30 minutos. O alienígena então explicou que seu nome era A Lan, e que sua raça descendia de seres chamados Lemurianos, que viveram anteriormente na Terra, mas fugiram do planeta há milhares de anos, depois de um acidente atômico de tipo não definido. A Lan disse a Fry que os alienígenas visitavam a Terra por estarem preocupados com o fato de o progresso tecnológico do planeta estar ultrapassando o desenvolvimento sociológico e religioso necessários para mantê-lo sob controle. Após isso A Lan foi embora voando e deixou Fry sozinho.

Todos esses contatos isolados, incluindo o primeiro de Adamski, se considerado separadamente das alegações posteriores dele, encaixam-se em um padrão geral, com outras dezenas. Os seres que alegam serem alienígenas aparecem apenas uma vez. Eles contam que são de um planeta alienígena específico e afirmam que estão visitando a Terra por motivos benévolos. Com frequência, demonstram interesse em aspectos da vida terrestre, aparentemente para que possam ressaltar diferenças com a própria existência deles. Quase sempre, fazem algum tipo de advertência, embora se expressem de forma tão vaga que essas são inúteis.

OS PRIMEIROS CONTATADOS

Um contatado (como as pessoas que alegam terem conversado com os alienígenas ficaram conhecidas) que recebeu uma advertência bem específica foi Orfeo Angelucci. Angelucci trabalhava na fábrica de aeronaves da Lockheed, na Califórnia, quando encontrou um óvni, em maio de 1952. Ele disse que o óvni desceu, a fim de aterrissar. Dele surgiu um tipo de tela de cinema, na qual se exibiu a imagem de dois seres de beleza indescritível. Depois de alguns segundos, a tela foi recolhida e a nave voou para longe.

Dois meses mais tarde, Angelucci novamente viu um óvni, dessa vez, pousado no solo perto de sua casa. O veículo tinha uma porta aberta na lateral, pela qual Angelucci entrou. De repente, a porta se fechou por trás dele, e o veículo começou a se movimentar. Nem um pouco assustado, Angelucci caminhou pelo veículo vazio até encontrar uma escotilha. Ao olhar para fora, viu a Terra como um globo distante.

Então, surgiu uma voz, de uma fonte oculta, que discursou sobre o estado miserável da humanidade, comparado à paz e à tranquilidade das civilizações mais avançadas. A Terra, disseram a Angelucci, era conhecida pelos seres espaciais como o "lar da aflição". A voz advertiu Angelucci que, a não ser que a humanidade conseguisse controlar sua tecnologia com seriedade, e usá-la com propósitos benévolos, "O Grande Acidente" aconteceria em 1986 e causaria a extinção da humanidade.

Ao voltar para casa, Angelucci estava tão profundamente tocado por sua experiência, que começou a falar dela aos seus amigos e colegas. Eles não o levaram a sério, mas um editor publicou um livro sobre o contato de Angelucci, escrito por ele, intitulado *The Secret of the Saucers* (O Segredo dos Discos Voadores). O livro teve boa vendagem, mas os outros que Angelucci escreveu não fizeram tanto sucesso com o público, que, nos anos 1960, já não o notava mais. Angelucci morreu em 1993, depois de ver que sua previsão de catástrofe global em 1986 não se concretizou.

Incomuns, por não envolverem o avistamento de qualquer tipo de óvni, foram os contatos de Cynthia Appleton. A dona de casa inglesa alegou ter encontrado um alienígena que se materializou do nada em sua casa, em Birmingham, em 18 de novembro de 1957. O ser retornou várias vezes no decorrer do ano seguinte. As mensagens que ele passou incluíram a afirmação de que os óvnis estavam visitando a Terra para extrair minérios dos oceanos e que seu povo havia dominado o uso da gravidade como fonte de energia. Assim como o alienígena de Adamski, o que visitou Appleton também disse que vinha de Vênus.

> "Então, surgiu uma voz, de uma fonte oculta, que discursou sobre o estado miserável da humanidade, comparado à paz e à tranquilidade das civilizações mais avançadas."

Outro dos primeiros contatados foi Truman Bethurum, um técnico de manutenção rodoviária de Nevada, Estados Unidos. Ele alegou que estava dormindo em seu caminhão, depois de encerrar seu turno da noite, quando acordou e se viu cercado por vultos humanoides de aproximadamente 1,2 metro de altura. Um disco metálico de 90 metros de diâmetro pairava nas proximidades. Os humanoides acenaram para que Bethurum os acompanhasse até o disco, e ele assim o fez.

Dentro do disco, Bethurum disse que foi apresentado ao comandante dos humanoides, que, por acaso, era uma mulher humana e estonteantemente atraente, chamada Aura Rhames. Ela vestia um corpete de veludo preto, uma saia plissada vermelha e uma boina preta e vermelha. Bethurum disse que Aura Rhames lhe contou ter vindo do planeta Clarion. Tal planeta orbitava a

Terra, mas nunca fora visto, por estar localizado no lado oculto da Lua.

Nos três meses seguintes, Bethurum se encontrou com Aura Rhames onze vezes. Durante essas visitas, os dois conversaram livremente em inglês sobre a vida em Clarion, eventos políticos da Terra e outros assuntos. Depois da décima primeira visita, Aura Rhames não retornou.

> "... subitamente percebeu que era um disco voador e se virou para correr. Uma voz então ressoou do objeto, dizendo: 'Não tenha medo, nós não somos hostis. Nós não somos hostis. Não temos a intenção de machucá-lo'."

Um dos encontros isolados mais detalhados foi o relatado por Sid Padrick, um técnico de TV de Watsonville, na Califórnia. Em 30 de janeiro de 1965, Padrick estava dirigindo para casa, tarde da noite, quando viu um grande objeto redondo em um campo. Ao aproximar-se, por curiosidade, subitamente percebeu que era um disco voador e se virou para correr. Uma voz então ressoou do objeto, dizendo: "Não tenha medo, nós não somos hostis. Nós não somos hostis. Não temos a intenção de machucá-lo".

Padrick parou de correr e novamente se aproximou, embora dessa vez com mais cuidado. Uma porta se abriu no lado do veículo, e Padrick foi convidado a entrar, por alguém que aparentava ser um humano, perfeitamente normal do sexo masculino, de 25 anos. Padrick entrou. Lá, contatou vários alienígenas, um dos quais era uma mulher muito bonita.

Padrick descreveu os alienígenas como sendo muito parecidos com os humanos, mas com algumas diferenças superficiais. Os seus dedos eram mais compridos e delicados, seus rostos tinham narizes e queixos excepcionalmente pontudos e os cabelos castanho-avermelhados pareciam estranhos. Os seres estavam todos vestidos da mesma maneira, com vestes de uma única peça, que incluíam botas integradas. Havia um cinto e uma coleira, decorados com estampas, mas nenhum tipo óbvio de fecho como botões ou zíperes.

Padrick ganhou uma turnê pelo óvni, passando por vários compartimentos, cada um com tripulantes trabalhando com instrumentos, controles e telas de vários tipos. Somente um dos alienígenas alegava ser capaz de falar inglês. Os outros se comunicavam entre si por telepatia. Esse alienígena disse a

Padrick que vinham de um planeta que não poderia ser visto da Terra, e que viajavam à velocidade da luz. Mostraram a ele uma fotografia de uma cidade no seu planeta de origem, onde a maioria dos edifícios tinha a forma de domos.

O humanoide então descreveu uma sociedade quase perfeita, livre de crimes, com longa expectativa de vida, nenhuma doença e cooperação harmoniosa entre as pessoas. Não havia dinheiro em circulação, pois todos os indivíduos trabalhavam como voluntários e tinham todas as suas necessidades supridas. Em resposta a uma pergunta feita por Padrick sobre o porquê dos seres visitarem a Terra, o alienígena respondeu: "Para observar".

Padrick foi convidado a entrar em uma sala especial, para orar para a "Divindade Suprema", antes de ser levado de volta ao seu caminhão. Ele logo relatou seu contato à USAF, sem saber que era apenas um em uma sequência de pessoas a relatar contatos semelhantes. A USAF enviou um oficial para interrogar Padrick sobre seu contato alienígena. Depois de uma curta visita, o oficial pareceu perder o interesse e foi embora, após aconselhá-lo a não discutir a questão com civis. Especifica-

O interior do ÓVNI no qual Sid Padrick entrou em 1965 estava cheio de equipamentos sofisticados com propósitos e *design* desconhecidos.

mente, de acordo com Padrick, o oficial parecia enfatizar que o público não deveria saber que os alienígenas não utilizavam dinheiro ou que eram amigáveis.

Depois de um tempo sem outros contatos oficiais, Padrick divulgou sua experiência publicamente. Ele conversou com a imprensa em várias ocasiões e deu muitas entrevistas. Em 1968, porém, anunciou que não mais falaria sobre sua experiência, pois já havia dito tudo o que tinha a dizer e queria retomar sua vida particular.

Uma fotografia tirada por Meier que alega ser da alienígena Semjase.

ALEGAÇÕES DE CONTATOS ALIENÍGENAS FREQUENTES

Totalmente em outro patamar está o fazendeiro suíço de braço amputado Eduard "Billy" Meier, que alega ter sido frequentemente contatado por alienígenas. Meier diz que primeiro conheceu um alienígena do aglomerado estelar Plêiades, aos 5 anos de idade, em 1944, mas que os contatos frequentes não começaram antes de 28 de janeiro de 1975.

O contato de 1975 foi com uma linda mulher, chamada Semjase. Nos anos que sucederam, Meier alegou ter conhecido outros alienígenas chamados Ptaah (o nome de um deus egípcio), Quetzal (o nome de um deus asteca) e Plaja, entre outros. Tais seres supostamente ditaram a Meier umas 3 mil páginas de informações detalhadas sobre a ciência e a filosofia entre as estrelas. Meier produziu uma série de fotografias dos discos pleiadianos para corroborar suas alegações. As opiniões sobre as fotografias são divergentes: claras e detalhadas, mas não existe certeza se mostram pequenos modelos próximos da câmera ou objetos grandes em movimento, distantes da câmera. Os vários especialistas que estudaram as fotografias chegaram a conclusões diferentes.

Durante os anos 1980, Meier fundou e administrou o Semjase Silver Star Centre, na Suíça, um local onde os ensinamentos e conhecimento dos pleiadianos poderiam ser transmitidos aos humanos. O centro foi muito bem-sucedido por um tempo, mas logo o interesse do público por suas alegações se dissipou.

Com o passar dos anos, Meier alegou que os alienígenas o transportaram para o passado onde conheceu e conversou com várias personalidades históricas, incluindo Jesus Cristo. No momento em que escrevo estas linhas, Meier está predizendo que uma guerra mundial cataclísmica será detonada em novembro de 2011.

REALIDADE, FRAUDE OU DELÍRIO?

É comum entre os que são céticos acerca dos óvnis, ou mesmo entre os pesquisadores de óvnis convencionais, que as alegações feitas pelos contatados sejam rejeitadas como absolutas bobagens. Alguns acreditam que as alegações são mentiras, ou fraudes, perpetradas para aumentarem as vendas de livros, promoverem atrações turísticas, ou apenas para a autopromoção. Outros veem as alegações como feitas por pessoas perfeitamente sinceras, que realmente acreditam ter conversado com alienígenas, mas que, na verdade, são vítimas de alucinações ou delírios.

Dois casos, ambos famosos em suas épocas, mas agora normalmente rejeitados como fraudes, são com frequencia citados pelos céticos determinados a rejeitar todos os relatos de contatados como fraudes.

Uma fotografia tirada por Billy Meier, que supostamente mostra um óvni se aproximando para pousar perto de sua casa, na Suíça.

CONTATOS ALIENÍGENAS

Em 1954, foi lançado o livro *Flying Saucer from Mars* (Disco Voador de Marte), de autoria de Cedric Allingham. No livro, Allingham conta como, ao caminhar pela praia perto de Lossiemouth, na Escócia, viu um disco voador fazer um voo rasante acima dele. O disco correu rumo ao mar e então voltou e pousou na praia, perto dele.

Uma porta se abriu na lateral do disco e dela saiu um ser que se parecia exatamente com um humano do sexo masculino com trinta e poucos anos. O novo visitante vestia um sobretudo de uma peça só, feito de algum tecido prateado. Então, Allingham conversou com o alienígena, expressando-se com gestos e desenhando figuras na areia. O ápice da conversa foi quando o alienígena indicou que veio de Marte e prometeu voltar.

Allingham encontrou um pescador da região que havia visto o disco e o convenceu a assinar uma declaração, que foi, então, incluída no livro.

Nos anos 1960, os investigadores decidiram localizar Allingham e entrevistá-lo. Os editores do livro primeiro disseram que não estava no país, e, depois, que ele havia morrido. Nenhum sinal de um Cedric Allingham de Lossiemouth foi encontrado, e não demorou até que os investigadores desconfiassem da fraude. Descobertas posteriores apontaram para um astrônomo inglês, famoso por seu senso de humor malicioso, mas ele negou com veemência qualquer relação com o caso.

> "Outros veem as alegações como feitas por pessoas perfeitamente sinceras, que realmente acreditam ter conversado com alienígenas, mas que, na verdade, são vítimas de alucinações ou delírios".

Fotografia mostrada no livro de Cedric Allingham, supostamente de um alienígena. Hoje o livro é considerado uma fraude.

A segunda suposta fraude foi o prolongado caso UMMO, que começou no dia 6 de fevereiro de 1966, quando um óvni foi avistado sobre Aluche, um subúrbio de Madri, na Espanha. O avistamento parecia ser suficientemente genuíno, mas o que veio depois não parecia. Enviaram uma fotografia de um óvni ao jornal local. Ela mostrava um objeto disciforme cinza, voando a certa altura. No lado de baixo, havia um símbolo que se parecia com)+(. Na época, a fotografia parecia ser verdadeira; ela passou por todos os testes que o jornal conhecia e foi aceita por pesquisadores espanhóis como sendo uma foto de um objeto real.

Algumas semanas depois, vários cilindros de metal foram encontrados, espalhados por Madri. Dentro de cada cilindro, havia um pedaço de material flexível, carregando o símbolo)+(. A composição dos cilindros foi logo identificada: eram feitos de níquel, embora de um tipo especialmente puro não utilizado pela indústria de modo geral. O material flexível, no entanto, desafiou a análise. Parecia ser um tipo de plástico, mas não pôde ser identificado. Era incrivelmente resistente e forte, embora permanecesse muito fino e flexível. Alguns o elogiaram como um exemplo de tecnologia alienígena.

Então, o pesquisador espanhol de óvnis Fernando Sesma recebeu um pacote de documentos, todos claramente exibindo o símbolo)+(. Em poucos meses, outros pesquisadores também receberam pacotes semelhantes. Os envelopes foram todos enviados de locais espalhados pelo mundo inteiro e chegaram em ordem aparentemente aleatória, de forma que o conteúdo de cada um fazia pouco sentido até ser associado com documentos dos outros envelopes. Juntos, a coleção atingiu mais de 3 mil páginas de material densamente escrito.

Quando agrupados, os documentos alegavam ter vindo de uma raça alienígena do planeta UMMO, no sistema estelar IUMMA, localizado a 14,6 anos-luz da Terra. Boa parte dos textos descrevia relatos de visitas de exploração à Terra, por parte dos seres de UMMO. Alguns incluíam alguns famosos avistamentos de óvnis contados do ponto de vista do piloto do óvni; outros mencionavam relatos obscuros, e alguns estavam relacionados a eventos desconhecidos pelos pesquisadores.

CONTATOS ALIENÍGENAS

Uma das cartas misteriosas de UMMO, que supostamente vieram dos alienígenas, mas que foram desmascaradas como parte de uma fraude duradoura.

> "Então, o pesquisador de óvnis espanhol Fernando Sesma recebeu um pacote de documentos, todos claramente exibindo o símbolo)+(."

O restante dos documentos se afirmavam como obras científicas e matemáticas, baseadas na tecnologia Ummita. A princípio, não fizeram muito sentido, mas logo um pesquisador percebeu que os artigos matemáticos utilizavam cálculos na base 12, enquanto a maioria dos cálculos da Terra são feitos na base 10. Uma vez que isso foi elucidado, a matemática não somente fazia sentido, como incluía alguns conceitos e provas altamente avançados, que apenas um especialista podia compreender. Os artigos relacionados à física pareciam ser baseados em um conceito tão diferente de nossa compreensão atual, baseada no trabalho de Einstein, como as teorias da relatividade de Einstein divergiam das ideias de Isaac Newton.

Por algum tempo, os pesquisadores ficaram muito entusiasmados pelo caso UMMO. Foi especulado que o material representava uma tentativa genuína de alienígenas extraterrestres estabelecerem

A fotografia que começou o caso UMMO: foi alegado que era um óvni sobrevoando Madri em 1966, mas, de fato, era uma miniatura de disco voador.

contato por meio dos pesquisadores de óvnis mais renomados. Mas, então, todo o caso UMMO começou a desabar.

No fim dos anos 1970, métodos novos e mais sofisticados de análise fotográfica foram aplicados à fotografia original do óvni, o que mostrou que era um modelo pequeno razoavelmente próximo da câmera, e não um óvni grande, a 180 metros de distância, como alegaram. Da mesma forma, descobriu-se que o estranho material plástico era Tedlar, um revestimento de alta tecnologia, usado pela NASA na fabricação de veículos espaciais. Quando as mensagens de UMMO pararam de chegar, o caso todo foi rejeitado como fraude.

Porém, alguns pesquisadores não estavam satisfeitos com isso. A fraude foi muito sofisticada e envolveu claramente uma enorme quantia de tempo, esforço e dinheiro por parte do impostor. Pelo menos uma pessoa com conhecimentos científicos e matemáticos avançados estava envolvida, assim como alguém com habilidades fotográficas sofisticadas. Decididamente, o impostor conseguiu obter Tedlar, que, em 1966, era uma substância sigilosa, disponível apenas para a NASA ou outras agências. Isso parecia ser um esforço muito grande, apenas para pregar uma peça em cima dos pesquisadores de óvnis. De qualquer forma, ninguém se apresentou para reivindicar a fraude e aproveitar a publicidade que isso traria.

Alguns pesquisadores começaram a suspeitar que havia mais do que uma piada nisso. Foi observado que a CIA, a USAF e outras agências do governo americano tinham acesso ao Tedlar em 1966, mas um impostor comum não. Alguns começaram a especular que todo o caso UMMO teria sido desenvolvido pelas agências do governo, com o propósito de minar a credibilidade dos pesquisadores de óvnis perante a população. Isso foi interpretado como uma trama, em uma campanha contínua para convencer o público de que não havia nada real nos relatos de óvnis.

Mais sombriamente, alguns pensaram que o principal propósito da fraude poderia ter sido o de desviar a atenção dos pesquisadores, distraindo-os do que realmente estava acontecendo.

Apesar de tais casos famosos terem sido desmascarados como fraudes, nem todos os pesquisadores rejeitam as experiências dos contatados como inteiramente falsas.

PAIXÃO INTERPLANETÁRIA

Entre as várias características que parecem ser consistentes nos supostos contatos com os alienígenas que os seres são basicamente humanos, amigáveis e fazem advertências, devemos notar que a presença de mulheres jovens e atraentes nas tripulações ocorre repetidas vezes. Essa característica atingiu um novo patamar durante o contato relatado pelo fazendeiro brasileiro Antônio Villas Boas, em 16 de outubro de 1957.

Depois que o contato terminou, Villas Boas procurou o Dr. Olavo Fontes para tratar das feridas resultantes do contato. Por sua vez, Fontes procurou o pesquisador de óvnis e jornalista João Martinas. Martinas considerou a história contada por Villas Boas tão empolgante, que decidiu manter o relato em segredo, com a esperança de algo semelhante acontecer para corroborá-lo. Martinas também temia que se o relato de Villas Boas fosse divulgado, haveria várias imitações fraudulentas que minariam a credibilidade do evento. O esboço da história não chegou ao domínio público antes de 1965, e detalhes completos não foram divulgados antes de 1969.

De acordo com Villas Boas, os eventos começaram na noite de 5 de outubro de 1957, quando ele e seu irmão estavam se preparando para dormir, na remota fazenda onde moravam, perto de São Francisco de Sales. Os dois jovens viram uma luz brilhante na fazenda. Enquanto discutiam se deveriam ou não investigá-la, a luz subiu pelo ar, brilhou através de brechas pelo telhado e voou para longe.

Em 14 de outubro, os irmãos estavam arando, no frescor do final da tarde, quando um objeto redondo, que emitia uma luz brilhante, desceu suavemente e pairou sobre o solo, no limite distante do campo. Antônio decidiu investigar, mas cada vez que se aproximava do objeto, ele voava, para pousar novamente a 100 metros de distância. Depois de três tentativas de alcançá-lo, Villas Boas desistiu, e o objeto foi embora voando.

> "Ele havia dado apenas alguns passos, quando sentiu alguma coisa agarrar seu braço.
> Ao virar-se, o fazendeiro, apavorado, viu um humanoide de aproximadamente 1,5 metro de altura."

Na noite seguinte, Antônio estava lá fora, arando, sozinho. À 1 hora da manhã, ele viu o que parecia ser uma estrela vermelha se mover pelos céus. Ela mergulhou em sua direção. Ao observá-la, Villas Boas viu que a luz vermelha era apenas a característica mais brilhante de um objeto voador de grande porte. O que viu tinha contornos ovais, com uma base achatada e um domo giratório em cima. As bordas eram pontilhadas com luzes cor púrpura, enquanto a brilhante luz vermelha se projetava da parte frontal, como um cone. Até onde Villas Boas pôde ver, a estrutura principal do disco era composta por um metal liso prateado. Um brilhante farol banhava todo o campo com uma luz forte como o dia.

O veículo parou delicadamente e ficou suspenso a alguns metros acima do campo, a 15 metros de distância de Villas Boas. Então, três estruturas, parecidas com pernas, desceram do objeto e se apoiaram no chão. O pouso do objeto sacudiu Villas Boas de sua inércia. Pisando no acelerador, fez uma curva com seu trator e correu na direção do portão. O motor do trator morreu abruptamente, assim como seus faróis. Ele saltou do veículo e começou a correr.

Ele havia dado apenas alguns passos, quando sentiu alguma coisa agarrar seu braço. Ao virar-se, o fazendeiro, apavorado, viu um humanoide de aproximadamente 1,5 metro de altura. Villas Boas deu um soco no ser, que caiu estirado na lama. Novamente, tentou correr, mas desta vez foi derrubado por três humanoides. Chutando e se debatendo, Villas Boas foi carregado na direção da nave.

Cada um dos atacantes estava vestido com um macacão cinza sem qualquer tipo evidente de fecho. Os braços terminavam em luvas integrais e as pernas em botas que tinham solas muito grossas. No peito, havia uma placa redonda de metal avermelhado, conectada a um cinto largo por um tipo de tira de metal.

Na cabeça de cada alienígena havia um capacete de material metálico, de formato cilíndrico com um topo quadrado. A parte frontal do capacete tinha um painel transparente, do qual observavam olhos grandes e pálidos. Três tubos saíam do seu topo. O tubo central se curvava para baixo e entrava na veste, no meio das costas. Os outros dois também entravam na veste, cada um em uma das axilas.

Apesar dos golpes de Villas Boas, os seres conseguiram carregá-lo até a nave e, com certa dificuldade, para dentro do óvni, por uma escada. Uma vez dentro da nave, a porta se fechou e ele foi forçado ao chão, embora dois dos alienígenas precisassem segurá-lo com firmeza. Outros dois seres então entraram na sala brilhantemente iluminada onde eles se encontravam, e um deles os guiou para uma câmara oval que tinha uma mesa e algumas cadeiras.

COMUNICAÇÃO BRUTA

Os seres então começaram a conversar entre si, usando o que Villas Boas depois comparou a latidos de cães, embora tenha enfatizado que aquela não era uma descrição muito precisa. Ele disse que os sons incluíam latidos, uivos e estranhos sons prolongados, bem diferentes de qualquer coisa que tenha ouvido antes, além de suas habilidades de imitação.

Depois de alguns minutos, os alienígenas fizeram silêncio e o atacaram. Eles rasgaram todas as suas roupas e o lavaram com um líquido claro e oleoso, que rapidamente se evaporava de sua pele nua. Depois, foi guiado até uma porta, sobre a qual estavam gravados uns símbolos vermelhos desconhecidos. Villas Boas memorizou os símbolos e depois os anotou no papel, mas eles desafiavam todas as tentativas de interpretá-los.

Nessa nova sala, Villas Boas foi forçado a se sentar em um confortável sofá. Em seguida, umas das criaturas se aproximou dele, segurando um frasco do qual saíam dois tubos. Um deles, que terminava

O contato perturbador vivenciado por Antônio Villas Boas começou quando ele foi derrubado no chão por seres que saíram de um óvni.

em um cone de sucção, foi fixado no queixo dele, enquanto um dos alienígenas manipulava o outro. Villas Boas ficou assustado ao ver o frasco encher-se com seu sangue. Os alienígenas inspecionaram de perto a amostra e depois saíram, deixando Villas Boas sozinho.

Quando a porta se abriu novamente, foi para revelar uma forma surpreendente. A recém-chegada era uma mulher, tão nua quanto Villas Boas. O fazendeiro ficou imediatamente impressionado com a beleza da mulher, cuja atratividade parecia dominá-lo. Qualquer expectativa que Villas Boas teve da mulher ser uma prisioneira como ele logo foi descartada, em função da aparência levemente estranha dela.

Embora parecesse humana, tinha quadris estranhamente largos, um queixo agudamente pontudo, olhos grandes, inclinados para fora, e pelos púbicos vermelhos brilhantes. A mulher levou o fazendeiro até o sofá, e logo deixou bem claro que queria fazer sexo com ele. Villas Boas se sentiu muito disposto. Quando terminaram, ela andou até a porta, onde se encontrou com um dos alienígenas de baixa estatura. A mulher parou e olhou para Villas Boas. Ela apontou para a sua barriga, depois para Villas Boas, e depois para cima. Ele entendeu que ela um dia voltaria para levá-lo para as estrelas.

> **"Então, levaram-no em uma turnê pelo óvni, mas que foi interrompida quando ele pegou um estranho instrumento e tentou colocá-lo em seu bolso."**

Os alienígenas de baixa estatura então devolveram as roupas de Villas Boas e esperaram até ele se vestir. Então, levaram-no em uma turnê pelo óvni, mas que foi interrompida quando ele pegou um estranho instrumento e tentou colocá-lo em seu bolso. Ele esperava que, se tivesse tal instrumento, poderia convencer outras pessoas de que sua experiência bizarra havia sido real. Os alienígenas, no entanto, perceberam a tentativa. Eles tomaram o objeto em meio a muitos latidos e uivos. Villas Boas foi, então, levado para fora da nave e empurrado pela escada até o chão.

O objeto recolheu suas pernas, suas luzes púrpuras e vermelhas começavam a piscar. Ele subiu vagarosamente pelo ar e então acelerou para longe, em alta velocidade. Villas Boas foi abandonado sozinho.

> **"Alguns dias depois, Villas Boas notou que estava acometido de estranhas erupções cutâneas redondas e roxas, que ficaram doloridas e infeccionadas."**

Mais tarde, no mesmo dia, ele começou a sentir dores de cabeça terríveis, seguidas de ondas de náusea e vômitos frequentes. Alguns dias depois, Villas Boas notou que estava acometido de estranhas erupções cutâneas redondas e roxas, que ficaram doloridas e infeccionadas. Seus olhos incharam e ficaram muito doloridos e sensíveis à luz forte. Depois de consultar seu médico, Villas Boas foi encaminhado ao Dr. Fontes, para um estudo. Fontes pensou que Villas Boas estivesse sofrendo de algum tipo de envenenamento radioativo, mas não tinha certeza. Os sintomas desapareceram em poucas semanas. João Martinas, entretanto, submeteu o fazendeiro a uma série de entrevistas detalhadas e exames rigorosos, com o propósito de fazê-lo cair em contradição, ou de refutá-lo de algum modo. Mas Villas Boas permaneceu consistente do começo ao fim. Martinas concluiu que ele estava dizendo a verdade. Villas Boas depois se recusou a dar entrevistas e preferiu retomar sua vida. No entanto, continuou a insistir na veracidade de seu contato, até sua morte, em 1988.

Na época, o incidente de Villas Boas foi considerado uma experiência de contato bem incomum e um tanto ameaçadora. Porém, em retrospectiva, foi constatado que tinha muita semelhança com um tipo de contato alienígena que se tornaria perturbadoramente familiar. Desde então, centenas de pessoas alegaram ter sido abduzidas por alienígenas, por uma série de motivos bizarros, dolorosos e profundamente sinistros.

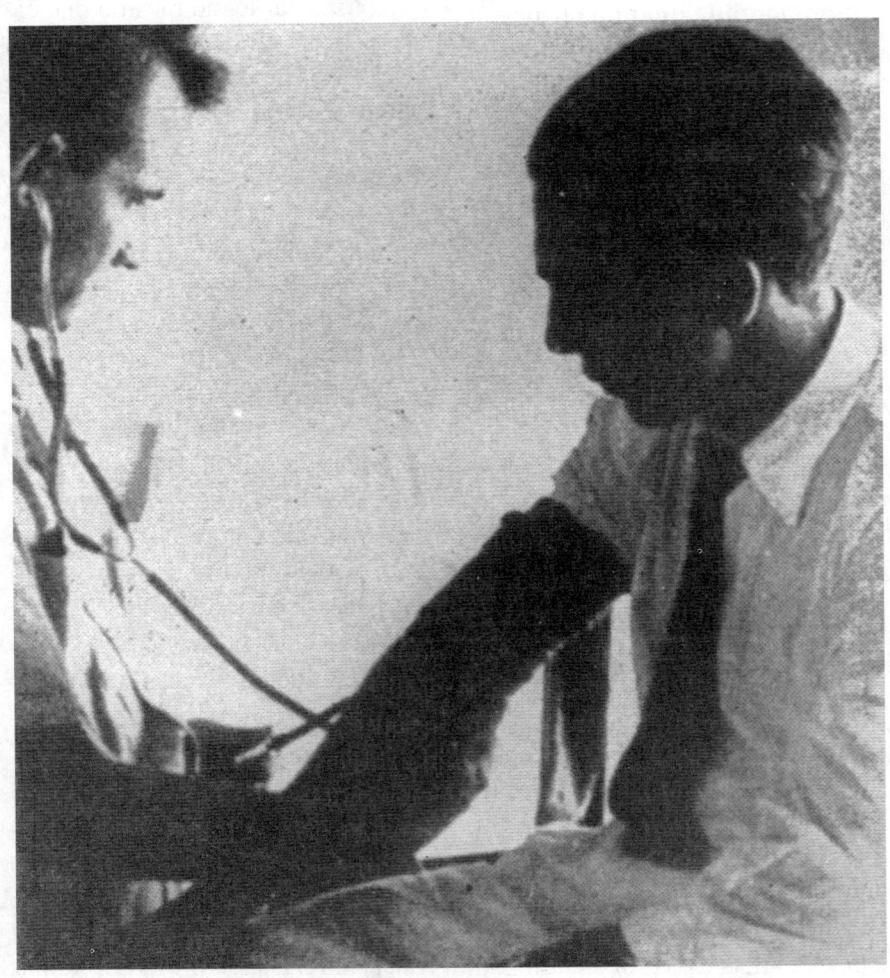

Villas Boas foi submetido a uma série de exames médicos, como parte da investigação de suas alegações extraordinárias sobre ter feito sexo com uma mulher alienígena.

CAPÍTULO 5

COLHEITA HUMANA

A maioria das abduções alienígenas começa quando um óvni é contatado e a testemunha é abordada por humanoides.

Por mais de dez anos após o primeiro avistamento de Kenneth Arnold em 1947, os pesquisadores de óvnis tentaram descobrir qual a natureza e o propósito dos óvnis. Gradualmente, os principais investigadores aceitaram que os óvnis são aparelhos tecnológicos altamente avançados, quase certamente de outros planetas, e tripulados por seres profundamente interessados na humanidade.

A princípio as experiências do contatado George Adamski e outros pareciam oferecer uma solução ao mistério dos óvnis. Mas à medida que o número de contatados crescia, e os pontos de concordância entre os relatos deles diminuíram, tal esperança se dissipou. Os pesquisadores começaram a procurar por outras fontes de explicações, e não foram poucos os que começaram a desconfiar de que as autoridades, em especial o governo dos Estados Unidos, estivessem acobertando a verdade.

Então, um caso veio à tona, aparentemente oferecendo uma nova e perturbadora perspectiva de toda a experiência óvni. No começo, o contato se destacou como um evento único, mas logo foi seguido por muitos outros.

ABDUÇÃO ALIENÍGENA E O EPISÓDIO DO "TEMPO PERDIDO"

O relato da abdução de Betty e Barney Hill se tornou um dos grandes clássicos da história dos óvnis. Vale a pena contá-lo novamente, não apenas por ser intrinsecamente interessante, mas para

Betty e Barney Hill se submetem à regressão hipnótica, como parte da investigação sobre o contato deles com um óvni e sua tripulação alienígena.

enfatizar alguns pontos que às vezes são ignorados pelos que se empolgam com os aspectos mais sensacionais.

Na noite de 19 de setembro de 1961, Barney e Betty Hill partiram do Canadá, onde passaram as férias, rumo à Portsmouth, Nova Hampshire, Estados Unidos, onde moravam. Eles esperavam chegar à casa por volta das 3 horas da manhã. O prolongado trajeto na estrada ocorreu sem incidentes, até que o casal passou ao sul de Lancaster, Nova Hampshire. Foi então que Betty avistou uma brilhante luz branca no céu, que parecia ser uma estrela grande, mas que os acompanhava.

Barney, que dirigia, parou o carro no acostamento para dar uma olhada. Ele pensou que fosse um avião, pegou os binóculos que levava consigo e saiu do carro para observar melhor. Pelos binóculos, viu que o objeto voador não tinha asas, mas era grande e escuro, com uma fileira de janelas pelas quais espiavam várias faces humanoides. As criaturas pareciam estar profundamente interessadas nos Hill.

Subitamente assustado, Barney voltou para dentro do carro em um pulo, ligou o motor e saiu em disparada. Logo ouviram uns estranhos sons de alarme que vinham de trás do carro, que tocaram umas duas vezes. Então, o óvni desapareceu, e os Hill seguiram para casa. Eles chegaram às 5 horas da manhã, duas horas mais tarde que o esperado, e nenhum dos dois conseguiram explicar o atraso.

A princípio, pelo menos no entendimento dos Hill, o assunto estava encerrado. No ponto em que o estudo dos óvnis havia chegado até então, o avistamento de humanoides dentro de um óvni era um incidente interessante por si só, mas provavelmente não seria manchete nos jornais. De qualquer modo, os Hill não relataram o contato.

Uma semana depois, Betty começou a sofrer com pesadelos intensamente vívidos. Embora os detalhes variassem, todos envolviam o seu sequestro por humanoides de baixa estatura, que a submetiam a procedimentos dolorosos. Por volta do mesmo período, Barney sofreu com dolorosas úlceras estomacais. Ponderando se isso poderia ter qualquer relação com o avistamento do óvni, os Hill contataram pesquisadores, que foram os primeiros a perceber a discrepância entre o horário planejado e o horário no qual eles realmente haviam chegado em casa.

Os pesquisadores sugeriram que os Hill procurassem o Dr. Benjamin Simon, um psiquiatra que poderia explorar quaisquer traumas emocionais profundos causados pelo avistamento, que pudessem explicar os pesadelos e as úlceras. Foi Simon quem teve a ideia de usar a regressão hipnótica para explorar as duas horas que faltavam e ver se isto revelaria algo relevante.

A história que veio à tona era consistente entre os dois, perturbadora em seu conteúdo e inquietante em suas implicações. Embora as respostas emocionais sob a hipnose de Betty e Barney fossem tão fortes a ponto de várias tentativas e um cuidadoso questionamento terem sido necessários para determinar exatamente o que havia acontecido, a narrativa final ficou clara.

O episódio do "tempo perdido" começou quando Barney entrou novamente no carro, após avistar os humanoides com seus binóculos. O carro não ligava, e logo um grupo de alienígenas saiu do óvni e cercou o veículo.

Os humanoides eram um pouco mais baixos que os humanos, com cerca de 1,5 metro de altura. Eles tinham a pele acinzentada e grandes olhos negros, que se moldavam em torno das suas cabeças. Os narizes eram curtos e arrebitados, enquanto suas bocas eram pequenas, com lábios que se pareciam com estreitas fendas azuis. Os vultos

Um desenho de um dos alienígenas que abduziram os Hill, baseado na descrição de Betty.

usavam vestes pretas de peça única e muitos deles usavam protetores de cabeça pretos, parecidos com bonés.

Eles abriram as portas do carro e arrastaram o casal para fora. A essa altura, Barney desmaiou. Betty disse que ele parecia estar drogado durante toda a experiência que se sucedeu, enquanto Barney conseguiu se lembrar de apenas alguns detalhes. Os dois foram arrastados para bordo do óvni, onde foram levados para salas separadas.

Barney não conseguiu se lembrar do que aconteceu com ele,

além do fato de ter sido deitado em uma mesa e examinado, mas Betty se lembrava de mais detalhes. Ela disse que os alienígenas cortaram amostras de suas unhas e cabelos e rasparam a pele de seu braço. Então, inseriram uma agulha comprida no estômago dela, em um procedimento intensamente doloroso. Um dos alienígenas, que era mais alto que os outros, curvou-se sobre ela, movendo os braços sobre a cabeça dela, o que diminuiu a dor que ela sentia. Esse alienígena, que Betty pensou que fosse um líder, falou com ela e disse que estavam conduzindo um teste de gravidez.

Quando o exame terminou, Betty e o alienígena-líder conversaram por um bom tempo. Ela achou que eles conversaram telepaticamente, mas não tinha certeza. O alienígena perguntou a Betty sobre vários assuntos triviais, como o modo de preparo dos legumes, antes que Betty ousasse perguntar de onde eles vinham. O alienígena-líder mostrou a ela um mapa estelar, com o sistema de origem deles claramente assinalado. Como nem a Terra nem o Sol estavam no mapa, Betty disse que não significou muito para ela. O alienígena respondeu: "Se você não sabe onde você está, não faz sentido que eu lhe mostre de onde eu vim".

Betty então pediu por algo que comprovasse aos outros humanos que o contato realmente havia ocorrido. O líder lhe entregou um livro, que Betty abriu e viu que estava cheio de símbolos. Nesse momento, vários dos alienígenas menores objetaram a isso, mas foram ignorados pelo líder.

> "O alienígena-líder mostrou a ela um mapa estelar, com o sistema de origem deles claramente assinalado."

Barney então se reencontrou com Betty. Os alienígenas que o trouxeram estavam com a dentadura dele nas mãos, e perguntaram a Betty o que era aquilo. Eles queriam saber se os dentes dela também eram destacáveis. Depois disso, os alienígenas levaram os Hill para fora do óvni e de volta ao carro deles. De repente, o alienígena-líder apareceu mais uma vez e disse a Betty que havia decidido não deixá-la ficar com o livro. Os Hill também não poderiam se lembrar do que ocorrera. Eles foram colocados no carro e o óvni decolou. Naquele ponto, o "tempo perdido" chegou ao fim. Barney ligou o motor e saiu em disparada.

Betty Hill, anos depois, quando se tornou uma palestrante frequente no circuito ovniológico.

Sob hipnose, Betty desenhou uma cópia do mapa estelar, depois estudada por vários astrônomos, que inseriram os dados em computadores, com sofisticados *softwares* de visualização. Embora nem todos os que estudaram os resultados tenham concordado, muitos astrônomos acham que o mapa apresenta o sistema Zeta Reticuli.

Zeta Reticuli é um sistema estelar binário, distante 37 anos-luz da Terra. As duas estrelas têm aproximadamente o mesmo tamanho e brilho do nosso Sol e parecem ter 8 bilhões de anos, sendo apenas um pouco mais velhas que o Sol. Embora sejam muito distantes, para que se detecte algum planeta em suas órbitas, são do tipo de estrela que possibilita a existência de planetas orbitando a zona crucial, na qual formas de vida baseadas em carbono poderiam existir.

Isso parece oferecer alguma prova que corrobore a possível origem extraterrestre dos tripulantes do óvni, especialmente pelo fato de Betty Hill não ter conhecimentos de astronomia, o que torna duvidosa sua capacidade de criar tal mapa sem ajuda de terceiros. Entretanto, parece ser algo estranho que alienígenas capazes de viajar pelas estrelas precisem de algo tão básico quanto um mapa. Mesmo em 1969, os astronautas que viajaram até a Lua não usaram um mapa, mas a telemetria computadorizada. Alguns pesquisadores acharam que o mapa foi apresentado na esperança de que Betty pudesse compreendê-lo, enquanto outros acharam que era uma pista falsa, inventada pelos tripulantes do óvni para convencer Betty de algo não verdadeiro.

É importante ressaltar que os Hill não tinham memória consciente de sua abdução temporária. Eles não relataram o avistamento do óvni a ninguém, e é improvável que o teriam feito se não fosse pelos pesadelos de Betty e as úlceras de Barney. Mesmo assim, não buscaram a fama ou a autopromoção, mas apenas uma explicação e uma solução para os seus problemas.

O caso Hill permaneceu em sigilo por muitos meses. Mais detalhes não foram divulgados até a publicação do livro *The Interrupted Journey* (A Viagem Interrompida), escrito pelo pesquisador John Fuller e baseado no relato dos Hill, além de algumas análises e especulações. O livro causou uma sensação imediata e capturou a imaginação do público.

não é uma ferramenta infalível, especialmente se for empregada por pessoas inexperientes. É muito fácil que uma pessoa em regressão hipnótica se lembre de um sonho, ou inclusive de um filme, como se fosse algo que realmente tenha acontecido com ela, e sempre há uma possibilidade constante de o hipnotizador involuntariamente semear uma ideia na mente do paciente com uma pergunta sugestiva. De fato, o próprio Simon não estava satisfeito com alguns detalhes do relato dos Hill, embora não tenha descartado o relato inteiro. No entanto, desde então, a regressão hipnótica se tornou uma ferramenta-padrão na pesquisa de óvnis em casos de avistamentos envolvendo períodos de tempo perdido.

> "Não demorou até que outras pessoas começassem a relatar abduções ou períodos de tempo perdido, em conjunto com avistamento de óvnis."

Não demorou até que outras pessoas começassem a relatar abduções ou períodos de tempo perdido, em conjunto com avistamento de óvnis. O Dr. Simon, que fez a regressão hipnótica dos Hill, logo proferiu uma advertência, observando que a regressão hipnótica

A CONVULSÃO DE CHARLES MOODY

Um homem que conseguiu recobrar as lembranças de sua experiência de tempo perdido nos meses que sucederam o contato foi o sargento Charles Moody, da USAF. Moody dirigiu até um local isolado e distante, à 1 hora da manhã de 13 de agosto de 1975, para ver o que os jornais haviam descrito como uma chuva de meteoros espetacular. Na ocasião, apenas alguns meteoros caíram e, por volta das 2 horas da manhã, Moody estava pronto para ir para casa.

> **"Moody tentou ligar seu carro, mas a bateria parecia estar descarregada."**

Foi então que ele viu uma estranha aeronave sem asas descer e pairar no ar, a 90 metros de distância. Moody estimou que o veículo tivesse 15 metros de comprimento e 6 metros de largura, com um *design* perfeitamente suave e arredondado. O objeto balançou um pouco e depois começou a deslizar na direção de Moody, em ritmo de caminhada. Moody tentou ligar seu carro, mas a bateria parecia estar descarregada. Então, um painel ou janela se abriu na lateral do óvni, do qual Moody pôde ver vultos aparentemente humanos andando de lá para cá. Em seguida, o painel se fechou, e o objeto acelerou e voou para longe, com velocidade.

Moody novamente acionou a ignição do carro, que dessa vez funcionou. Ele foi para casa e descobriu que já passava das 3 da manhã. Mais de uma hora de tempo estava faltando de sua memória. Ele estava confuso com o fato de que as articulações dos dedos de sua mão direita estavam arranhadas e doloridas, como se ele tivesse dado um soco em alguém, ou em alguma coisa, com muita

Charles Moody conseguiu dar um relato coerente de sua abdução, que incluía uma turnê pelo óvni e por sua unidade de propulsão.

força. Nos dias seguintes, uma erupção cutânea, parecida com uma queimadura de sol, irrompeu pelo corpo de Moody, enquanto sua região lombar adquiriu uma dor latejante e indistinta. Ele lentamente recobrou a lembrança do que aconteceu durante o tempo perdido, e, em novembro, já estava mais ou menos completa.

"Ele estava confuso com o fato de que as articulações dos dedos de sua mão direita estavam arranhadas e doloridas, como se ele tivesse dado um soco em alguém, ou em alguma coisa, com muita força."

Depois que o painel se abriu na lateral do óvni, dois dos humanoides saíram. Moody os descreveu como tendo aproximadamente 1,5 metro de altura, com corpos e membros um bocado longos e esguios, mas com cabeças anormalmente grandes e carecas. As orelhas eram minúsculas, os olhos eram grandes e as narinas, pequenas. A pele tinha um pálido tom acinzentado. Ele estimou que pesavam uns 50 quilos. Cada um dos humanoides usava uma veste preta muito justa, sem quaisquer tipos visíveis de fechos, tais como zíperes ou botões. Moody disse que os vultos pareciam deslizar para a frente, como se estivessem pairando no ar, em vez de andar.

Os dois vultos vieram até o carro, e um deles tentou abrir a porta. Moody decidiu se defender. Quando a criatura destravou a porta, ele a abriu violentamente, chutando-a com toda força. A porta bateu na criatura, jogando-a para trás, fazendo com que ela caísse estirada no chão. Moody, então, pulou para fora do carro e correu na direção do segundo vulto, atingindo-o com um forte soco no rosto. Então, o primeiro alienígena apontou algo para Moody, e ele desmaiou.

Ele recobrou os sentidos, deitado em uma mesa plana, em uma grande sala oval. Um dos humanoides estava em pé, ao seu lado, embora este usasse uma veste prateada. Moody tentou se sentar, mas percebeu que estava paralisado. O ser disse a Moody que eles não tinham a intenção de feri-lo, e perguntaram se ainda estava com raiva e propenso à violência. Moody disse que não estava, então, o ser o cutucou com um instrumento em forma de haste. Moody percebeu que as sensações físicas estavam voltando ao seu corpo, mas permaneceu vagaroso e descoordenado por algum tempo, como se estivesse bêbado. Moody relatou que o alienígena conversou com ele.

Depois de conversar um pouco sobre ele e sua vida, Moody perguntou ao alienígena sobre a unidade de propulsão do óvni e disse estar interessado, por ser um mecânico de aviões. O alienígena o levou a um elevador, que os conduziu até uma câmara inferior. Ao contrário da primeira sala, esta estava cheia de máquinas e objetos diversos. No centro, havia um complexo sistema de hastes, cristais e bolas, que giravam em torno de seus eixos e umas das outras. Havia também uma caixa preta, a qual, alertou o alienígena, Moody não deveria tocar. Ele teve a impressão de que aquilo era algum tipo de armamento.

Depois de vinte minutos na sala de propulsão, o alienígena o levou de volta à sala superior, onde lhe explicou que o veículo que ocupavam era apenas uma nave de reconhecimento, usada para visitar a superfície da Terra. A nave principal orbitava a Terra a uma altitude de 9.600 quilômetros. O alienígena disse a Moody que ele e seus colegas representavam apenas uma das várias raças alienígenas que visitavam a Terra, e que todas cooperavam mutuamente.

E contou a Moody que os alienígenas estavam quase prontos para fazer contato formal com a Terra, talvez em torno de três anos. A princípio, o contato seria limitado, e enquanto isso, eles avaliariam se a população da Terra já está pronta para um contato mais avançado. O processo poderia levar vinte anos.

Em seguida, o alienígena disse que já era hora de irem embora. Ele levou Moody para uma portinhola, pela qual o deserto e o carro podiam ser vistos. Depois, colocou as mãos em ambos os lados da cabeça de Moody, que imediatamente desmaiou. Ele recobrou os sentidos em seu carro, de onde viu a porta se fechar e o óvni decolar, como originalmente se lembrava.

SEQUESTRO E EXPERIÊNCIAS

Bem mais invasiva foi a experiência de David Stephens e seu amigo, que sempre preferiu permanecer anônimo, em Maine, Estados Unidos, em 27 de outubro de 1975. Os dois jovens compartilhavam um trailer na cidade de Norway e trabalhavam no período noturno. O evento ocorreu em um dia de folga, e como tinham o costume de se deitar muito tarde, ambos estavam acordados quando ouviram uma explosão, às 2h30 da madrugada. Eles saíram para investigar, mas não viram nada de errado.

> **"Subitamente, Stephens perdeu o controle do carro, que se desacelerou sozinho e saiu da pista, entrando em um campo."**

Stephens sugeriu que entrassem no carro e dessem uma volta para ver o que havia lá fora. Seu amigo concordou, e eles partiram. Depois de algum tempo, viram o que pensaram ser um helicóptero com fortes luzes de navegação voando na direção deles, mas ficaram perplexos pela falta de qualquer ruído de motor. O objeto passou voando por cima do carro e o acompanhou, enquanto Stephens dirigia de volta à Norway. Subitamente, Stephens perdeu o controle do carro, que se desacelerou sozinho e saiu da pista, entrando em um campo em frente ao lago Thompson, onde parou.

Enquanto os dois homens observavam, um óvni redondo, com um domo no teto, desceu rapidamente sobre o lago e acelerou na direção deles, seguido por um rastro de névoa que se formou sobre o lago. A névoa se deslocou até envolver o carro, bloqueando a paisagem rural que os circundava. Depois de pouco tempo, a névoa

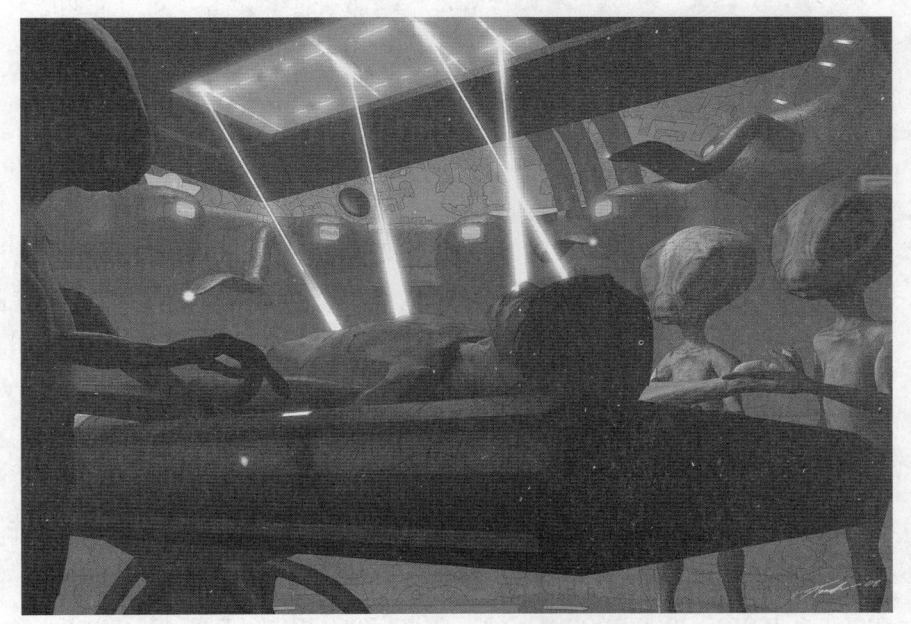

David Stephens foi submetido a uma perturbadora bateria de exames médicos pelos alienígenas que o abduziram em 1975.

se dissipou e o óvni pôde ser visto afastando-se rapidamente, rumo ao céu.

Embora assustados, os dois homens foram de carro até a casa dos pais de Stephens, onde chegaram tremendo de frio, com os olhos esbugalhados e as pernas e pés inchados. A condição de Stephens era bem pior do que a de seu amigo, e levou vários dias para ele se recuperar.

Enquanto o amigo dele se recusava a falar com a imprensa e com os pesquisadores de óvnis, Stephens estava disposto a se submeter à regressão hipnótica. Sob hipnose, ele se lembrou que foi tirado do carro por três criaturas que saíram do óvni após o pouso. Seu amigo ficou no carro. Os seres foram descritos como tendo um pouco mais que 1,2 metro de altura e um formato basicamente humanoide. Eles tinham enormes cabeças, olhos grandes, narinas pequenas, mas não tinham orelhas ou cabelos. Seus braços eram esguios e terminavam em mãos que tinham três dedos e um polegar, aparentemente ligados por membranas natatórias. Tinham uma pálida pele branco-acinzentada. Eles vestiam roupas de uma peça só, feitas de um tecido preto com

Louise Smith (à esquerda), Mona Stafford (ao centro) e Elaine Thomas (à direita) foram abduzidas do carro onde estavam em Kentucky, Estados Unidos, em 1976.

uma textura que Stephens achou semelhante à de papel de embrulho marrom.

Dentro do óvni, Stephens encontrou uma criatura que conseguia se comunicar com ele por telepatia. Este ser o levou a uma pequena sala, na qual havia uma mesa plana com um colchão em cima. Ela pediu a Stephens que se deitasse na mesa, enquanto as criaturas tiravam amostras do sangue dele com agulhas.

O alienígena, capaz de comunicação, pediu a Stephens que se despisse. Ele se recusou, mas um dos outros alienígenas se aproximou e começou a puxar suas roupas. Stephens o atacou com o punho, atingindo a criatura no maxilar. O alienígena se afastou. O que conversava, então, se aproximou e assegurou a Stephens de que não pretendiam machucá-lo.

Depois disso, Stephens se despiu e deitou na mesa. Um grande aparelho quadrado foi empurrado até o lado dele. Um braço mecânico saiu, segurando o que parecia ser um dispositivo de varredura, e se deslocou várias vezes por toda a extensão do corpo de Stephens, e então os alienígenas lhe devolveram suas roupas. Eles aparentemente inspecionaram suas roupas, enquanto escaneavam seu corpo, mas só mais tarde Stephens notou a falta de um botão em sua jaqueta.

Os alienígenas depois cortaram amostras de suas unhas e cabelos, guardando cuidadosamente cada amostra em um recipiente separado.

Stephens foi acompanhado para fora do óvni, e de volta para o nevoeiro. A próxima coisa que notou foi que estava dentro do carro com seu amigo, observando o óvni partir.

Uma abdução pouco estudada, mas muito típica, ocorreu no dia 6 de janeiro de 1976. Três mulheres, com quarenta e poucos anos, Louise Smith, Mona Stafford e Elaine Thomas, saíram para jantar, em um restaurante a quarenta e cinco minutos de carro ao norte de onde moravam, em Hustonville, Kentucky, nos Estados Unidos. Elas saíram do restaurante, de volta para casa, às 23h15.

A estrada passava por umas áreas rurais isoladas, e estava pouco movimentada, quando surgiu um óvni. O objeto era grande, talvez com 60 metros de extensão, e era circundado por uma fileira de luzes vermelhas, que pareciam girar. O casco da nave parecia ser feito de um metal prateado, embora o domo no topo parecesse branco. Um aglomerado de luzes vermelhas, azuis e amarelas iluminava a parte inferior do objeto.

O óvni desceu e pairou sobre a estrada, diante do carro, e então, fez a volta, até estacionar atrás do veículo. Smith, que estava dirigindo, de repente percebeu que o carro estava acelerando rapidamente. Ela tirou os pés dos pedais, mas isso não surtiu efeito, pois ele continuou a ganhar velocidade. Então, o interior do carro foi banhado por uma luz branco-azulada, com uma intensidade de doer, e todas as três mulheres fecharam seus olhos.

Momentos depois, quando a luz se apagou, as mulheres abriram os olhos e viram que o carro entrava calmamente em Hustonville. Elas aparentemente viajaram por 13 quilômetros até a cidade, em apenas um segundo ou dois. Ao chegarem à casa de Smith, viram que já era 1h25 da madrugada, quando deveriam ter chegado à meia-noite. Nos dias que sucederam, as três mulheres sofreram de dores nos olhos e marcas vermelhas na pele, que desapareceram alguns dias depois.

Outras pessoas viram o óvni naquela noite, embora nenhuma tivesse feito um contato tão imediato como as três mulheres. Isso saiu na imprensa, e elas adicionaram suas experiências às reportagens. O caso chamou a atenção de pesquisadores de óvnis, e, em julho, um especialista em regressão hipnótica realizou várias sessões com as mulheres.

> "Depois que a luz brilhante inundou o carro, o veículo começou a se sacudir e chacoalhar violentamente, como se estivesse passando em alta velocidade por uma rua esburacada."

Sob hipnose, Louise Smith se lembrou de pouca coisa, exceto o fato de alguém tê-la forçado a sair do carro, de terem derramado um líquido em seu rosto e de ter sentido muito medo. As outras duas mulheres se lembravam de mais detalhes. Embora suas histórias não se encaixassem com exatidão, também não se contradiziam.

Depois que a luz brilhante inundou o carro, o veículo começou a se sacudir e chacoalhar violentamente, como se estivesse passando em alta velocidade por uma rua esburacada. Então, diminuiu a velocidade, e aparentemente foi puxado para trás por uma força invisível. O carro foi cercado por humanoides com aproximadamente 1,2 metro de altura. As criaturas tinham pele cinza e olhos grandes, encaixados em cabeças enormes, e estavam todos vestidos com sobretudos de uma cor pálida ou branca.

As criaturas separaram as mulheres e as levaram para salas distintas, nas quais cada uma delas

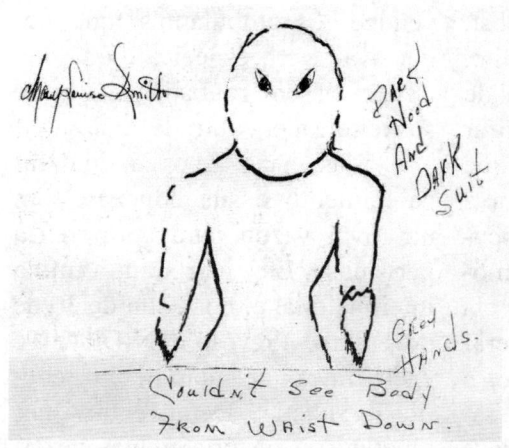

O desenho feito por Louise Smith, do humanoide que a submeteu a exames de natureza aparentemente médica.

se deitou em um leito ou sofá plano e duro. Mona Stafford se lembra de ter sido escaneada por um instrumento que parecia ser um gigantesco olho. Depois disso, quatro ou cinco das criaturas entraram e começaram a manipular os braços e pernas dela, espremendo-os com força, causando-lhe sofrimento.

Elaine Thomas se lembra de que puseram uma coleira em seu pescoço. Sempre que tentou falar ou chamar alguém, a coleira se apertava tanto que ela começava a se engasgar. Várias sondas foram inseridas em vários pontos de seu corpo e, depois, removidas.

Quando os exames terminaram, as criaturas levaram as mulheres para fora do óvni e as puseram de volta no carro. Então, permitiram que fossem embora.

Um aspecto estranho da história é o fato de o periquito de estimação da Sra. Smith ter ficado extremamente agitado sempre que ela se aproximava dele, grasnando e batendo as asas na gaiola, como se estivesse em pânico. Essa reação durou alguns meses depois do contato com o óvni.

O VENDEDOR AMBULANTE DESAPARECIDO

Um caso que ficou temporariamente famoso, mas que desde então foi desprezado pelos pesquisadores, é o de Franck Fontaine. Em 26 de novembro de 1979, três vendedores ambulantes parisienses, Franck Fontaine, Jean-Pierre Prevost e Salomon N'Diaye, levantaram-se cedo, para carregar o furgão deles com roupas que pretendiam vender em uma feira livre. Eles terminaram de carregar o furgão por volta das 4 horas da manhã.

Fontaine estava sentado ao volante, com o motor ligado, quando os três avistaram um óvni. O objeto parecia ser cilíndrico, com 15 metros de comprimento, e se aproximava lentamente. Prevost e N'Diaye voltaram correndo para o apartamento de Prevost, onde juntos passaram a noite. Eles procuraram pela câmera de Prevost, para que pudessem tirar uma fotografia do óvni, para que também pudessem vender para a imprensa. Enquanto os dois procuravam pela câmera, ouviram o motor do furgão roncar, olharam pela janela e viram o veículo acelerar rapidamente rua abaixo. Então, o motor se desligou e o furgão se sacudiu, até parar. Prevost e N'Diaye saíram rapidamente do prédio e correram até o carro, que estava simplesmente vazio. Fontaine desaparecera.

Depois de procurarem por seu amigo por mais ou menos uma hora, sem resultados, Prevost e N'Diaye ficaram preocupados e chamaram a polícia, que também não conseguiu encontrar nenhum sinal dele. A princípio, a polícia se sentiu propensa a ignorar o avistamento do óvni, e, em vez disso, considerou Fontaine como uma pessoa desaparecida. Eles iniciaram investigações de rotina sobre as finanças e a vida familiar dele, para ver se havia motivos para uma fuga, ou cometesse suicídio, enquanto os antecedentes de ambos, Prevost e N'Diaye, foram avaliados, em busca de motivos para o assassinato.

Além de descobrirem o fato óbvio de que os três homens eram vendedores ambulantes, que negociavam, em espécie, bens que talvez fossem roubados, nada de suspeito foi encontrado.

Mas, então, a notícia do desaparecimento e sua conexão com um óvni vazou para a imprensa parisiense. Eles alertaram a mídia internacional e, por volta de 30 de novembro, Prevost e N'Diaye se encontravam no meio de um rebuliço jornalístico. Deram entrevistas, repetindo a história muitas vezes. Ainda não havia sinais de Fontaine.

A polícia descobriu que duas moças, aparentemente as namoradas de Prevost e N'Diaye, estiveram no apartamento, na noite anterior ao desaparecimento. Depois de algumas suspeitas iniciais, concluíram que elas não tinham se manifestado porque não queriam que suas famílias soubessem onde estiveram, e não por quaisquer motivos sinistros.

> "Pesquisadores de óvnis, no entanto, reconheceram o que poderia ser uma abdução alienígena envolvendo um episódio de tempo perdido, e entraram em cena."

Em 3 de dezembro, sete dias depois de desaparecer, Fontaine apareceu desnorteado na casa de um amigo. Ele disse que pensava ter dormido, mas não se lembrava de como saiu do apartamento de Prevost. Não tinha ideia de que uma semana inteira havia se passado, e acreditava que fosse apenas uma ou duas horas mais tarde daquela mesma manhã. Fontaine ligou para a polícia e foi levado a um interrogatório, que não surtiu resultados, pois não se lembrava de nada. Ao concluir que não havia ocorrido crime, a polícia arquivou o caso.

Pesquisadores de óvnis, no entanto, reconheceram o que poderia ser uma abdução alienígena envolvendo um episódio de tempo perdido e entraram em cena. Nas semanas que sucederam, Fontaine começou a se lembrar de alguns vagos detalhes do que havia acontecido. Ele se lembrou de ter sido levado para uma sala escura por um vulto de pequena estatura e de se deitar sobre uma cama dura, bem como de ter visto uma sala com as paredes revestidas de controles e aparelhos. Recordou-se de uma esfera brilhante que flutuava no ar e falava com ele. No entanto, recusou-se categoricamente a se submeter a regressões hipnóticas.

Posteriormente, Prevost alegou ser um contatado, escolhido por um grupo de alienígenas para ser o embaixador deles na Terra.

O seu relato tinha as características comuns de uma história de contatado, completada com uma mulher alienígena incrivelmente atraente e *sexy*. A maioria dos pesquisadores de óvnis achou que ele havia inventado a história para ganhar dinheiro com sua fama súbita e temporária.

Na época, o caso Fontaine parecia ser bizarro, mas, de fato, tinha algumas semelhanças com um evento que ocorreu no Arizona, Estados Unidos, em 1975, mas que em 1979 ainda não era amplamente conhecido. No dia 5 de novembro, um grupo de lenhadores, liderado por Mike Rogers, trabalhava nas florestas próximas às cidades de Heber e Snowflake, na floresta nacional Apache-Sitgreaves. O turno havia terminado antes do anoitecer. Quando acabaram de embalar os equipamentos e de colocá-los no caminhão para o transporte, eram 6 horas da tarde, e estava quase escuro.

Mike Rogers dirigia o caminhão pela trilha que terminava na estrada principal, quando os homens viram um objeto que pairava sobre as árvores em um dos lados da estrada. Ao se aproximarem do objeto com o caminhão, viram que tinha o formato discoide, em torno de 6 metros de largura. Ele flutuava sobre uma clareira adjacente à

Capa do livro de Travis Walton sobre seu desaparecimento de seis dias, mostrando os aterrorizantes primeiros momentos de seu contato.

trilha. Rogers parou o caminhão para observar melhor.

Um dos trabalhadores, Travis Walton, de 22 anos, desceu e andou na direção do objeto. Ele havia percorrido 15 metros, quando o óvni começou a balançar suavemente, de um lado para o outro, e a emitir um som intermitente, que ficou cada vez mais alto e rapidamente se tornou um ruído estrondoso. Os outros trabalhadores gritaram para que Walton voltasse. Ele se virou e começou a correr, mas deu apenas alguns passos, porque uma coluna de luz azul-esverdeada irrompeu da borda do disco. O raio atingiu Walton nas costas, levantando-o do chão, e o arremessou a 3 metros de distância, onde ficou caído no chão da floresta.

Aterrorizados e convencidos de que estavam prestes a serem atacados, Rogers pisou fundo no acelerador e desceu pela estrada de terra, com o caminhão chacoalhando em alta velocidade. Depois de percorrerem mais ou menos 1,5 quilômetro, Rogers quase perdeu o controle do veículo ao fazer uma curva fechada e pisou nos freios com força. Os trabalhadores, então, debateram apressadamente sobre o que deveriam fazer. Corajosamente, devido às circunstâncias, decidiram voltar na direção do óvni, para recuperar o corpo de Walton, que acreditavam ter morrido na queda.

Enquanto subiam de caminhão pela trilha, pensaram ter visto o óvni voando para longe. Quando chegaram à clareira, quinze minutos após terem saído dali, constataram que o óvni realmente não estava mais lá. E Walton também não. Os homens se espalharam pelo meio das árvores e conduziram uma busca apressada, mas estavam preocupados com a possibilidade do óvni retornar e desistiram quando Walton não foi encontrado. Eles foram até Heber e ligaram para a polícia, relatando o ocorrido.

A polícia não acreditou na história do óvni. O delegado da região, Marlin Gillespie, foi o primeiro a chegar ao local e desconfiou de que os lenhadores tivessem bebido ou se drogado. Ele organizou uma busca da área em volta de onde Walton desaparecera, supondo que poderia ter se desorientado enquanto bêbado e cambaleado para dentro da floresta. Nada foi encontrado.

Quando policiais estaduais mais graduados se envolveram, começaram a desconfiar de algum tipo de jogo sujo. Eles interrogaram os trabalhadores sobre o relacionamento que tinham com Walton e vasculharam a sua vida pessoal para ver se havia quaisquer motivos possíveis para um suicídio ou homicídio. Os trabalhadores foram submetidos a testes de detecção de mentira. Dos seis homens, cinco produziram resultados verdadeiros, ao serem questionados sobre o óvni e o desaparecimento de Walton. O sexto produziu um resultado inconclusivo.

Então, logo depois do anoitecer de 11 de novembro, o cunhado de Walton recebeu um telefonema. "Aqui é o Travis", disse a voz de Walton do outro lado da linha. "Estou no posto de gasolina de Heber e preciso de ajuda. Venha me buscar". O parente ficou estarrecido e não respondeu imediatamente. "Estou ferido", gritou Walton. "Estou ferido e preciso muito de ajuda. Venha me buscar". Seu apelo motivou o cunhado a falar. Depois de uma breve conversa, pela qual ele teve a impressão de que Walton estava confuso, saiu de carro para buscá-lo, após avisar a polícia do ocorrido.

De fato, Walton estava confuso, fraco e esfomeado. Tinha perdido peso e estava desidratado. Depois de receber atenção médica, foi interrogado pela polícia. Eles logo concluíram que, não obstante o que realmente tivesse acontecido na floresta, não havia crime a ser investigado, e liberaram Walton, perdendo o interesse.

> "Nos meses que sucederam, Walton foi entrevistado várias vezes, submetido a testes de detecção de mentira e extensivamente interrogado por céticos em busca de contradições."

Previsivelmente, os pesquisadores de óvnis estavam interessados. Nos meses que sucederam, Walton foi entrevistado várias vezes, submetido a testes de detecção de mentira e extensivamente interrogado por céticos em busca de contradições. Ele passou com facilidade na maior parte dos testes, embora tenha sido reprovado em algumas das perguntas do primeiro teste de detecção de mentira que fez. Mais tarde, divulgou-se que ainda sofria de distúrbios do sono e espasmos nervosos quando fez esse teste, fatos então desconhecidos por quem o havia aplicado, e que tais sintomas podem muito bem ter interferido nos resultados.

A história que Walton contou correspondia à de seus colegas de trabalho até o momento em que se virou para voltar correndo para o caminhão e não se lembrava de nenhum raio de energia, que o atingiu por trás, mas disse que de repente perdeu a consciência. Ele recobrou os sentidos em uma sala limpa e, inicialmente, pensou que estivesse em um hospital. Ele sentiu um gosto metálico na boca e estava com dificuldades para respirar.

Olhando em volta, Walton viu que estava deitado em uma mesa dura com uma faixa envolvendo seu o peito. O ar parecia quente e úmido. Não havia luzes visíveis, mas o teto e as paredes pareciam emitir uma suave luz

O posto de gasolina de Heber onde Travis Walton reapareceu, após seu contato com o óvni.

branca. Notando que ele havia recobrado os sentidos, três vultos humanoides, que estavam por perto, andaram em sua direção.

Walton descreveu as criaturas como tendo menos que 1,5 metro de altura e usando vestes de peça única na cor laranja. Ele disse que tinham cabeças enormes e carecas, com topos cupulares, e testas compridas. Os narizes, as orelhas e as bocas eram muito pequenos. Os olhos, porém, eram enormes, de cor marrom escura, sem a parte branca. Também pareciam ter uma profundidade quase infindável. Walton os descreveu como "arrepiantes".

Quando as criaturas se aproximaram, ele rapidamente se levantou (parece que a faixa não o impediu) e pegou um objeto tubular de vidro de uma mesa adjacente para usar como arma, posicionando-se para se defender. Os seres pararam, observaram Walton por alguns segundos e, então, saíram da sala. Walton os seguiu e se encontrou em um corredor sinuoso. Ali descobriu uma porta e entrou por ela em uma sala vazia, com a exceção de uma enorme cadeira com botões e mostradores ao longo dos apoios de braço.

Quando Walton se aproximou da cadeira, a intensidade das luzes da sala diminuiu, e as paredes se tornaram transparentes. Ele se aproximou e se afastou várias vezes, e cada vez que fez isso, as luzes diminuíram. Finalmente, sentou-se na cadeira, quando então as luzes se apagaram por completo, e o teto ficou totalmente transparente. Acima dele, Walton podia ver as estrelas.

Preguiçosamente, começou a mexer nos botões e mostradores da cadeira. As estrelas acima começaram a girar, como se ele estivesse em um planetário. Quando as luzes abruptamente voltaram a acender, Walton viu um vulto entrar pela porta. O vulto tinha aproximadamente a altura e a forma de um humano, embora parecesse ser bastante musculoso. Walton presumiu que o vulto fosse do sexo masculino e sentiu que era amigável. A característica mais impressionante do recém-chegado eram os seus olhos, que tinham uma cor castanho-dourada.

===
"Todos os humanoides se viraram e olharam para Walton. Eles sorriam, emanando uma aura de amizade. Então, golpearam Walton, forçaram uma máscara sobre seu rosto..."
===

O homem levou Walton para fora, desceram por um corredor e passaram por uma sala cúbica, que dava acesso a uma outra enorme sala que se parecia com um hangar de avião. Olhando para trás, Walton viu que havia saído do óvni que vira anteriormente, na floresta. Outras três ou quatro naves semelhantes estavam estacionadas no hangar. O alienígena levou Walton para uma sala localizada depois das naves, na qual havia três outros vultos semelhantes.

Todos os humanoides se viraram e olharam para Walton. Eles sobre uma mesa. Pela segunda vez, Walton perdeu a consciência.

A próxima coisa de que se lembra foi de quando recobrou os sentidos, deitado de costas, na estrada perto de Heber. Uma luz no céu, que pode ter sido o óvni, voava para longe. Ao se levantar, Walton, aos poucos, percebeu que estava a 16 quilômetros de onde havia se deparado com o óvni. Cambaleando rumo à cidade, encontrou um telefone público e ligou para seu cunhado.

Travis Walton (ao centro) fotografado alguns meses após seu contato. A longo prazo, sua experiência não surtiu graves consequências.

sorriam, emanando uma aura de amizade. Então, golpearam Walton, forçaram uma máscara sobre seu rosto e o empurraram com força

As opiniões entre os pesquisadores de óvnis acerca da aventura de Walton são diversas. Levou algum tempo para que os detalhes fossem revelados. Quando Walton escreveu um livro sobre o assunto, cheio de conteúdo especulativo e irrelevante, alguns desconfiaram que inventara a história toda para ganhar dinheiro. Outros consideraram o livro uma tentativa inteiramente respeitável de explicar o que aconteceu e de ganhar um pouco de dinheiro, em cima de um evento que impediu Walton de trabalhar e interrompeu sua vida particular. Um filme baseado no livro foi feito em 1993, mas Walton o repudiou por conter sequências completamente fictícias dentro do óvni, muito diferentes do que ele alega ter acontecido.

ABDUÇÕES NO QUARTO

Um tipo completamente novo de abdução alienígena foi inaugurado pelas experiências de Whitley Strieber, em 1985. Na noite de 4 de outubro, Strieber estava com sua esposa e filho na cabana de madeira da família, ao norte do estado de Nova York. No meio da noite, Strieber acordou e viu que o quarto estava imerso em um brilho azul. Ele ficou surpreso, mas adormeceu novamente.

Mais tarde, ele e sua esposa foram acordados por um ruidoso estrondo. Desta vez, o quarto estava banhado em uma luz mais brilhante, enquanto um nevoeiro encobria a casa. Eles acharam que a cabana estivesse pegando fogo e Strieber pediu que sua esposa acordasse o filho deles, enquanto ele tentava apagar o incêndio. Alguns segundos mais tarde, a luz se apagou e o nevoeiro se dissipou. Não havia nada de errado com a casa.

O filho deles estava no andar de baixo e disse que escutou um estouro, mas que um "pequeno médico" disse a ele para não se preocupar, pois o barulho fora causado por seu pai, ao esmagar uma mosca com o sapato. Quando disseram que ele havia sonhado, o menino disse: "Foi um sonho estranho: parecia ser real". Nas

Whitley Strieber, uma das primeiras pessoas a relatar que foi abduzido por alienígenas dentro de sua própria casa.

semanas seguintes, Strieber começou a sofrer pesadelos envolvendo um gigantesco pilar de cristal.

A família voltou para a cabana no Natal. Na noite de 26 de dezembro, Strieber foi novamente acordado por um barulho, embora desta vez sua esposa continuasse dormindo. Ele olhou à sua volta e viu um pequeno vulto humanoide, no canto do quarto. O vulto correu até ele. Strieber desmaiou. Ele recobrou os sentidos, deitado de costas, na floresta, e então desmaiou de novo. A próxima coisa da qual se lembra foi de estar em uma sala circular, na qual escutou sons de pessoas se movimentando. Então, uma agulha foi inserida em seu cérebro, causando-lhe uma agonia extrema, enquanto uma sonda era inserida em seu reto. Em seguida, desmaiou novamente e acordou de volta em sua cama.

Depois disso, Strieber contatou pesquisadores de óvnis e foi voluntariamente submetido à regressão hipnótica, o que preencheu as lacunas remanescentes em sua memória dos eventos de 26 de dezembro. Sob a hipnose, conseguiu dar uma descrição mais clara do humanoide que apareceu em seu quarto. Ele disse que o vulto se parecia com um duende muito feio, com orelhas pontudas e olhos grandes, vestido com um tipo de capa.

Tal alienígena paralisou Strieber, com um instrumento semelhante a uma haste. Então, outros seres semelhantes a gnomos surgiram e arrastaram Strieber para fora. Eles tiraram o seu pijama e o amarraram a uma cadeira. Com um súbito ruído sibilante, a cadeira foi lançada a dezenas de metros no ar e entrou em um óvni que pairava logo acima.

Dentro do óvni, havia uma mulher alienígena usando uma veste bege de peça única. Ela o chamou de "o escolhido" e tentou instigá-lo a fazer sexo com ela. Apesar das suas insinuações sexuais, Strieber se recusou, deixando-a muito irritada. O que aconteceu depois não pôde ser lembrado, mesmo sob hipnose. A próxima coisa da qual Streiber se lembrou foi de ter acordado nu, na sala de estar da cabana. Ele vestiu seu pijama e voltou para a cama, onde voltou a dormir e se esqueceu de quase tudo o que acontecera.

VÍTIMA OU CONTADOR DE HISTÓRIAS?

O fato de Strieber ter sido um escritor de livros de terror

moderadamente bem-sucedido fez com que alguns pesquisadores de óvnis tratassem suas alegações com cautela. Eles acharam que a história de uma abdução em local seguro, como um quarto de dormir, era algo mais apropriado a um filme de terror do que a um evento clássico de abdução.

Logo depois, Strieber começou a sofrer sangramentos nasais e a receber telefonemas anônimos profundamente desagradáveis semelhantes às normalmente dadas pelos homens de preto. Ele decidiu desistir de sua carreira de escritor de contos de terror e se tornou um pesquisador de óvnis. Publicou vários livros desde então, mantendo uma mente aberta para as possíveis explicações. Ele não defende a teoria de que os óvnis sejam espaçonaves alienígenas, mas prefere examinar a evidência sem uma ideia pré-concebida.

Depois de sua abdução, Strieber começou a receber telefonemas anônimos profundamente desagradáveis.

> "Algumas testemunhas alegam ter sido repetidamente abduzidas por anos a fio. Elas dizem saber que uma abdução ocorreu durante a noite, quando acordam em circunstâncias estranhas."

As experiências de Strieber foram as primeiras a ser publicadas de uma série de experiências que se tornaram conhecidas como "abduções no quarto". Em comum, tais eventos possuem o fato de a testemunha não se lembrar de nenhum tipo de contato com óvnis, ou de tempo perdido, que a motivasse a recorrer à regressão hipnótica. Em vez disso, a suspeita de que algo está errado é normalmente causada por distúrbios do sono, pesadelos e lembranças fragmentadas. Algumas testemunhas se lembram dos próprios eventos, enquanto outras precisam de tratamento por regressão hipnótica, para recobrar a memória.

Algumas testemunhas alegam ter sido repetidamente abduzidas por anos a fio. Elas dizem saber que uma abdução ocorreu durante a noite, quando acordam em circunstâncias estranhas. Às vezes, seus pijamas estão vestidos ao contrário, ou as camisolas estão vestidas de trás para frente, ou acordam no sofá da sala, em vez de acordarem na cama. Esses seriam, dizem as testemunhas, indícios de que uma abdução ocorreu. A regressão hipnótica normalmente revela a memória de um contato com alienígenas e seus procedimentos médicos.

Normalmente, a abdução começa no dormitório, embora, às vezes, em outro aposento, quando a testemunha é despertada por um estrondo, ou pelos sons de pessoas andando pela casa. Ao acordar, a testemunha vê um alienígena ou já dentro do quarto ou entrando nele, normalmente pela porta, mas às vezes atravessando as paredes. A testemunha é, então, paralisada e levada a flutuar para o alto, até entrar em um óvni, ou, às vezes, é materializada diretamente em uma câmara de exames.

O contato então decorre de forma semelhante a de uma abdução normal. A testemunha é submetida a uma variedade de exames e procedimentos médicos. Às vezes, permite-se que a testemunha visite áreas diferentes do óvni. Em todos os casos, as testemunhas são então transportadas de volta para seus quartos, antes de terem suas memórias apagadas.

Ao contrário das abduções mais comuns, as abduções no quarto sempre acontecem individualmente. Se outra pessoa também estiver dormindo no mesmo quarto, ela não é envolvida e não tem qualquer lembrança de que algo tenha acontecido.

O CASO BALDEAÇÃO EM MANHATTAN

Alguns sugerem que a falta de qualquer tipo de evidência corroborante indica que os eventos não passam de sonhos. Então, em 1996, veio à tona o que ficou conhecido como o caso Baldeação em Manhattan. A principal testemunha foi uma dona de casa de Nova York, que primeiro usou o nome Linda Cortile, mas que, depois, revelou que seu nome verdadeiro era Linda Napolitano.

O caso começou em 30 de novembro de 1989, quando Napolitano contatou o pesquisador de óvnis Bud Hopkins para relatar que havia acordado subitamente às 3h15 da manhã da noite anterior e visto o que parecia ser um alienígena no quarto. Ela jogou o travesseiro no vulto e desmaiou, recobrando os sentidos algum tempo depois, ao cair de uma certa altura sobre sua cama.

Identificando um caso típico de abdução no quarto, Hopkins quis investigar e convenceu Napolitano a se submeter a uma regressão hipnótica. Sob hipnose, ela revelou uma experiência razoavelmente

Linda Napolitano, a figura central do altamente complexo e controverso caso "Baldeação em Manhattan".

típica. De fato, havia três alienígenas no seu quarto. Ela os descreveu como tendo baixa estatura, pele cinzenta e cabeças grandes. Os alienígenas paralisaram Napolitano, e então um feixe de intensa luz azul se estendeu pelo quarto, a partir da janela. Napolitano levitou, através do feixe de luz, para fora da janela, que na ocasião estava fechada, até a rua, e subiu para dentro de um óvni que pairava acima dela.

Dentro do óvni, Napolitano foi submetida a exames médicos. Ela foi transportada novamente pelo feixe de luz, até flutuar a meio metro acima da cama. Quando a luz foi desligada, ela caiu pesadamente sobre o colchão e foi quando a memória consciente dela assumiu o controle.

Hopkins investigou um pouco mais e arquivou o caso com os mais antigos que havia investigado. Porém, em fevereiro de 1991, o caso Napolitano ficou subitamente interessante mais uma vez, quando Hopkins recebeu uma carta de dois homens, que diziam ser policiais nova-iorquinos, alegando que haviam visto um óvni transportar uma mulher para o alto através de um feixe de luz azul. Conferindo as datas, horários e o local, Hopkins percebeu que os homens se referiam ao caso Napolitano. A carta dizia que o óvni havia voado para longe e mergulhado no Rio East, desaparecendo. Eles esperaram por 45 minutos e, então, o dever os chamou, e tiveram de ir embora. Perguntaram a Hopkins se a mulher estava segura e assinaram a carta como Richard e Dan.

Algum tempo depois, dois homens, alegando que eram Richard e Dan, ligaram para Napolitano. Eles disseram que pretendiam permanecer anônimos, pois eram, na verdade, agentes do serviço secreto. Em uma carta posterior enviada a Hopkins, Richard e Dan disseram que transportavam uma "figura política internacional de alto escalão" por Nova York, quando o carro subitamente parou de funcionar. Em seguida, todos os três

No início de sua abdução, Linda Napolitano foi transportada por um feixe de luz, com os alienígenas que a estavam abduzindo.

testemunharam a descida do óvni e a abdução de Napolitano.

Posteriormente, especulou-se que o terceiro homem era o secretário geral das Nações Unidas Javier Perez de Cuellar, embora isso não passe de uma suposição. Quando perguntaram a Cuellar sobre o assunto, ele negou ter estado perto do local na data, dizendo que estava em casa, deitado em sua cama durante toda a noite.

Hopkins especulou que os alienígenas haviam parado o carro que transportava o terceiro homem com os agentes secretos e, então, abduziram uma pessoa, de um jeito que não poderia ter passado despercebido. O propósito seria, disse Hopkins, o de mostrar a um líder mundial respeitado que as abduções são verdadeiras.

Hopkins se esforçou muito mais no caso. Ele descobriu várias testemunhas que moravam perto do edifício residencial de Napolitano, as quais se lembraram de ter visto um óvni na noite em questão. Uma delas viu o feixe de luz e pensou ter visto objetos flutuando através dele.

Quando Hopkins revelou suas evidências em um livro intitulado *Witnessed* (Testemunhado), em 1996, ele parecia apresentar provas de que as abduções no quarto seriam tão reais, ou talvez até mais reais do que as situações mais comuns. Mas, então, o caso começou a se tornar peculiar. Em abril de 1991, Dan e Richard voltaram e jogaram Napolitano em um carro. Eles dirigiram, enquanto faziam várias perguntas bizarras, tais como quantos dedos ela tinha nos pés. O carro que dirigiam era acompanhado por outro veículo com placas diplomáticas.

Hopkins recebeu uma carta de Dan, que alegava que ele, Richard e o terceiro homem recobraram mais memórias daquela noite e perceberam que também haviam sido abduzidos. Eles foram transportados para uma praia onde viram Napolitano construindo castelos de areia com os alienígenas. Ela então pegou um peixe morto e o utilizou para acenar para o terceiro homem, responsabilizando-o pela poluição dos oceanos da Terra. Quando Dan perguntou que direito ela tinha de fazer tais acusações, um dos alienígenas o interrompeu para dizer que Napolitano era "senhora das areias deles".

Em seguida, Napolitano recebeu outra visita estranha de Dan e Richard. Logo depois disso, recebeu uma longa e divagante carta de Dan, dizendo que ele havia

Bud Hopkins, que investigou o caso "Baldeação em Manhattan".

sido internado em um hospital psiquiátrico. Richard depois escreveu várias vezes para Hopkins, alegando abduções frequentes, de aspecto cada vez mais bizarro. Embora alguns pesquisadores continuassem acreditando que o caso apresentava evidências sólidas da realidade das abduções no quarto, outros concluíram que havia sido minado pelas revelações posteriores.

Entre os que duvidaram das evidências, as opiniões ficaram divididas entre os que acharam que Napolitano e Hopkins foram vítimas de um trote e os que acharam que as várias testemunhas, e em especial, Dan e Richard, eram agentes trabalhando para serviços secretos, com o intuito de desacreditar todo o panorama óvni.

A HIPNOSE É CONFIÁVEL?

Ao considerar o fenômeno das abduções alienígenas, é importante se lembrar das limitações da regressão hipnótica. Como afirmou o Dr. Simon sobre caso Hill, trata-se de uma ciência imprecisa. É muito fácil que o entrevistador inadvertidamente semeie ideias na mente da testemunha e que tais ideias retornem como "memórias". Também é possível que a pessoa sob regressão se lembre de um filme ou sonho, como se aquilo tivesse realmente acontecido.

Um pouco menos conhecido é o fato de que a regressão raramente segue uma sequência estritamente cronológica mediante o evento sendo lembrado. Sob hipnose, a testemunha não diz: "eu vi um óvni, ele era assim. Então, um alienígena apareceu, ele era assim. Em seguida, embarquei, e o alienígena apresentou um scanner e começou a fazer exames médicos". É muito mais comum que a testemunha se lembre de cenas e eventos desconexos, na medida em que as memórias recobradas se forçam à tona, por meio do transe hipnótico. As cenas individuais podem ser repetidas, ampliadas e novamente repetidas, se forem importantes para a testemunha, ou atropeladas com pressa, se não forem. O que faz com que um evento seja mais importante do que outro para o abduzido é um mistério.

> "Um pouco menos conhecido é o fato de que a regressão raramente segue uma sequência estritamente cronológica mediante evento sendo lembrado."

O que mais irrita os pesquisadores é o fato de as testemunhas normalmente considerarem a interação com os alienígenas algo mais importante do que fatos mundanos, porém relevantes, como o funcionamento e a aparência dos óvnis. Tipicamente, os olhos dos alienígenas são do mais alto interesse para as testemunhas, que passam bastante tempo falando sobre eles.

Segue a transcrição de uma regressão hipnótica, relacionada a uma testemunha abduzida em 1974. O entrevistador busca extrair informações sobre como a testemunha conversou com o alienígena.

Entrevistador: Como ele diz isso? Ele fala isso?

Testemunha: Não. O cérebro dele. Talvez seja isso o que brilha em torno da cabeça dele. É assim que eles se comunicam.

Entrevistador: Com o brilho em torno deles?

Testemunha: Sim.

Entrevistador: Eu não entendo. Como é que ele se comunica com isso?

Testemunha: Bom, eles não conversam [pausa], mas sabem o que eu estou pensando.

Entrevistador: Sobre o que você está pensando?

Testemunha: O fato de que quero conhecê-los, ou o que está acontecendo.

Entrevistador: Ele te diz alguma coisa?

Testemunha: Ele meio que pensa um monte de coisas pra cima de mim.

A construção de um relato coerente do que aconteceu durante uma abdução pode ser uma tarefa lenta, difícil e nem sempre possível. A maioria dos abduzidos não se lembra de um relato cronológico de suas abduções, mesmo sob regressão hipnótica. Os casos descritos são atípicos, por envolverem testemunhas que conseguiram contar histórias ao mesmo tempo claras e internamente consistentes. A maioria dos abduzidos apresenta relatos desconexos, frequentemente obscuros e, em geral, confusos.

No entanto, quando considerados em conjunto, a maioria possui muitas características em comum. Elas incluem o processo por meio do qual acontece a abdução e os estágios distintos em que ocorrem, assim como as semelhanças entre as descrições dos alienígenas e de como eles se comportam.

OS CINCO ESTÁGIOS DE UMA ABDUÇÃO ALIENÍGENA

Há cinco estágios amplamente reconhecidos em uma abdução. O primeiro ocorre nas imediações normais da testemunha, o que frequentemente começa com o avistamento de um óvni que pousa e dos seres que emergem, mas, no caso das abduções no quarto, o vulto aparece na casa da pessoa, sem que haja o avistamento de um óvni. O estágio continua com a paralisação da testemunha, que desmaia ou é incapacitada de outro modo. A testemunha é levada ou flutua para dentro de um óvni que está à espera, ou, às vezes, transportada diretamente para uma câmara de exames.

A segunda fase começa em uma sala de algum tipo, a qual com frequência se supõe que esteja dentro do óvni. A testemunha é normalmente despida, antes de ser submetida a procedimentos médicos; com frequência, envolve procedimentos invasivos, e às vezes, muito dolorosos, como a inserção de agulhas e sondas. As regiões do corpo mais populares para tais sondagens parecem ser o nariz e a cavidade nasal, assim como os órgãos reprodutivos. O nariz é frequentemente raspado, para a obtenção de amostras de tecido, ou nele é inserida uma agulha comprida, para a introdução ou remoção de um pequeno implante metálico. A atenção dada aos órgãos reprodutivos parece objetivar a obtenção de amostras de óvulos ou de esperma.

Então, sucede-se um exame, que pode envolver a movimentação dos membros da testemunha pelos alienígenas ou o uso de algum tipo de dispositivo sofisticado para escanear a testemunha. Às vezes, tais dispositivos têm a forma de uma gigantesca lente ou olho. Algumas vezes, a testemunha pode visualizar os resultados de seu exame em um monitor, mas os dados raramente fazem qualquer sentido, e nunca são explicados. Normalmente, o exame é feito antes dos procedimentos médicos.

A quarta fase é, muitas vezes, bizarra, e habitualmente singular para cada testemunha específica. Ela começa quando a testemunha é levada para fora da câmara de exames e ganha uma turnê pelo óvni. Quando levada para outra sala, a testemunha pode ser forçosamente mergulhada em um grande tanque de líquido, submetida a torturas agonizantemente dolorosas, que parecem ser concebidas para testar limites de tolerância à dor, ou podem ser medicadas com remédios para curar doenças que o alienígena alega que a testemunha contraiu. Algumas

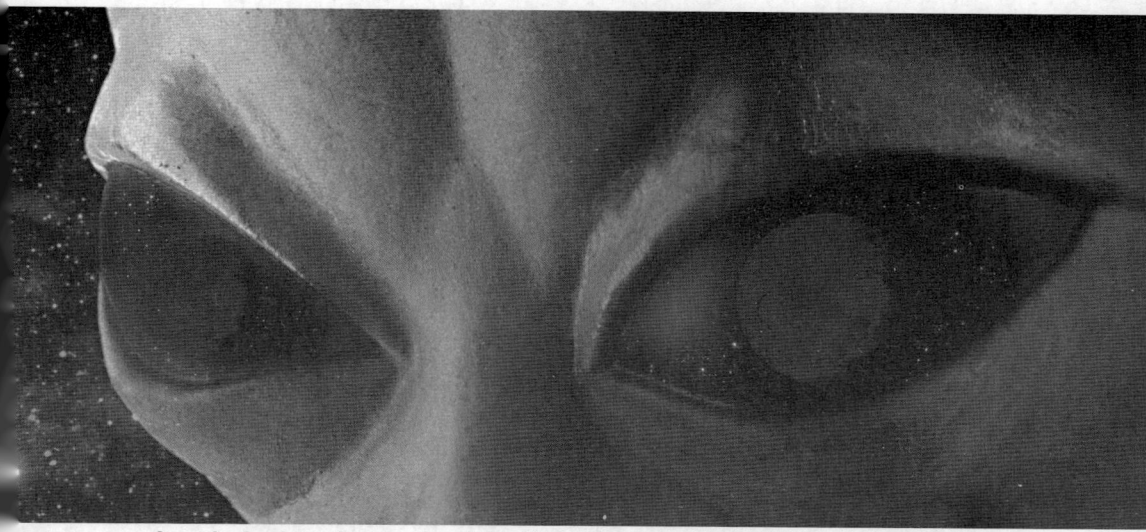

A maioria das vítimas de abduções relatam que os alienígenas envolvidos são do tipo hoje chamado "grey": humanoides pequenos, com a pele cinza e enormes olhos ovais.

testemunhas relatam que foram incentivadas a fazer sexo com alienígenas ou com outro prisioneiro humano. Algumas mulheres abduzidas dizem que receberam bebês doentes para segurar e acalentar.

A quinta e última fase começa quando a testemunha é devolvida ao mundo normal. Em geral, a testemunha não tem lembrança consciente do que aconteceu. A memória pode voltar mais tarde, mas é mais comum que seja revelada em sonhos ou por regressão hipnótica. Algumas pessoas têm experiências logo no final de suas abduções, que sugerem que os alienígenas podem ter deliberadamente apagado suas memórias, mas não há certeza alguma disso.

"GREYS"

As descrições dos alienígenas contatados durante as abduções quase sempre são relacionadas a um tipo de criatura conhecida nos círculos ovniológicos como "grey". Esses são descritos como tendo 1,2 metro de altura, pele pálida de cor cinza ou esbranquiçada. Eles têm cabeças estranhamente grandes, totalmente carecas, e apresentam bocas, orelhas e narizes minúsculos. No entanto, os olhos são enormes e comumente retratados como pretos e de formato oval. Os torsos e membros são descritos como longos e esguios, embora os seres possam exibir muita força, quando assim desejam. Seus braços terminam em mãos com dedos alongados, e, às vezes, apresentam apenas três dedos. Algumas testemunhas relatam que os olhos parecem ser dispositivos de comunicação, com mensagens telepáticas que são transferidas dos olhos dos alienígenas para dentro dos olhos da testemunha. Se o alienígena não estiver olhando nos olhos da testemunha, a comunicação telepática não pode ocorrer.

Existem variações entre os greys. A maioria é de baixa estatura. Esses seres aparentam ser bastante indiferentes com suas vítimas humanas, comportando-se como um cientista humano trataria uma formiga. Eles não exibem emoções e não demonstram preocupação com a dor sofrida por suas vítimas.

Algumas testemunhas relatam que os greys parecem trabalhar para, ou estar sob a orientação de, algum tipo diferente de entidade. Estes últimos têm uma aparência mais humana e uma cor de pele normalmente descrita como ocre ou bronzeada. Ao contrário dos greys, esses alienígenas parecem ser machos e fêmeas, em vez de andróginos. Eles demonstram alguma preocupação com a testemunha humana, em geral se comportam de maneira amistosa ou buscam acalmar o abduzido.

São alienígenas mais altos que conversam com as testemunhas, em vez de dar ordens ríspidas, como fazem os greys.

Há diversas opiniões sobre o significado das experiências de abdução alienígena. Os céticos argumentam que muitas pessoas simplesmente inventam suas experiências na esperança de ganhar dinheiro, para enganar maliciosamente, ou por algum outro motivo que mantém em segredo. Também se observou que a maioria das supostas abduções ocorreu desde que filmes e livros divulgaram as alegações dos Hill, de Antônio Villas Boas e de diversas testemunhas iniciais. Talvez as testemunhas estejam narrando sonhos bastante vívidos, baseados em tais relatos.

> "... relatos de implantes inseridos nas cabeças dos abduzidos, ou em outras partes dos seus corpos ... já apareceram em radiografias como diminutos objetos metálicos, profundamente enterrados no cérebro da vítima."

Outros observam que a maioria das testemunhas faz alegações semelhantes e parecem ter passado por experiências similares. Isso aparentemente indica que estejam relatando eventos e procedimentos reais. Mas mesmo entre os que acreditam que as abduções alienígenas são reais, há disputas sobre o que realmente está acontecendo.

Alguns pesquisadores enfocaram nos relatos de implantes inseridos nas cabeças dos abduzidos, ou em outras partes dos seus corpos. Tais implantes são normalmente descritos como minúsculos. Alguns já apareceram em radiografias como diminutos objetos metálicos, profundamente enterrados no cérebro da vítima. Não há nenhum procedimento cirúrgico que os extraia, e, por isso, nunca foram estudados. Um implante removido do pênis de um abduzido foi identificado como uma tira de 15 milímetros de um material muito fino. Ao ser analisada, foi comprovado que era composta de carbono, silício, oxigênio e vários microelementos. Não era um composto que existe na natureza, mas, além deste fato, a análise não revelou nada. Outro implante se revelou como um metal envolvido por uma camada de um material que parecia ser uma mistura de queratina e hemossiderina, produtos naturalmente existentes nos corpos dos mamíferos.

Especulou-se que os implantes são usados pelos alienígenas para monitorar os corpos humanos nos quais são inseridos. Outros acham que eles são apenas uma maneira de os alienígenas poderem capturar a mesma pessoa várias vezes, já que a maioria das pessoas nunca sofre uma abdução. Talvez os alienígenas possam detectar o implante e apontar para ele, ao realizar uma abdução. Em outras palavras, talvez tenham uma função semelhante à dos anéis usados pelos cientistas que estudam as aves.

Outros pesquisadores se impressionaram mais com a natureza dos exames e procedimentos médicos relatados. A maioria deles tem foco nos órgãos reprodutivos. Há também numerosos relatos de

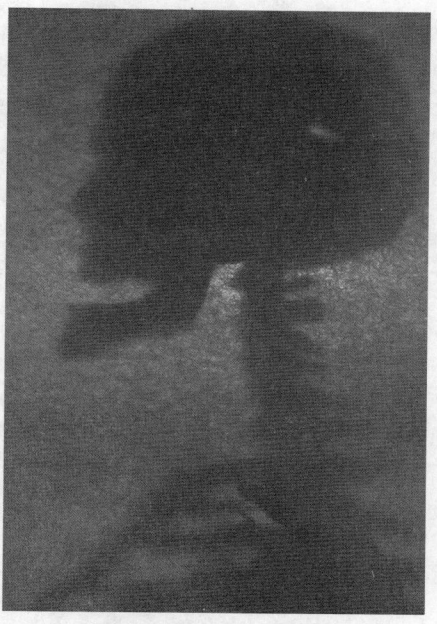

Uma radiografia revela um suposto implante alienígena.

contatos sexuais incompletos ou consumados com os alienígenas ou entre cativos humanos. A isto se deve adicionar os relatos de mulheres abduzidas, às quais são entregues bebês doentes, para que os segurem e acalentem por algum tempo durante a experiência. Uma minoria das abduzidas é informada de que os bebês são híbridos de humanos e alienígenas que adoeceram devido a falta de amor materno humano.

Especulou-se que o principal propósito das abduções é o de produzir híbridos humano-alienígenas. Alguns pesquisadores acham que as frequentes abduções de mulheres em idade reprodutiva indicam um aspecto de tal programa de procriação. Especula-se que a mulher é inicialmente abduzida para que um óvulo híbrido seja implantado em seu ventre, e então é abduzida uma segunda vez, algumas semanas depois, para que o embrião seja removido e tenha seu desenvolvimento assegurado por outros meios.

Não se sabe por qual motivo isso seria um objetivo dos alienígenas. Alguns acham que devem sofrer de problemas genéticos e que precisam de injeções de genes humanos para corrigi-los. Outros acham que a raça híbrida está sendo gerada para atuar como força de trabalho, talvez em algum planeta onde os alienígenas não possam habitar ou pode ser que os alienígenas saibam que a humanidade está condenada e querem preservar algo da herança genética humana. Tal situação remete às advertências fatalistas, tão frequentemente feitas a contatados e a alguns abduzidos.

Desde que os primeiros casos de abdução se tornaram conhecidos entre os pesquisadores de óvnis, as abduções dominaram algumas discussões sobre o fenômeno óvni. O conceito foi enfocado inclusive em um episódio da famosa série de ficção científica da televisão, *Jornada nas Estrelas – A Nova Geração*.

De alguma maneira, as abduções ofuscaram os próprios óvnis. Muitos pesquisadores ficaram convencidos de que a resposta ao enigma dos óvnis só será descoberta por meio do estudo das abduções. Outros consideram esses sequestros um beco sem saída, cuja exploração, em última análise, não renderá frutos.

Acima de tudo, há preocupações crescentes sobre utilização da regressão hipnótica como meio de recuperar evidências úteis. O uso da técnica por pesquisadores leigos é controverso. Alguns médicos expressaram preocupações sobre a possibilidade de tais sessões causarem problemas psicológicos. Vários grupos de pesquisa de óvnis abandonaram a técnica por completo,

A espaçonave fictícia USS Enterprise, da série televisiva *Jornada nas Estrelas – A Nova Geração*, que ganhou um episódio sobre abduções alienígenas.

enquanto outros insistem que seja empregada apenas por profissionais credenciados.

Dito isto, a experiência da abdução inclui um grande número de casos aparentemente independentes entre si, que proporcionam detalhes valiosos sobre o que parecem ser alienígenas visitando a Terra. O problema é como encaixar tais evidências com os dados coletados em outros lugares e por outros meios.

As pessoas mais qualificadas para fazer tais inferências e avaliações são as que seriamente estudam os óvnis como disciplina. Houve, ao longo dos anos, e ainda há, várias pessoas que fazem isso.

> "... a mulher é inicialmente abduzida para que um óvulo híbrido seja implantado em seu ventre, e então é abduzida uma segunda vez, algumas semanas depois, para que o embrião seja removido e tenha seu desenvolvimento assegurado por outros meios."

CAPÍTULO 6

A BUSCA PELA VERDADE

Desde que o primeiro óvni foi avistado, em 1947, o fenômeno vem sendo investigado. Embora tais investigações variem muito, tanto na intenção como nas habilidades dos investigadores, elas tendem a se encaixar em duas categorias principais: investigações oficiais, conduzidas pelos militares ou por agências do governo, e as particulares, conduzidas por indivíduos.

Ao longo dos anos, houve um bocado de desconfiança e mal-entendidos entre as duas facções de investigadores. Em grande parte, isso se atribui ao fato de as primeiras sondagens oficiais no fim dos anos 1940 e início dos anos 1950 terem sido realizadas em segredo, sem qualquer divulgação dos resultados ao público.

Na época, isso parecia ser algo bem razoável. Ninguém sabia o que eram os óvnis, de onde vinham ou qual seria o propósito de seus condutores. Eles eram percebidos como uma possível e poderosa ameaça à segurança da nação cujo governo os investigasse. A maioria dos pesquisadores particulares estava tão estupefata com a natureza dos óvnis quanto os oficiais. Eles tenderam a confiar que os investigadores oficiais estivessem diligentemente buscando pela verdade.

No entanto, com o passar do tempo, os membros públicos que se interessavam pelos óvnis começaram a se sentir frustrados com os estudos oficiais. Embora as fontes do governo alegassem repetidamente que não havia nada a ser investigado, recusavam-se a liberar os arquivos, o que levou à desconfiança de que os governos de todo o mundo estavam escondendo algo, ou seja, estavam encobrindo a verdade.

As diversas agências do governo que lidavam com investigações de óvnis nunca conseguiram se livrar dessa reputação de obscurecimento e falsidade. O fato de terem escondido segredos no passado leva à suposição natural de que ainda estejam escondendo informações sobre os óvnis e os alienígenas.

> "As diversas agências do governo que lidavam com investigações de óvnis nunca conseguiram se livrar dessa reputação de obscurecimento e falsidade."

Investigadores particulares, no entanto, têm sido muito mais abertos sobre essas descobertas. De fato, isso às vezes ocasionou problemas, quando anunciaram "revelações" que não passavam de equívocos ou se baseavam em fraudes. Consequentemente, alguns investigadores particulares foram considerados indignos de confiança. Na percepção do público, tal rótulo se espalhou, inclusive entre pesquisadores mais aplicados.

Outro problema duradouro que aflige os investigadores particulares é a falta de dinheiro. Nem as universidades nem organizações empresariais se inclinam a financiar pesquisas sobre óvnis. Em vez disso, os pesquisadores dependem de doações particulares e de fundos angariados com a venda de livros, negócios com a mídia e outras formas de promoção. Inevitavelmente, isso fez com que alguns desconfiassem de que os pesquisadores são predispostos a exagerar as suas descobertas, com o intuito de maximizar vendas de livros ou pagamentos antecipados pela mídia. As histórias produzidas por diversos falsários e fraudadores contribuíram para piorar a situação.

Com frequência, é na interação entre os vários indivíduos e organizações que investigam os óvnis que as teorias e ideias que explicam o fenômeno se desenvolvem. Nenhuma organização teve maior influência, tanto intencional como involuntária, sobre a questão dos óvnis do que a Força Aérea dos Estados Unidos (USAF).

> "Nenhuma organização teve maior influência, tanto intencional como involuntária, sobre a questão dos óvnis do que a Força Aérea dos Estados Unidos (USAF)".

PROJETO SIGN

Quando Kenneth Arnold relatou seu avistamento de disco voador no verão de 1947, ele procurou o FBI, por se preocupar com o fato de que pudesse ter visto algum tipo de arma secreta sendo testada por uma potência estrangeira, especificamente a União Soviética. Foi essa preocupação que impeliu a USAF de estabelecer o Projeto Sign, para investigar os discos voadores.

O nascimento do Sign foi motivado por uma carta enviada pelo tenente-general Nathan F. Twining, chefe do comando de materiais aéreos, ao comandante da USAF, o brigadeiro-general George Shulgen. A carta resumia a investigação inicial, feita por Twining, por ordem de Shulgen.

A carta de Twining brevemente recapitulava os avistamentos conhecidos, até então, e estimava o tamanho e as capacidades das aeronaves avistadas. Naquela época, a pressuposição ainda era a de que os discos voadores fossem aviões. Então, a carta afirmou o seguinte: "O fenômeno relatado é algo real, e não fictício, ou visionário". Embora aceitasse que "alguns dos incidentes podem ser causados por fenômenos naturais, como meteoros", a conclusão era de que "há objetos que se aproximam do formato de um disco e têm dimensões aparentemente tão substanciais quanto das aeronaves fabricadas pelo homem". Enquanto isso, advertia que uma ausência de quaisquer evidências sólidas, como destroços recuperáveis, significava que nada poderia "inegavelmente comprovar a existência de tais objetos".

A carta apresentava duas origens possíveis para os discos; primeiro: "A possibilidade de esses objetos serem de origem doméstica; produtos de algum projeto altamente sigiloso desconhecido a este Comando". Em outras palavras, alguma empresa particular ou agência do governo dentro dos Estados Unidos teria produzido aeronaves secretamente, com tamanho, formato e capacidade dos discos voadores. Em segundo lugar: "A possibilidade de alguma nação estrangeira possuir uma forma de propulsão, possivelmente nuclear, que esteja fora de nosso conhecimento interno".

O relatório prosseguiu com várias recomendações. Uma foi para que o alto comando da USAF conduzisse investigações que descartassem a possibilidade de uma origem doméstica para os discos. Se aquilo pudesse ser descartado, então a carta sugeriu que a USAF "emitisse uma diretriz atribuindo uma prioridade, classificação de

O general Nathan Twining iniciou a primeira investigação militar norte-americana sobre óvnis em 1947. Twining ficou convencido de que algo real estava acontecendo.

segurança e nome de código para um estudo detalhado da questão."

A USAF seguiu as sugestões de Twining. Ao descartar que os discos eram de origem norte-americana, ela estabeleceu o Projeto Sign, em 30 de dezembro de 1947. A equipe de investigação foi montada na base da força aérea Wright-Patterson, em Ohio, e autorizada a utilizar membros do Centro de Inteligência Aerotécnica (Air Technical Intelligence Centre – ATIC), também baseado em Wright-Patterson.

Deve-se notar que a carta de Twining e o Projeto Sign, que dela resultou, têm datas posteriores à suposta queda do óvni em Roswell. Os que não acreditam que os relatos de Roswell sejam prova de uma queda usam a carta de Twining para demonstrar que nada aconteceu no Novo México. No final, a carta de Twining afirma especificamente que não havia notícia de nenhum óvni acidentado ou recuperado.

Os investigadores predispostos a acreditar que um óvni realmente caiu em Roswell interpretam a carta de Twining e os eventos subsequentes como provas de que a USAF encobriu a verdade desde o início. Eles observam que a carta foi classificada como "secreta", o que é, de fato, uma classificação de segurança razoavelmente baixa. Mesmo se Twining soubesse algo a respeito de uma queda de óvni em Roswell, ele não poderia ter feito referência a ela em um documento apenas classificado como "secreto".

Sob tal cenário, a USAF estaria iniciando uma investigação totalmente fictícia, com a intenção de liberar posteriormente os documentos que "comprovassem" a não existência dos óvnis. Enquanto isso, a investigação verdadeira estaria ocorrendo com os níveis mais elevados de sigilo.

Apesar da interpretações dadas às ações da USAF, sabe-se que, em 1948, o Projeto Sign emitiu um documento classificado como "altamente secreto" (*top secret*), intitulado *Avaliação da Situação*. Tal relatório lidava somente com um número razoavelmente limitado de relatos de óvnis. Eram aqueles feitos por pessoas inteiramente confiáveis, incluindo pilotos da USAF e cientistas do governo, e que descreviam avistamentos que não podiam ser descartados como quaisquer tipos de fenômenos naturais.

A *Avaliação da Situação* concluiu que os óvnis são objetos sólidos reais, capazes de velocidades e manobras superiores às de quaisquer aeronaves conhecidas pela USAF. Eles também concluíram que, como alguns óvnis fizeram manobras evasivas, quando próximos de aeronaves, devem estar sob controle inteligente, exercido por uma tripulação a bordo, ou por algum tipo de controle remoto. A partir dessas conclusões, o relatório deduziu ser quase certo que os óvnis não eram produzidos por alguma iniciativa particular secreta, nem por um governo estrangeiro. O documento propôs que uma origem alienígena era a mais provável.

Quando o relatório chegou à mesa do general Hoyt Vanderberg, chefe da USAF, causou uma comoção. Vanderberg o leu cuidadosamente e então anunciou que as conclusões não eram corroboradas pela evidência. Ele ordenou a destruição de todas as cópias do relatório. Os homens que apoiavam a origem alienígena dos óvnis foram demitidos do projeto.

A VERDADE ESTÁ LÁ FORA – SERÁ?

Em fevereiro de 1949, o Projeto Sign foi encerrado, e teve início o Projeto Grudge, para substituí-lo. Vandenberg deu ao Grudge a instrução específica de se esforçar ao máximo para encontrar uma explicação convencional para cada avistamento de óvni relatado ao projeto. Em nenhuma hipótese, a sugestão de uma origem alienígena deveria ser feita. Se nenhuma explicação

J. Allen Hynek foi um astrônomo, a princípio, cético acerca dos óvnis, mas depois se convenceu de que eles eram reais.

convencional pudesse ser encontrada, o caso deveria ser classificado como "inexplicável".

Fiel às suas instruções, o Grudge se empenhou para desqualificar o argumento sobre a realidade dos óvnis. Mesmo que a evidência realmente não apoiasse a conclusão de que um meteoro, balão meteorológico ou avião havia sido avistado, tal seria a explicação apresentada. É notável que os funcionários do Projeto Grudge pesquisaram sobre as vidas particulares das testemunhas e usaram qualquer indício de alcoolismo ou problemas pessoais como evidência de desequilíbrio mental, para desmoralizar os relatos. De modo geral, os detalhes de todas as investigações do Grudge foram mantidos em segredo e apenas as conclusões foram reveladas à imprensa e ao público.

No fim de 1949, o alto comando da USAF concluiu que o Grudge havia terminado sua tarefa. Relatos de discos voadores não mais eram levados a sério pela imprensa nacional. O Projeto Grudge foi encerrado. Anos depois, em 1978, um ex-oficial, chamado capitão William English, divulgou o que supostamente seria a perspectiva interna e verdadeira da equipe do Grudge. O "Relatório Grudge 13" afirmava não apenas que os óvnis eram reais, mas que eram pilotados por alienígenas. Ele foi amplamente ignorado como fraude, mas a verdade pode não ser tão simples, como veremos.

Depois que o Grudge foi encerrado, todos os relatos de óvnis feitos às autoridades norte-americanas foram encaminhados para o ATIC. Por volta de 1952, os funcionários do ATIC estavam reclamando desse sistema. Os relatos vinham do país inteiro, tanto de fontes militares como de civis. Esses relatórios não foram investigados, mas apenas arquivados, e uma carta neutra era enviada, assegurando à testemunha de que os óvnis não existiam. As testemunhas não ficaram felizes ao serem ignoradas de tal forma, e os crescentes grupos de investigadores particulares também expressavam o desagrado que sentiam. A imprensa começou a perceber isso.

INVESTIGAÇÕES ADICIONAIS

Em março de 1952, a USAF estabeleceu o Projeto Blue Book, para preencher a crescente necessidade de melhorar a imagem pública para lidar com as testemunhas e a mídia. Tal organização foi inicialmente chefiada pelo capitão Edward Ruppelt, e sua equipe era composta de poucos oficiais subalternos, vários dos quais trabalhavam apenas meio período. Ruppelt tinha um orçamento que o permitia recorrer a consultores externos, qualificados em áreas relevantes.

Um deles foi o astrônomo J. Allen Hynek, cuja tarefa foi a de ver se algum dos relatos se referia a avistamentos de objetos naturais, como meteoros avistados sob condições incomuns. Hynek mais tarde exerceu o papel de investigador particular.

> **"Apenas em casos extremos, o Blue Book classificou algum avistamento como 'inexplicável'. A maioria dos avistamentos nunca foi sequer investigada, mas apenas arquivada."**

Enquanto isso, o Blue Book permaneceu essencialmente uma operação de relações públicas. Os funcionários investigavam apenas os casos que interessavam à imprensa. Todas as investigações tinham o objetivo principal de encontrar uma explicação convencional para o avistamento. Uma vez que a imprensa perdia o interesse, o Blue Book também perdia. Assim como no Grudge, os detalhes de quaisquer investigações eram mantidos em segredo e apenas as conclusões eram reveladas ao público. Tais conclusões geralmente afirmavam que a testemunha se equivocara em seu relato e que, na verdade, havia avistado um meteoro, balão meteorológico, jato militar, ou alguma explicação racional do gênero. Apenas em casos extremos o Blue Book classificou algum avistamento como "inexplicável". A maioria nunca foi sequer investigada, mas apenas arquivada.

Em anos mais recentes, os arquivos secretos do Blue Book foram liberados e, em 2008, publicados na internet. Os pesquisadores há muito esperavam que os arquivos secretos fossem fartos em informações e talvez em evidências de que a USAF tivesse algo a esconder. O fato é que eles apenas revelaram que os oficiais do Blue Book tinham pouco dinheiro, pouco tempo e poucos recursos. Havia um grande número de relatos, e alguns proporcionavam uma leitura muito cativante. Mas os relatos já tinham muitas décadas quando foram revelados publicamente, e as testemunhas originais não estavam disponíveis para questionamentos adicionais. Acima de tudo, não havia evidência incontestável que provasse alguma conspiração do governo para encobrir os fatos.

> "... a CIA cuidadosamente selecionou o painel, antes que seus membros se reunissem, ao convidar apenas cientistas que se opunham abertamente às explicações alienígenas para os óvnis."

O motivo oficialmente aceito para isso é que, quando o Blue Book foi estabelecido, a USAF havia perdido qualquer interesse palpável no fenômeno dos óvnis. Os relatos que foram estudados a fundo, durante o período entre 1947 e 1952, revelaram que, seja lá qual fosse a natureza dos óvnis, eles não eram uma ameaça à segurança dos Estados Unidos. Como a principal tarefa da USAF era a de proteger o espaço aéreo dos Estados Unidos de ataques estrangeiros, as travessuras dos óvnis não a interessavam. Pelo menos, foi esta a explicação dada alguns anos depois.

Que isto não era inteiramente verdadeiro ficou evidente quando documentos da CIA foram liberados, sob as leis de liberdade de informação nos anos 1990. Tais documentos eram relacionados ao Painel Robertson, uma entidade estabelecida pela CIA em janeiro de 1953 para estudar o fenômeno dos óvnis.

Oficialmente, o Painel Robertson foi fundado para investigar relatos de óvnis, com imparcialidade. Ele era composto por um grupo de cientistas, liderado por um físico, o Dr. H. Robertson, do Instituto de Tecnologia da Califórnia. A tarefa deles era a de revisar as investigações feitas sobre os 75 relatos de óvni mais bem documentados, que desafiassem as explicações convencionais. De fato, como hoje se sabe, a CIA cuidadosamente selecionou o painel, antes que seus membros se reunissem, ao convidar apenas cientistas que se opunham abertamente às explicações alienígenas para os óvnis.

Depois de longas deliberações, o painel produziu o tipo de relatório desejado pela CIA, afirmando que não havia evidência que comprovasse que os óvnis fossem naves alienígenas, ou que fossem sequer objetos sólidos. Qualquer ameaça por parte dos óvnis foi categoricamente descartada, e a ideia de que fossem dignos de investigações oficiais, pelo governo dos Estados Unidos, ridicularizada.

O que incomodava a CIA foi revelado nos anos 1990. Ela era responsável por coletar e organizar informações sobre estados potencialmente inimigos e suas capacidades militares. No final, a CIA tinha que proporcionar às Forças Armadas dos Estados Unidos uma avaliação precisa da capacidade militar de qualquer inimigo, com claras diretrizes de como identificá-lo quando atacasse. Na época anterior aos mísseis intercontinentais, isto significava dar à USAF uma descrição de toda e qualquer aeronave soviética capaz de transportar bombas atômicas até o espaço aéreo dos Estados Unidos.

Os relatos de óvnis estavam causando problemas de dois ângulos à CIA. Primeiro, geravam confusão sobre o que os soviéticos e outras forças aéreas eram capazes de produzir. Segundo, serviam para mascarar os avistamentos de aeronaves intrusas verdadeiras. Havia uma preocupação genuína de que um ataque aéreo soviético pudesse ser antecedido pela realização de um grande número de relatos falsos de óvnis, por parte de diversos agentes comunistas, nos Estados Unidos e territórios aliados, o que faria com que a USAF descartasse relatos de aeronaves invasoras como falsos avistamentos de avistamentos, quando, na verdade, seriam bombardeiros soviéticos que se aproximavam.

Ao descartarem os óvnis como indignos de menção, esperavam que os relatos de óvnis feitos pela população fossem desencorajados e suprimidos, o que deixaria a USAF apenas com os invasores reais para investigar. Há evidências que indicam que a CIA colocou agentes em alguns grupos de investigação de óvnis, com a missão de procurar por agentes comunistas e espalhar desinformação. Aparentemente, o FBI também participou dessas atividades.

Depois da publicação do relatório do Painel Robertson, tanto a CIA como o FBI negaram veementemente qualquer interesse por óvnis ou pelos civis que os investigam. No entanto, requisições feitas pela liberdade de informação nos anos 1990 e 2000 mostraram que ambas as organizações continuaram a se interessar. A combinação entre as negações oficiais e as revelações posteriores convenceu muitos pesquisadores de que a CIA e o FBI estão mais profundamente envolvidos do que parece.

> "Há evidências que indicam que a CIA colocou agentes em alguns grupos de investigação de óvnis, com a missão de procurar por agentes comunistas e espalhar desinformação."

CONCLUSÃO E OMISSÃO

Enquanto isso, o Projeto Blue Book continuou a operar depois do relatório do Painel Robertson. Em 1956, o capitão Edward Ruppelt, então já aposentado, lançou um livro

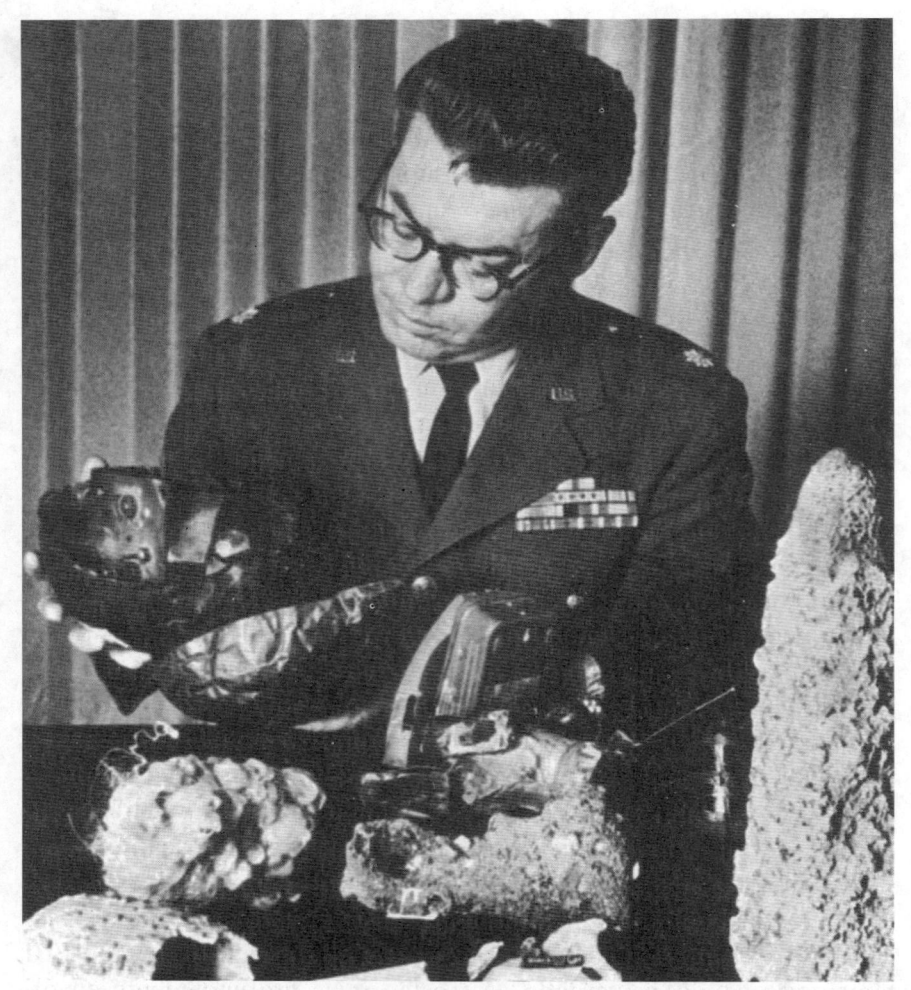

A partir de 1963, o tenente-coronel Hector Quintanilla liderou o Projeto Blue Book, da USAF, que investigou todos os relatos de óvnis feitos às Forças Armadas dos EUA. Ele concluiu que não há qualquer evidência de que os óvnis sejam espaçonaves alienígenas.

intitulado *The Report on Unidentified Flying Objects* (O Relatório Sobre Objetos Voadores Não Identificados). O livro foi, em grande parte, uma recapitulação de materiais já em domínio público, mas causou grande entusiasmo, pois Ruppelt era conhecido por seu acesso aos arquivos confidenciais do Blue Book. A conclusão dele, de que os óvnis eram quase certamente espaçonaves alienígenas, causou uma comoção.

Quando o livro foi reimpresso, a conclusão foi omitida. Muitos suspeitam de que USAF convenceu Ruppelt a mudar de ideia.

Em 1968, uma nova força-tarefa patrocinada pelo governo, o Comitê Condon, foi formada para estudar os óvnis. Tal entidade foi financiada pela própria USAF e liderada por Edward Condon. Como foi o caso do Comitê Robertson, os que dela participaram foram previamente selecionados, para assegurar que não acreditassem que os óvnis fossem espaçonaves alienígenas. Como a entidade anterior, o Comitê Condon produziu um relatório que correspondia às expectativas de seus patrocinadores. Apesar de ter inspecionado uma ampla gama de relatos de alta qualidade, incluindo uma descrição de uma abdução antiga, a declaração de Edward Condon descarta todo o fenômeno óvni.

Assim que o Comitê Condon anunciou suas descobertas, a USAF chegou à conclusão de que "a continuidade do Projeto Blue Book não era justificável, seja por motivos de segurança nacional ou pelo interesse da ciência", e Blue Book se extinguiu.

Antes de ser encerrado, o Blue Book emitiu uma série de treze relatórios especiais, que resumiram suas atividades desde sua fundação e recapitularam os casos mais interessantes. A conclusão foi o seguinte:

"Nenhum óvni relatado, investigado e avaliado pela Força Aérea jamais deu qualquer indicação de ameaça à nossa segurança nacional", e que "não há evidência que indique que os avistamentos categorizados como 'não identificados' sejam veículos extraterrestres."

UM PONTO FINAL NAS INVESTIGAÇÕES?

Com a publicação desses relatórios, todo o interesse oficial por parte das Forças Armadas dos Estados Unidos e do governo pelo assunto dos óvnis acabou. Pelo menos, acabou oficialmente. Desde então, documentos vieram à tona, por meio de vazamentos e de requisições de informação, revelando que as Forças Armadas ainda se interessam pelos relatos de óvnis e pelos investigadores civis. Até que ponto vai tal interesse e por que é mantido em segredo é uma questão especulada por um grande número de pesquisadores civis.

"Desde então, documentos vieram à tona, por meio de vazamentos e de requisições de informação, revelando que as Forças Armadas ainda se interessam pelos relatos de óvnis e pelos investigadores civis."

Até que ponto as Forças Armadas e os serviços secretos de outros países se envolveram em investigações de óvnis é uma questão em aberto. Durante a era soviética, todas as notícias dos países comunistas relacionadas com óvnis estavam sujeitas à extrema censura. Mesmo hoje, é quase impossível obter acesso a arquivos daquele período. Desde a queda da União Soviética, em 1991, relatos de óvnis desses países têm sido feitos principalmente por civis. Não sabemos até que ponto os militares estariam envolvidos.

O panorama não é muito mais claro em países como a Inglaterra, França e Alemanha. De modo geral, os investigadores civis desses países não são tão numerosos e bem financiados como os dos Estados Unidos. Eles não tiveram muito êxito em descobrir testemunhas militares dispostas a falar ao público, ou em persuadir os governos deles a liberarem documentos e informações. Nos países em desenvolvimento, os civis, assim como os governos, têm interesse menor pelo assunto.

Mas isso não significa que os pesquisadores civis não tiveram sucesso algum na busca pela verdade sobre os óvnis e suas tripulações aparentemente alienígenas.

No final, foi um civil quem primeiro alertou o mundo da existência dos discos voadores, como os óvnis foram então apelidados. Kenneth Arnold primeiro relatou um avistamento de óvni em 1947 e foi imediatamente mergulhado no turbilhão frenético da mídia. Ele deu numerosas entrevistas sobre seu próprio avistamento e foi contatado por muitas agências da mídia, interessadas em seus comentários e opiniões sobre os avistamentos testemunhados por terceiros.

Foi Arnold quem investigou o caso de Maury Island, ainda em 1947. No entanto, ele só fez isso depois que um editor lhe ofereceu dinheiro. Em última análise, Arnold era um homem de negócios que precisava ganhar a vida. Depois do caso de Maury Island, voltou a administrar sua empresa de fabricação de equipamentos de proteção contra incêndios. Embora Arnold tenha mantido seu interesse por óvnis até sua morte, em 1984, ele já tinha praticamente abandonado suas pesquisas sobre o assunto em meados da década de 1950.

O lugar de Arnold como principal autoridade em discos voadores foi rapidamente tomado pelo major Donald Keyhoe, um piloto dos fuzileiros navais dos Estados Unidos que, após sofrer uma lesão, abandonou a carreira militar pelo jornalismo. Ele escreveu sobre assuntos aeronáuticos e também alguns livros que hoje seriam classificados como ficção científica. Durante a Segunda Guerra Mundial, voltou para as Forças Armadas e serviu como treinador, antes de regressar ao jornalismo, em 1945.

> "Logo ficou claro para ele que os militares levavam o assunto muito a sério, e que alguns na hierarquia militar estavam profundamente preocupados."

Em maio de 1949, foi convidado por Ken Purdy, editor da revista *True*, a escrever um artigo sobre discos voadores. Naturalmente, Keyhoe pediu ajuda e conselhos aos seus contatos militares. Logo ficou claro para ele que os militares levavam o assunto muito a sério, e que alguns na hierarquia militar estavam profundamente preocupados. Isso ocorreu na época do Projeto Sign, e Keyhoe descobriu, com exatidão, boa parte do que estava acontecendo na equipe do Sign.

BOMBAS ATÔMICAS E ALIENÍGENAS

Foi Keyhoe quem primeiro lançou ao público a dúvida de que os discos voadores talvez fossem, na verdade, espaçonaves alienígenas. O fato de que vários dos primeiros avistamentos ocorreram nos estados do sudoeste dos Estados Unidos levaram Keyhoe a sugerir que os alienígenas estivessem principalmente interessados nos testes com bombas atômicas realizados por lá, e nas armas nucleares armazenadas na região. Keyhoe achava que os alienígenas provavelmente já observavam o avanço tecnológico da humanidade, pelo menos desde a Revolução Industrial, e, possivelmente, durante algum tempo antes disso, embora se concentrasse nos eventos que ocorreram desde o primeiro teste da bomba atômica, em 1945.

Keyhoe foi responsável por estabelecer outro aspecto duradouro da pesquisa ovniológica, ao propor a ideia de que os oficiais de alto escalão da USAF sabiam muito mais do que estariam dispostos a admitir. Publicamente, Keyhoe baseou sua opinião no fato de as declarações da USAF serem contraditórias e incompletas. Particularmente, alegou ter encontrado evidências de um acobertamento massivo, iniciado em 1947.

A esta altura do campeonato, é impossível saber exatamente o que Keyhoe descobriu, mas decidiu não divulgar. Alguns argumentam que ele se referia ao Projeto Sign e ao documento *Avaliação da Situação*, que eram mantidos em segredo. Outros desconfiam que tenha se deparado com o acobertamento de Roswell, mas não foi capaz de descobrir quais fatos reais estariam por trás da cortina de fumaça das negações.

Qualquer que seja a verdade, Keyhoe escreveu seu clássico artigo "The Flying Saucers are Real" (Os Discos Voadores São Reais) para a revista *True*, em 1950, e, logo em seguida, lançou um livro homônimo. Em 1953, produziu um segundo livro, *Flying Saucers From Outer Space* (Discos Voadores do Espaço Exterior), no qual resenhou e divulgou alguns dos melhores avistamentos entre os primeiros que foram relatados. Keyhoe não parou por aí e produziu uma sequência de outros livros, pois, afinal, ele precisava ganhar a vida. Mas foi uma iniciativa tomada em 1956 que talvez tenha resultado em um efeito mais duradouro.

Durante o verão de 1956, Keyhoe conheceu o físico Townsend Brown. Brown se interessava em viagens interestelares e acreditava que um estudo dos óvnis poderia indicar um possível sistema propulsor. Ele frequentou uma série de discussões informais sobre o assunto, organizadas em Washington DC. Ele e Keyhoe conceberam a ideia de criar uma organização maior e mais ampla, com regras e anuidades, para que um público mais amplo pudesse discutir o assunto.

ÓVNIS PARA TODOS

Em 24 de outubro, o Comitê de Investigações de Fenômenos Aéreos (National Investigations Committee on Aerial Phenomena – NICAP) foi fundado. Brown e Keyhoe faziam parte da diretoria, assim como o almirante aposentado Delmer Fahrney e outras personalidades importantes e respeitadas. A ideia do grupo era usar as anuidades e doações para financiar

A explosão atômica que destruiu Nagasaki em 1945. Muitas pessoas acreditam que foi a invenção da bomba atômica que provocou o interesse dos alienígenas pela Terra.

Uma das exibições organizadas pelo MUFON, que foi uma das mais renomadas organizações de investigação de óvnis.

pesquisas sérias. Keyhoe logo liderou a organização. Com um número de membros que chegou a 14 mil pessoas, a NICAP se engajou em muitas pesquisas sobre os óvnis. Testemunhas foram entrevistadas, investigações conduzidas e numerosos arquivos armazenados.

No entanto, por volta de 1969, o número de membros caiu para 5 mil, em função da falta de interesse do público por óvnis após o Comitê Condon. O NICAP logo enfrentou problemas financeiros e Keyhoe renunciou à presidência. Especulou-se que, na época, houve uma infiltração da CIA no NICAP, que seria a responsável por ter forçado Keyhoe a renunciar, e pelo declínio inexorável do número de membros e das finanças subsequentes. O NICAP encerrou as atividades em 1980 e foi extinto.

Enquanto isso, Keyhoe ajudou a fundar a Rede Mútua Óvni (Mutual UFO Network – MUFON). Ela foi estabelecida como uma organização sem fins lucrativos e adotava uma abordagem estritamente não sensacionalista. Uma ênfase na metodologia apropriada e em investigações racionais atraiu vários cientistas respeitáveis para a organização.

A MUFON mantém uma rede de investigadores voluntários por toda a extensão dos Estados Unidos e em alguns outros países.

Quando o avistamento de um óvni é divulgado pela mídia, um investigador da MUFON é incumbido de descobrir mais detalhes. Isso pode envolver apenas a coleta de artigos da imprensa, mas pode também incluir entrevistas com as testemunhas ou investigações detalhadas *in loco*, dependendo da qualidade do relato e do tempo que o voluntário puder oferecer. No momento em que escrevo estas linhas, em 2008, a MUFON é o maior grupo de investigação de óvnis do mundo. Ela mantém um excelente site em www.mufon.com.

Na Grã-Bretanha, a principal organização é a Associação Britânica de Pesquisas de Óvnis (UFO Research Association – BUFORA), situada em Londres. A organização mantém um site frequentemente atualizado em: www.bufora.org.uk. Há um grande número de organizações menores, mais regionais, entre as quais uma das mais ativas é o Grupo Óvni Birmingham (Birmingham UFO Group), que tem seu próprio blog em: bufogsightings.blogspot.com.

Grande parte das outras pessoas que atuam ativamente no campo da ovniologia preferem trabalhar de forma independente. A pesquisadora britânica Jenny Randles é uma luz de liderança na BUFORA, mas é mais conhecida por seu trabalho independente. Foi principalmente o trabalho de Randles que revelou os eventos em Llandrillo, em 1974. O cientista nuclear Stanton Friedman foi quem desvendou as discrepâncias iniciais sobre a suposta queda em Roswell, que desencadearam o interesse pelo evento. Ele também produziu uma série de livros que acompanham os acobertamentos de fatos e incidentes relacionados aos óvnis, feitos pelo governo. Timothy Good também se concentrou nos arquivos e acobertamentos do governo.

O advogado Peter Gersten enfrentou a CIA em 1977, exigindo que revelasse documentos, e venceu. Desde então, foi várias vezes ao tribunal para convencer agências do governo a disponibilizarem seus relatórios. Darrel Sims foi um funcionário da CIA, até que sofreu uma experiência de abdução, demitindo-se para investigar o fenômeno que ele próprio havia vivenciado e atuou especialmente na investigação de supostos implantes alienígenas.

Um notável pesquisador independente, que começou trabalhando para a USAF, mas acabou fundando um grupo importante de estudos de óvnis, foi J. Allen Hynek. Ele fundou o Centro de Estudos de Óvnis (Center for UFO Studies – CUFOS), cujo site é www.cufos.org.

A BUSCA PELA VERDADE

> *"... na medida em que estudava cada vez mais relatos, começou a mudar de opinião e, no começo dos anos 1960, passou a acreditar que algo realmente inexplicável estava acontecendo."*

O Dr. J. Allen Hynek nasceu em 1910 e seguiu uma carreira eminente como astrônomo prático e acadêmico. Ele foi chamado pelo Projeto Blue Book para atuar como consultor astronômico, em especial para determinar se avistamentos individuais de óvnis poderiam ser equívocos envolvendo meteoros, cometas, planetas e outros corpos celestes. A princípio, Hynek era um cético sobre os óvnis. Ele acreditava que todos os avistamentos podiam ser explicados como objetos perfeitamente normais, avistados sob circunstâncias incomuns. Porém, na medida em que estudava cada vez mais relatos, começou a mudar de opinião e, no começo dos anos 1960, passou a acreditar que algo realmente inexplicável estava acontecendo.

HYNEK E A CATEGORIZAÇÃO

Somente no final da década de 1960, Hynek anunciou publicamente sua mudança de opinião. Em 1972, publicou um livro, *The UFO Experience* (A Experiência Óvni). O livro causou comoção, pois alegava que os óvnis eram um fenômeno real e foi escrito por um ex-refutador, que antes defendia o governo. Em seu livro, Hynek manteve uma posição sóbria, recusando-se a apoiar as teorias mais extravagantes e afirmando apenas que os óvnis são objetos reais que merecem mais atenção. No ano seguinte, ele fundou o CUFOS.

Foi Hynek quem desenvolveu os métodos de classificação dos avistamentos de óvnis por tipo, amplamente utilizados até

Jenny Randles, uma das principais pesquisadoras inglesas de óvnis, que foi essencial na descoberta de vários incidentes importantes.

hoje. Ele estabeleceu três graus de avistamentos distantes: discos diurnos, discos noturnos e discos radar-visual. Ele categorizou três tipos de contatos imediatos: um contato imediato do primeiro grau ocorre quando um óvni é avistado com proximidade tal e em condições tão claras, que não há dúvida acerca do que foi avistado. Um contato imediato do segundo grau ocorre quando o óvni deixou para trás indícios físicos, tais como grama queimada ou vegetação esmagada. Um contato imediato do terceiro grau ocorre quando um óvni foi avistado em conjunto com humanoides ou tripulantes.

Hynek depois atuou como consultor para o filme épico *Contatos Imediatos de Terceiro Grau*, de 1977. Ele em geral recebe as honras por ter assegurado que o filme retratasse, com fidelidade, a maioria dos relatos de testemunhas, tanto sobre óvnis como sobre alienígenas. A narrativa fictícia e o final bastante vago não foram associados ao envolvimento dele.

Hynek faleceu em 1986, mas, antes de morrer, cooperou com o investigador francês Dr. Jacques Vallée, na apresentação de um discurso sobre os óvnis para a Assembleia Geral das Nações Unidas.

Vallée começou a se interessar por óvnis quando trabalhava como astrônomo auxiliar no observatório de Paris, nos

Uma cena do filme *Contatos Imediatos do Terceiro Grau*, o primeiro filme a retratar óvnis, da maneira como são descritos por testemunhas.

anos 1960. Ele e outros jovens colegas frequentemente rastreavam objetos anômalos, tanto na órbita terrestre como ao entrar nela. Quando o gerente do observatório descobriu o que estavam fazendo, confiscou e destruiu todos os registros dos objetos, alegando temer o escárnio dos astrônomos sérios, se escapasse o boato de que estavam trabalhando com óvnis.

O investigador francês Jacques Vallée foi quem primeiro propôs a ideia de que os contatos relatados com óvnis e alienígenas seriam semelhantes aos que, em séculos anteriores, foram interpretados como contatos com fadas e anjos.

"Vallée propôs a ideia de que os relatos medievais sobre demônios, os encontros com fadas do século XVIII e as atuais abduções alienígenas são todos parte do mesmo fenômeno."

Mais tarde, Vallée escreveu livros sobre óvnis, defendendo a ideia de que eram espaçonaves alienígenas. Porém, por volta dos anos 1970, Vallée se distanciou da ideia de que os óvnis seriam aparelhos. Em vez disso, explorou as semelhanças entre o suposto comportamento dos alienígenas e o dos duendes, fadas e demônios nos séculos anteriores. Ele propôs a ideia de que os relatos medievais sobre demônios, os encontros com fadas do século XVIII e as atuais abduções alienígenas são todos parte do mesmo fenômeno. Ele argumentou que as diferenças em interpretação ocorreram em virtude das ideias preconcebidas da sociedade na qual as testemunhas viviam, e não por qualquer diferença na experiência em si.

Exatamente qual seria a verdadeira face de tais alienígenas/demônios/fadas é algo incerto. O próprio Vallée sugeriu que fossem manifestações de alguma inteligência extremamente poderosa, não humana, porém essencialmente benigna, que busca orientar a humanidade por um caminho de despertar psíquico. Outros sugeriram que a realidade é que uma mente humana levada às alucinações normalmente produzirá visões semelhantes, que serão, então, interpretadas de acordo com o contexto cultural da pessoa que sofre as alucinações.

Embora as ideias de Vallée de associar as experiências com óvnis e os contatos de outras épocas entre humanos e entidades não humanas tenham sido influentes, a maioria dos pesquisadores prefere se apegar à ideia de que, em última análise, os óvnis seriam de origem alienígena.

Assim como há pesquisadores preparados para aceitar a realidade do fenômeno óvni, apesar de discordarem da explicação, há outros que permanecem céticos.

Entre os primeiros refutadores, um dos mais ativos foi Donald Menzel, um astrofísico norte-americano, que nasceu em 1901 e construiu a maior parte de sua carreira em Harvard. Em 1953, ele escreveu um livro intitulado *Discos Voadores*, no qual descartou todos os avistamentos ocorridos até aquele momento como objetos comuns avistados em circunstâncias atípicas. Ele sustentou esta linha de argumentação em várias apresentações na mídia e livros posteriores. A credibilidade científica dele era indubitável, e a maneira incisiva com a qual expressou suas opiniões influenciou bastante as posições oficiais sobre os óvnis. Ele atuou como consultor para o Comitê Condon.

Menzel fez contribuições importantes para o campo do estudo

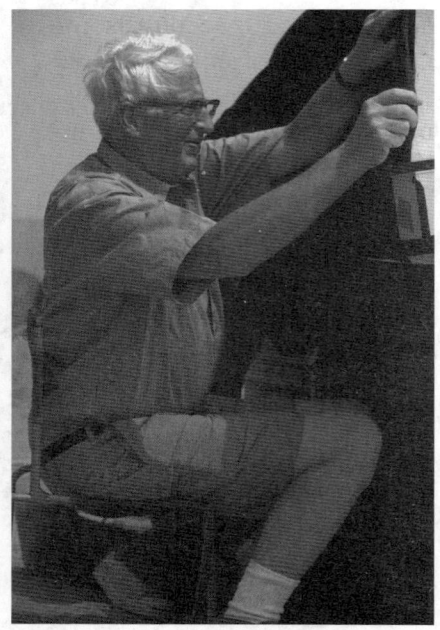

O Dr. Donald Menzel, um astrofísico norte-americano que, consistentemente, denunciou a ideia de que a Terra estaria sendo visitada por alienígenas.

oviniológico, embora poucos pesquisadores de convicção pró-óvni pudessem agradecê-lo por isso. Ele identificou corretamente as explicações astronômicas para alguns avistamentos famosos. Os efeitos visuais peculiares causados por inversões atmosféricas de temperatura sobre as estrelas avistadas através delas, por exemplo, foram elucidados por Menzel. Ele também se mostrou apto a oferecer explicações para avistamentos que eram, no mínimo, plausíveis.

O ponto fraco de Menzel foi o fato de ele raramente ter visitado o local dos incidentes com óvnis, ou entrevistado as testemunhas pessoalmente, pois se limitava a oferecer explicações baseadas em informes da mídia. Às vezes, elas caíam por terra quando mais detalhes eram disponibilizados, o que enfraquecia as opiniões de Menzel, pelo menos aos olhos dos pesquisadores de óvnis mais dispostos a aceitar o fenômeno.

Menzel morreu em 1976, mas outros já estavam prontos a abraçar sua causa. Talvez o mais famoso deles tenha sido Philip Klass. Um engenheiro eletricista de formação, Klass se interessou por óvnis nos anos 1960 e concebeu uma teoria, de acordo com a qual, pelo menos alguns avistamentos de óvnis poderiam ser explicados como eventos eletrometeorológicos, tais como raios globulares e descargas de plasma. Ele escreveu um livro sobre o assunto e ficou famoso por isso.

Desde então, Klass afirmou que a maioria dos avistamentos de óvnis são equívocos, fraudes ou trotes. Assim como Menzel, que o precedeu, Klass pesquisou o assunto muito a fundo e apresentou explicações banais para alguns incidentes, que a princípio pareciam ser bem desnorteantes. Assim como Menzel, Klass foi acusado de, algumas vezes, ignorar evidências que não se encaixavam em suas teorias.

Talvez a mais notória contribuição de Klass ao estudo dos óvnis tenha sido sua famosa "oferta dos $10.000", feita em 1966. A oferta estava aberta a qualquer um que se importasse em aceitá-la. Ela dizia o seguinte:

Klass concorda em pagar à segunda parte a soma de $10.000, em até trinta dias após a satisfação de qualquer das seguintes condições:

(A) Se qualquer espaçonave acidentada, ou pedaço importante de uma espaçonave, for identificado como tendo uma origem evidentemente extraterrestre pela Academia Nacional de Ciências dos Estados Unidos, ou

(B) Se a Academia Nacional de Ciências dos Estados Unidos anunciar que examinou outras evidências que comprovem conclusivamente que a Terra foi visitada por espaçonaves extraterrestres no século XX, ou

(c) Se um autêntico visitante extraterrestre, que nasceu em um corpo celeste diferente da Terra, aparecer diante da Assembleia Geral das Nações Unidas ou em um programa nacional de televisão.

* A parte que aceitar esta oferta pagará a Klass $100 por

Philip Klass, que fez a famosa "oferta dos $10.000", relacionada à evidência de visitas alienígenas à Terra.

ano, para cada ano em que nenhuma destas coisas não ocorrerem.

Até onde se sabe, apenas uma pessoa aceitou a oferta e pagou a Klass os $100 por ano. Até a morte de Klass, em 2005, o prêmio não foi reivindicado.

Nenhum evento preencheu os critérios de Klass, mas isto não significa que os óvnis não sejam reais. Há várias evidências indicando que são genuínos. A questão é: o que são eles e por que estão aqui?

Nota do Editor
A Madras Editora não participa, endossa ou tem qualquer autoridade ou responsabilidade no que diz respeito a transações particulares de negócio entre o autor e o público. Quaisquer referências de internet contidas neste trabalho são as atuais, no momento de sua publicação, mas o editor não pode garantir que a localização específica será mantida.

CAPÍTULO 7

ACOBERTAMENTOS DO GOVERNO

Um motel em Nevada, próximo à altamente secreta Área 51, utiliza um alienígena para atrair clientes.

Em anos recentes, um aspecto cada vez mais importante da experiência óvni remete às histórias e alegações de acobertamentos e mentiras deliberadas por parte do governo.

Sem dúvida, os governos de várias nações já se empenharam em enganar o público sobre os óvnis. Eles descartaram avistamentos sem qualquer evidência real, buscaram desacreditar testemunhas e, de modo geral, sabotaram as pesquisas sobre o assunto. Embora alguns governos, em especial o dos Estados Unidos e o da Grã-Bretanha, tenham recentemente liberado documentos que anteriormente eram mantidos em segredo e buscado explicar que as desconfianças que tinham eram causadas pela guerra fria, é evidente que muitos outros documentos permanecem confidenciais e fora do alcance do público.

Várias teorias foram formuladas para explicar as evidências de sigilo governamental. A maioria tem como ponto de partida os relatos de quedas de óvnis do fim dos anos 1940 e do início dos anos 1950. A queda de Roswell, em julho de 1947, é o mais famoso de tais supostos eventos. Há evidências suficientes relacionadas à queda de Roswell, indicando que algo estranho de fato caiu no deserto. A hipótese da invasão sustenta que foi uma espaçonave alienígena, e que a tripulação morta estava dentro dela.

As opiniões dos pesquisadores de óvnis são mais divididas acerca das quedas de Aztec, de Paradise Valley, Laredo e outras. Alguns acreditam que a maioria desses eventos, se não todos, foi queda real de óvnis. Sob essa ótica, acredita-se que havia uma guerra sigilosa travada entre a USAF e os invasores misteriosos. A alegada perda de várias aeronaves e óvnis, em um curto período de tempo, indicaria o desenrolar de algum tipo de atividade hostil. O fato de que a sequência de quedas acabou no início dos anos 1950 indicaria que as hostilidades terminaram.

> "A alegada perda de várias aeronaves e óvnis, em um curto período de tempo, indicaria o desenrolar de algum tipo de atividade hostil."

Outros pesquisadores interpretam o surto de quedas de óvnis mal documentadas de forma bem diferente. Eles veem os relatos, todos feitos com poucas evidências corroborativas, como sinais de um acobertamento. Esse panorama interpreta a queda de Roswell como o único evento autêntico, no qual a USAF removeu um óvni acidentado e sua tripulação. Na época, o alto comando da USAF teria concluído que era quase impossível ocultar inteiramente tal evento dos olhos do público, em especial porque um comunicado à imprensa havia sido emitido da base, antes de a notícia ser censurada.

As falsas histórias de quedas em outros lugares teriam sido forjadas e espalhadas como uma cortina de fumaça. A USAF poderia então descartar os relatos da queda de Roswell, com base no fato de todos os outros relatos de quedas serem falsos, sugerindo que a queda de Roswell não era diferente.

Ambas as vertentes de opinião concordam que os destroços de Roswell, e possivelmente os de outros óvnis acidentados, foram levados para a base aérea de Wright-Patterson. Esta instalação de alta segurança é estritamente protegida, e quaisquer notícias do que ocorre nela são do mais alto grau de confidencialidade. Tudo o que pode ser dito com certeza é que ela abriga vários departamentos técnicos especializados da USAF, entre os quais está a Divisão de Tecnologias Estrangeiras (Foreign Technology Division – FTD). A FTD examina quaisquer armamentos ou tecnologias militares capturadas de nações inimigas durante períodos de guerra, ou adquiridas por agentes secretos.

A SALA AZUL E A ÁREA 51

Se alguma tecnologia alienígena foi capturada, é quase certo que tenha sido enviada à FTD, para análise. De acordo com informações obtidas de ex-funcionários da Wright-Patterson, há na base um setor com tamanho grau de segurança que apenas um grupo dos funcionários do mais alto escalão tem acesso, e, mesmo assim, sob condições muito restritas. Esse setor é chamado por vários nomes, como Sala Azul, Hangar 18 ou Edifício 18-F. É lá que os destroços do óvni supostamente estariam armazenados.

Em 1962, o senador Barry Goldwater, então presidente do comitê de segurança do senado, pediu para entrar na Sala Azul. A permissão lhe foi recusada pelo general Curtis LeMay, por motivos de segurança militar. O evento pelo menos comprovou a existência da sala secreta, mas não necessariamente comprova que há um óvni guardado lá.

A Sala Azul e seus supostos conteúdos já apareceram em vários filmes de ficção de Hollywood. Talvez o mais famoso seja *Hangar 18*, de 1980. Quando a superprodução de invasão alienígena *Independence Day* foi lançada, em 1996, a Sala Azul havia sido substituída nos círculos de pesquisa de óvnis pelos boatos sobre a Área 51.

Como a Wright-Patterson, não há dúvidas de que a Área 51 existe. Ela cobre uma vasta área de terras desérticas e semidesérticas em Nevada, próxima do leito seco de um lago chamado Lago Groom. O que acontece lá também é superficialmente conhecido. Trata-se do local onde a USAF testa novas aeronaves e vários tipos de novos equipamentos eletrônicos, assim como novos armamentos. A base é, com razão, mantida sob o mais rigoroso sigilo. Por muitos anos, a USAF se recusou a admitir a existência do lugar, e a base sequer aparecia nos mapas.

> "Em 1962, o senador Barry Goldwater ... presidente do comitê de segurança do senado, pediu para entrar na Sala Azul. A permissão lhe foi recusada ... por motivos de segurança militar."

Durante os anos 1980, a existência da Área 51 foi oficialmente admitida. Isso levou vários entusiastas da aviação a visitarem a região, subindo montanhas com vistas para a base. Preocupada de que os visitantes poderiam incluir agentes estrangeiros, a USAF comprou vários quilômetros quadrados de terra em volta da base e os colocou dentro da zona de segurança. Nenhum ponto de observação restou ao público. Foi nessa época que os boatos começaram a circular, dizendo que os conteúdos da Sala Azul haviam sido transferidos para a Área 51.

Tais boatos foram, em parte, iniciados por um informante, que alegava já ter trabalhado como técnico na Área 51. Primeiro ele usou um pseudônimo, "Dennis", mas, em 1989, identificou-se como Robert Lazar. Lazar foi um engenheiro eletrônico e especialista em computação da Califórnia.

De acordo com Myrna Hanssen, os alienígenas que a abduziram realizaram experiências bizarras e dolorosas em bovinos.

De acordo com suas evidências, ele foi abordado por agentes da inteligência naval e convidado para trabalhar em um projeto ultrassecreto. Ele foi levado, com outros técnicos, em um ônibus de janelas tampadas, para um local no deserto, que só mais tarde identificou como Área 51. Lá, entregaram-lhe alguns equipamentos eletrônicos sofisticados e o incumbiram de descobrir como funcionavam e como poderiam ser clonados. O processo, conhecido como engenharia reversa, é bem estabelecido, mas Lazar alegou ter manuseado equipamentos tão avançados e bizarros, que logo concluiu serem de origem alienígena.

Lazar alegou que suas suspeitas se confirmaram quando confrontou o chefe do projeto com suas conclusões. Depois, permitiram que ele visse uma grande sala, que continha uma variedade de destroços e artefatos. Um óvni estava intacto, consistindo em um disco de dez metros de diâmetro com *design* elegante. Lazar alega que os técnicos da Área 51 descobriram como fazer o óvni pairar brevemente, mas não desvendaram sua técnica de voo.

ELEMENTO 115

O óvni foi mantido no ar por um processo que Lazar descreveu como "amplificação gravitacional". O principal componente nessa tecnologia era o "Elemento 115", com um peso atômico de 115, o que tornaria o átomo do material excessivamente pesado, mais pesado que qualquer elemento conhecido na Terra. Todos os elementos na Terra são instáveis e propensos à decomposição radioativa, mas Lazar insistiu que, muito pelo contrário, o elemento 115 era muito estável. Teorias físicas mais recentes sugerem que elementos hipotéticos, com um peso acima de 110, podem realmente ser estáveis. Alguns consideram isso como evidência de que Lazar teve realmente acesso a tecnologias alienígenas.

Seja como for, disse que só revelou tais segredos por ter sido ameaçado por oficiais da USAF, depois que insistiu para sair do projeto. Alegou que temia por sua vida e decidiu contar tudo o que sabia, para remover qualquer motivo que as autoridades tivessem para matá-lo.

Nem todos levaram a evidência de Lazar a sério, especialmente depois que se soube que ele teve problemas com a lei, no começo dos anos 1980. Céticos argumentaram que, com todos os peritos em eletrônica disponíveis nos Estados Unidos, as autoridades provavelmente não selecionariam um homem condenado por atividades criminosas para trabalhar em um projeto ultrassecreto.

Lazar não foi a única fonte de informação a sugerir que a USAF mantinha espaçonaves alienígenas em suas bases. Dr. Paul Bennewitz foi o dono de uma empresa de eletrônica em Albuquerque, Novo México, que, em 1980, começou a detectar uma série de sinais eletromagnéticos muito estranhos. Esses sinais começaram em uma ocasião na qual os habitantes da região relataram terem visto vários óvnis perto da cidade. Bennewitz ligou para a USAF e falou sobre suas descobertas com o Major Ernest Edwards.

"... tentou rastrear os óvnis, usando os sinais eletromagnéticos para identificá-los e traçar suas trajetórias. Ele descobriu que eles aparentemente pousavam e decolavam na base Sandia, da USAF, perto dali."

Bennewitz tentou rastrear os óvnis, usando os sinais eletromagnéticos para identificá-los e traçar suas trajetórias. Ele descobriu que eles aparentemente pousavam e decolavam na base Sandia, da USAF, perto dali. A base era, e permanece até hoje, uma instalação ultrassecreta, envolvida com a armazenagem e manutenção de armas nucleares. Entretanto, Edwards encaminhou as preocupações de Bennewitz aos seus superiores, por isso Bennewitz recebeu visitas de oficiais com a intenção de convencê-lo a interromper suas investigações. Eles explicaram que ele havia detectado sinais gerados por um projeto de pesquisa ultrassecreto, que não tinha nada a ver com óvnis. Bennewitz não acreditou nas alegações deles e contatou William Moore, um renomado pesquisador de óvnis.

Os dois homens investigaram outros incidentes com óvnis no Novo México, em especial a abdução de Myrna Hanssen, perto de Cimarron. Hanssen relatou sob regressão hipnótica como havia sido abduzida por um grupo de greys, com seu filho e uma infeliz vaca que estava por perto. A vaca foi mutilada ainda com vida, causando grande temor à Hanssen e ao seu filho, diante do destino que os aguardava.

Os greys foram então interrompidos por um vulto mais humano, de alta estatura, que pediu desculpas à mulher, e disse que sua abdução fora um engano. O alienígena disse que Hanssen seria levada para a base alienígena, até que a questão fosse resolvida. Os dois humanos foram acompanhados até um vasto complexo subterrâneo. Assim que chegaram lá, ela escapou de seus captores, fugindo para uma sala, onde havia vários tanques, ou barris, cada um preenchido com um fluído viscoso, no qual flutuavam pedaços de corpos humanos. Hanssen foi recapturada, sua memória apagada e devolvida com seu filho à superfície da Terra.

O trabalho de Bennewitz o convenceu de que os alienígenas trabalhavam com a USAF. Ele localizou a base subterrânea, na região da base Dulce da USAF, no Novo México, talvez bem abaixo dela. Outros pesquisadores acham que a evidência aponta mais para as montanhas Superstition, no Arizona.

ALIENIGENAS NA USAF?

Em 1983, um ex-oficial de segurança da USAF, chamado Thomas Castello, mostrou a Bennewitz o que alegou serem fotocópias de documentos altamente secretos, que ele teria roubado enquanto trabalhava na base Dulce da USAF. Tais documentos revelavam que abaixo de Dulce havia uma instalação de pesquisa, com sete níveis de profundidade. Os quatro níveis mais próximos da superfície eram administrados por funcionários da USAF. O quinto nível era uma zona de transição, onde oficiais se reuniam e trabalhavam com alienígenas, enquanto o sexto e sétimo níveis eram inteiramente administrados por alienígenas.

A equipe alienígena consistiria de uns 15 mil greys, com algumas centenas de alienígenas reptilianos, conhecidos como draco. As experiências conduzidas por esses alienígenas enfocavam a genética e buscavam não apenas produzir organismos híbridos geneticamente modificados, mas também separar o "corpo bioplásmico" humano do corpo físico. Castello especulou que a expressão "corpo bioplásmico" significasse a alma.

Alguns desconfiam que há várias bases construídas sob a superfície da Terra. Frequentemente, dizem que há uma em Santiago, Porto Rico. A base do exército norte-americano em Santiago está situada próxima de uma área na qual várias testemunhas já avistaram óvnis entrando e saindo do que aparentemente seria um hangar subterrâneo. As portas do hangar têm 24 metros de comprimento, são feitas de metal e camufladas com rochas, arbustos e terra.

> "Os quatro níveis mais próximos da superfície eram administrados por funcionários da USAF.
> O quinto nível era uma zona de transição, onde oficiais se reuniam e trabalhavam com alienígenas, enquanto o sexto e sétimo níveis eram inteiramente administrados por alienígenas."

Alegações semelhantes às feitas sobre a base Dulce foram articuladas a respeito de um suposto quartel general alienígena, localizado sob a base da USAF, em Montauk, no Estado de Nova York. Tais alegações foram principalmente feitas por Preston Nichols, um pesquisador de Percepção Extrassensorial (ESP), que

Harry Truman ocupava a presidência dos EUA, na época da suposta queda de Roswell, e teria decidido como o governo deveria reagir.

Uma invasão alienígena maciça, com a colaboração de organizações do governo, seria o fim da maior parte da humanidade.

afirma ter recuperado memórias de quando trabalhou em Montauk, onde supervisionou investigações sobre viagens no tempo, utilizando um túnel hiperespacial.

Enquanto isso, Bennewitz sofreu um colapso nervoso em 1986 e se afastou das pesquisas sobre óvnis, deixando William Moore trabalhar sozinho. Moore, assim como outros pesquisadores, recebeu por correio alguns documentos enviados por um remetente anônimo, que supostamente vinham de uma organização chamada "Majestic 12" (MJ12). Os documentos mais antigos tinham a data de 18 de novembro de 1952 e prometiam resolver todo o enigma dos óvnis.

Os documentos MJ12 supostamente eram os registros de um grupo ultrassecreto, estabelecido pelo presidente Truman, para estudar artefatos alienígenas recuperados de um óvni acidentado. Embora não haja menção do local onde tal óvni teria caído, a evidência nos documentos aponta para Roswell. Os documentos Majestic 12 estipulavam como o público deveria ser enganado por programas de desinformação, filtrados por meio do Projeto Blue Book e por jornalistas aliados, enquanto o verdadeiro trabalho de engenharia reversa das tecnologias alienígenas continuaria na base Wright-Patterson.

Todas as pessoas mencionadas nos documentos eram oficiais do alto escalão do governo ou das Forças Armadas, que ocupavam cargos que permitiam o envolvimento com quaisquer estudos de óvnis. O papel no qual os documentos foram datilografados correspondia ao utilizado na época em que supostamente foram escritos, a máquina de escrever utilizada era do tipo usado no pentágono nos anos 1950, e não há nada explicitando que os documentos sejam fraudes.

> **"As teorias mais intricadas acerca dos documentos MJ12, e do que eles alegam comprovar, afirmam que a queda de Roswell em 1947 levou a uma abertura de negociações entre o governo dos Estados Unidos e os alienígenas."**

As teorias mais intricadas acerca dos documentos MJ12, e do que eles alegam comprovar, afirmam que a queda de Roswell em 1947 levou a uma abertura de negociações entre o governo dos Estados Unidos e os alienígenas. Essas negociações resultaram em um tratado, que levou à construção das enormes bases subterrâneas em Dulce, Montauk, e em outros lugares. Em troca de acesso às tecnologias alienígenas avançadas, o governo dos Estados Unidos concordou que os alienígenas poderiam abduzir humanos que considerassem adequados às suas experiências.

Alguns alegam que o governo dos Estados Unidos estaria agora secretamente desenvolvendo armamentos e tecnologias para capacitar a Terra a se defender de um ataque dos alienígenas, se eles, porventura, se tornassem hostis. Outros afirmam que o suposto programa de desenvolvimento armamentista foi incentivado pelo fato de os alienígenas já terem violado o tratado, por terem abduzido mais humanos do que o combinado. Há também os que acreditam que o governo dos Estados Unidos está envolvido com os alienígenas, em um projeto chamado "Alternativa 3". Tal projeto envolve a construção em Marte, ou em algum outro planeta, de uma colônia, para a qual alguns humanos escolhidos poderão escapar quando uma catástrofe prevista pelos alienígenas atingir a Terra. Apenas alguns humanos escapariam, em especial oficiais do governo dos Estados Unidos com suas famílias, e o restante da humanidade estaria entregue à morte.

Tais conspirações não são mencionadas nos documentos MJ12, mas vieram de outras fontes, e já são aceitas por uma crescente minoria de pesquisadores de óvnis.

Se os documentos MJ12 forem reais, provam não apenas que os óvnis existem, mas que são espaçonaves alienígenas, e que o governo dos Estados Unidos tem acobertado a verdade por décadas. Alguns pesquisadores os consideram verdadeiros e creem que são a prova máxima do que vem acontecendo por todo esse tempo.

Outros desconfiam do fato de os documentos terem vindo de uma fonte anônima. O que se afirma é que eles são bons demais para serem verdadeiros. Embora não existam provas que refutem os documentos MJ12, a maioria dos pesquisadores acredita que eles sejam fraudes.

Assim como tanta coisa em todo o fenômeno óvni, a verdade sobre os documentos MJ12 é uma questão de opinião, o que também se aplica a qualquer tentativa de se chegar a alguma conclusão sobre o assunto.

CONCLUSÃO

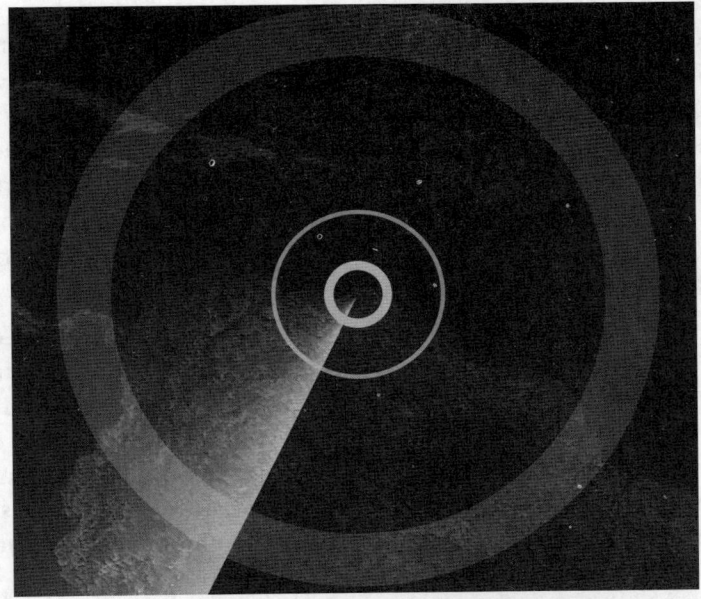

Vários óvnis apareceram nas telas dos radares, indicando que, seja lá o que forem, são suficientemente sólidos para refletir ondas.

É evidente que o fenômeno óvni não significa um único quebra-cabeças, mas sim vários. Há muitas peças diferentes no quebra-cabeças, e nem sempre está claro como elas se encaixam. Há avistamentos de óvnis, às vezes com grande proximidade e corroborados por detecção por radar. Há alegações de óvnis que caíram e foram removidos por organizações do governo. Há testemunhas que afirmam terem visto humanoides saírem dos óvnis, ou embarcarem neles. Há contatados alegando que se encontraram e conversaram com alienígenas benevolentes de outros planetas. E há abduzidos, cujos contatos com supostos alienígenas, são muito mais sinistros e perturbadores.

Os céticos tendem a concentrar suas explicações nos avistamentos de óvnis. Eles explicam esses avistamentos como estrelas, meteoros, aeronaves e outros objetos aéreos banais, avistados sob condições bizarras. Quando prestam alguma atenção às alegações de avistamentos e contatos com alienígenas, algo que raramente fazem, descartam-nas como alucinações, sonhos e fraudes.

Mesmo entre os pesquisadores de óvnis que aceitam que há algum fenômeno anômalo a ser investigado, não há consenso sobre o que devem ou não considerar. Há alguns que acreditam que os óvnis são espaçonaves alienígenas, mas que descartam as alegações de contatados como farsas inventadas para ganhar dinheiro com a notoriedade. Há aqueles que acreditam que os alienígenas visitam a Terra, mas descartam as abduções como mero fenômeno psicológico, em vez de realidade objetiva.

É um verdadeiro desafio perscrutar os relatos para descobrir a verdade, mas todo pesquisador precisa se esforçar para compreender o fenômeno dos óvnis.

Como ponto de partida, é necessário resumir o que se sabe acerca dos vários fenômenos distintos relacionados aos óvnis. Não é nos eventos espetaculares e extraordinários que a realidade subjacente será necessariamente encontrada. É mais provável que a verdadeira identidade do fenômeno só será revelada pelo exame do enorme volume de dados, relacionados aos avistamentos e eventos que são mais numerosos, porém menos dramáticos. Algumas deduções podem ser inferidas a partir deles para formar uma imagem composta do que está sendo descoberto.

> "Quando prestam alguma atenção às alegações dos avistamentos e contatos com alienígenas, algo que raramente fazem, descartam as mesmas como alucinações, sonhos e fraudes."

A começar pelos próprios óvnis, é seguro chegar a algumas conclusões. A primeira é a de que a maioria dos avistamentos de objetos não identificados é, de fato, de objetos perfeitamente normais, que simplesmente não

CONCLUSÃO

O típico óvni, descrito por testemunhas, é redondo e metálico, com um domo em cima.

foram identificados pelas testemunhas. No entanto, há milhares de relatos de avistamentos que exibem características que não podem ser explicadas no âmbito dos objetos normais.

Tais objetos em geral têm entre 9 e 30 metros de tamanho. Eles apresentam contornos suavemente arredondados, muitas vezes com um domo em cima, e sem qualquer junção, emenda ou outro aspecto evidente. Quando avistados durante o dia, parecem ser feitos de um material metálico prateado, embora seja frequente a existência de janelas transparentes inseridas na estrutura. Quando avistados durante a noite, emitem luzes pulsantes, que mudam de cor com certa continuidade. É comum a presença de luzes pequenas, posicionadas em volta da borda da nave. Às vezes, os objetos se deslocam silenciosamente, mas, em outras, emitem um ruído contínuo ou um zumbido.

> "No entanto, há milhares de relatos de avistamentos que exibem características que não podem ser explicadas no âmbito dos objetos normais."

Observou-se que esses objetos causam um impacto peculiar no ambiente em torno deles. A vegetação pode ser esmagada quando um óvni se apoia no chão, ou empurrada para o lado, quando um deles voa por perto. As plantas podem também exibir queimaduras superficiais quando expostas a um óvni. Equipamentos elétricos, como rádios e sistemas de ignição, podem ser afetados por um óvni, se este estiver bem próximo. Eles são capazes de atingir velocidades excepcionalmente altas, e mudanças súbitas de trajetória, bem acima das capacidades das aeronaves construídas pelo homem.

É razoável supor que esses óvnis são objetos sólidos. O impacto sobre os objetos em volta deles indica que irradiam forte calor, assim como fortes campos magnéticos e elétricos. Alguns dos efeitos observados talvez indiquem uma fonte radioativa localizada dentro do óvni.

Os humanoides que alegadamente emergem dos óvnis também têm características em comum. De modo geral, tais vultos têm menos que 1,5 metro de altura e, às vezes, são consideravelmente menores. Sua aparência básica é humanoide, mas é comum apresentarem enormes cabeças carecas. Eles normalmente usam vestes de peça única e, às vezes, capacetes. Os humanoides são quase sempre descritos como muito curiosos sobre o ambiente à sua volta, coletando amostras de plantas e solo, ou estudando animais. Eles investigam edificações e parecem ter fascínio por objetos como carros ou mobília.

> **"Quaisquer discrepâncias nas descrições dos humanoides pelas testemunhas, e há muitas, são normalmente atribuídas ao choque de tê-los visto."**

Quando percebem estar sendo observados por um humano, eles normalmente voltam para dentro do óvni e voam para longe, em alta velocidade. Às vezes, reagem a um humano, paralisando-o ou cegando-o temporariamente, o que parece ter o objetivo de ganhar tempo para a fuga, e o humano não sofre nenhum dano permanente. Não há nada a respeito dos humanoides que indique uma origem extraterrestre, além da sua natureza anômala.

Tais seres se comportam, em grande parte, como exploradores discretos. Eles parecem se interessar por todas as formas de vida da Terra, mas não querem ser descobertos ou ter qualquer contato com os humanos. Quaisquer discrepâncias nas descrições dos humanoides pelas testemunhas, e há muitas, são normalmente atribuídas ao choque de tê-los visto. Especula-se que a testemunha fica tão atordoada com o evento, que pode apenas captar parte da informação diante dela, e

CONCLUSÃO

Muitos relatos de óvnis mencionam automóveis sendo controlados por espaçonaves ou alienígenas equipados com dispositivos que podem paralisar os humanos.

por isso, relata detalhes e características que nem sempre correspondem exatamente ao que as outras testemunhas relataram.

Os alienígenas descritos pelos contatados são quase sempre muito mais humanos do que os seres que emergem dos óvnis aterrissados que fogem sem interagir. Esses alienígenas são frequentemente comparados a humanos perfeitos, e, muitas vezes, descritos como estonteantemente belos e muito inteligentes. Eles normalmente conversam com a testemunha de um modo comum. Alegam serem amigos e com frequência advertem sobre algum desastre iminente de grande escala, sem especificar a sua natureza. Porém, eles muitas vezes fazem afirmações que acabam não sendo verdadeiras.

Sem maior análise, esses alienígenas são representantes superinteligentes de uma civilização interplanetária, altamente desenvolvida e bem-intencionada para com a humanidade. É notável que eles tenham a tendência de contatar pessoas relativamente sem importância, em vez de líderes políticos ou oficiais do alto escalão das Forças Armadas. O fato de também fazerem afirmações enganosas e falsas levou alguns pesquisadores a crerem que tais alienígenas são zombeteiros e gostam de pregar peças nos humanos. Outros acham que os contatados são impostores, ou que as experiências deles são alucinações.

O QUE SÃO ELES E POR QUE ESTÃO AQUI?

Em geral, criaturas que realizam as abduções são do tipo hoje conhecido como greys. São de baixa estatura e têm cabeças atipicamente grandes. Ao contrário dos humanoides que emergem dos óvnis aterrissados, eles não usam vestes nem se interessam por plantas e animais e certamente não fogem quando os humanos estão os observando. Em vez disso, essas criaturas parecem ser obcecadas pelos humanos, em especial por nossos sistemas fisiológicos e reprodutivos. Eles realizam exames e procedimentos médicos, normalmente muito dolorosos, mas de objetivos desconhecidos. Essas criaturas parecem tratar os humanos com total indiferença, de forma semelhante à que um cientista analisa ratos de laboratório.

Em raras ocasiões, os greys se comunicam com suas vítimas, normalmente por telepatia. Eles alegam serem de outro Sistema Solar, embora seja incerto até que ponto são confiáveis como fonte de informação. Às vezes, as abduções são vinculadas a avistamentos de óvnis.

> "Tais criaturas parecem tratar os humanos com total indiferença, de forma semelhante à maneira que um cientista analisa ratos de laboratório."

Os greys aparentemente investigam e realizam experiências nos humanos, que parecem ser focadas na reprodução e, pelo menos de acordo com algumas testemunhas, envolvem a criação de híbridos humano-alienígenas. Alguns pesquisadores observam que os greys rotineiramente tentam apagar as memórias de suas vítimas, e concluem que os alienígenas querem realizar suas experiências em segredo. Outros tratam a experiência de abdução com cautela, indicando que algumas características têm muito em comum com sonhos e com o inconsciente humano.

A teoria mais amplamente aceita para explicar tanta informação é a de que os óvnis são espaçonaves de outro planeta, e que os humanoides que deles emergem são suas tripulações alienígenas. O motivo dos alienígenas estarem visitando a Terra é um assunto totalmente distinto, e as opiniões divergem.

CONCLUSÃO

O comportamento daqueles que saem dos óvnis indicaria que têm uma missão primariamente científica e, pelo menos até agora, não hostil. Os greys, entretanto, parecem ser mais inclinados a interferir com os humanos e, talvez, com a evolução humana.

> **"O comportamento dos que saem dos óvnis indicaria que têm uma missão primariamente científica e, pelo menos até agora, não hostil."**

Desde que algumas investigações sobre os óvnis começaram a ser levadas a sério pelas várias organizações civis, no final dos anos 1950, um amontoado de evidências surgiu, indicando que os alienígenas estão aqui em grande número e que agem em cooperação com um ou mais governos da Terra. Quais evidências devem ser consideradas e quais devem ser descartadas, é uma questão controversa. No entanto, elas formam a base do que pode ser classificado como Hipótese da Invasão.

Tal hipótese adota como pressuposto a ideia de que os óvnis são espaçonaves alienígenas. Os próprios alienígenas são em geral considerados como sendo greys. Presumivelmente, os humanoides avistados, que se comportam de formas mais benevolentes, perto de óvnis aterrissados, seriam greys engajados em missões mais banais e não diretamente envolvidos em abduções. Os alienígenas relatados por contatados não estão incluídos nesta teoria e são descartados como fraudes ou alucinações.

Teorias extraordinárias requerem provas extraordinárias, assim diz uma regra empírica aceita pela ciência convencional. A teoria de que a Terra está sendo visitada por raças de seres de uma civilização interplanetária avançada é certamente extraordinária. Há alguma prova extraordinária que tenha sido apresentada para corroborar tal teoria?

É óbvio que a resposta para tal pergunta é um simples "não". Nenhum alienígena aterrissou sua espaçonave no gramado da Casa Branca, na Praça Vermelha de Moscou ou na rua Downing, em Londres, muito menos saiu da nave para exigir: "Leve-me ao seu líder".

Mas isto seria um pressuposto de que o alienígena em questão desejaria contatar nossos líderes e que, de fato, ficaria alegre em divulgar sua presença aos humanos.

> **"A teoria de que a Terra está sendo visitada por raças de seres de uma civilização interplanetária avançada é certamente extraordinária."**

E se tal alienígena hipotético não quisesse que os humanos soubessem de sua visita à Terra? E se seu propósito em nosso planeta requeresse que os humanos ignorassem sua existência, ou, pelo menos, que não estivessem dispostos a aceitar sua realidade? Então, o alienígena nos visitaria em segredo, aterrissaria em locais isolados e evitaria contato com os humanos, a não ser que pudesse controlar todos os aspectos desse contato. Mas é exatamente assim que os humanoides relacionados aos óvnis alegadamente se comportam.

> "... a forma como os governos dos Estados Unidos e outros países se engajaram em programas de desinformação, acobertamentos e negações espúrias é exatamente o que se espera de governos que têm algum segredo obscuro a esconder."

De forma semelhante, nunca foi provado que o governo dos Estados Unidos estaria ativamente trabalhando com os alienígenas. Tais teorias se baseiam em evidências frequentemente controversas, que,

Os filmes de ficção científica frequentemente mostram óvnis aterrissando perto de edifícios históricos, tais como a Casa Branca. A realidade é que os óvnis preferem lugares afastados. Talvez eles não queiram a notoriedade que uma chamada ao presidente dos EUA provocaria.

por sua vez, se apoiam em teorias e suposições, assim como na palavra infundada de indivíduos. Mas, novamente, a forma como os governos dos Estados Unidos e outros países se engajaram em programas de desinformação, acobertamentos e negações espúrias é exatamente o que se espera de governos que têm algum segredo obscuro a esconder.

Isso não necessariamente prova que sejam alienígenas, e menos ainda a razão de estarem aqui. A evidência disponível está aquém dos requisitos de prova extraordinária necessários para demonstrar uma teoria extraordinária. Mas elas vão muito além dos critérios de prova necessários para que se conclua que algo está acontecendo.

As pessoas avistam óvnis de um tamanho, tipo e desempenho que indicam que não são fenômenos naturais ou objetos de fabricação humana. As testemunhas, sem dúvida, veem humanoides emergindo desses óvnis. Pessoas de boa reputação ainda os avistam.

Mesmo que essas criaturas sejam chamadas de duendes, fadas ou alienígenas, elas foram vistas por milhares de pessoas dignas de crédito e confiança. Talvez o tempo revele o que realmente são e por que estão aqui.

ÍNDICE REMISSIVO

A

abduções alienígenas
  Betty e Barney Hill 164, 245
  Charles Moody 169, 170, 245
  David Stephens 172, 173, 245
  Franck Fontaine 177, 245
  hipnose 166, 168, 174, 176, 186, 188, 192, 245, 248
  implantes 196, 197, 216, 245, 248
  Linda Napolitano 188, 189, 190, 245
  Louise Smith, Mona Stafford e Elaine Thomas 175, 245
  Travis Walton 180, 182, 184, 245
  Whitley Strieber 185, 245

acobertamentos
  FBI 21, 47, 48, 99, 100, 101, 142, 203, 209, 247
  governo 22, 34, 35, 47, 48, 50, 53, 62, 83, 84, 93, 94, 96, 100, 103, 111, 120, 121, 129, 132, 157, 164, 201, 202, 203, 205, 207, 208, 211, 216, 217, 223, 230, 231, 232, 233, 235, 242, 247, 248
  Maury Island 96, 97, 100, 101, 102, 128, 212, 247, 249
  Queda de Roswell 245, 247, 249, 251
  USAF 36, 39, 40, 41, 43, 45, 47, 48, 50, 51, 52, 53, 54, 55, 56, 57, 62, 63, 64, 66, 67, 68, 69, 81, 102, 108, 109, 110, 116, 117, 118, 119, 122, 123, 125, 126, 127, 150, 157, 169, 202, 203, 204, 205, 206, 207, 208, 209, 210, 211, 213, 216, 224, 225, 226, 227, 228, 229, 230, 246, 247, 251

acobertamentos
  óvnis 7, 8, 9, 10, 11, 17, 19, 22, 23, 27, 28, 29, 30, 31, 32, 33, 36, 40, 45, 46, 47, 53, 56, 57, 58, 60, 61, 62, 63, 69, 71, 74, 77, 79, 81, 84, 86, 88, 89, 90, 91, 92, 93, 94, 95, 100, 101, 102, 105, 110, 111, 115, 117, 119, 120, 121, 124, 127, 128, 130, 131, 132, 133, 135,

136, 141, 142, 145, 148, 152, 154, 155, 156, 157, 163, 164, 165, 169, 174, 176, 178, 179, 182, 184, 186, 187, 188, 193, 198, 199, 201, 202, 204, 205, 206, 208, 209, 210, 211, 212, 214, 215, 216, 217, 218, 219, 220, 221, 222, 223, 224, 225, 228, 229, 231, 232, 233, 235, 236, 238, 239, 240, 241, 242, 243, 246, 247, 249, 251, 252

Projeto Grudge 205, 206, 250, 251

Projeto Sign 203, 204, 205, 213, 250, 251

queda de Roswell 115, 118, 120, 224, 225, 230, 232, 252

T. Drury 56, 252

Thomas Mantell 50, 51, 92, 249, 252

White Sands 108, 110, 111, 252

Adamski, George 37, 40, 116, 135, 136, 138, 139, 164, 203, 245, 247, 248, 250, 252

Aerial Phenomena Research Organization – Organização de Pesquisa de Fenômenos Aéreos (APRO) 130, 214, 245, 249

Air Technical Intelligence Centre – Centro de Inteligência Aerotécnica (ATIC) 204, 245

A Lan 146, 147, 245

Alemanha
avistamentos iniciais 37, 247, 248, 250

alienígenas
aparência dos 193, 246, 251

Allingham, Cedric 153, 246

Angelucci, Orfeo 145, 147, 245, 246

Appleton, Cynthia 148, 245, 246

Área 51 223, 225, 226, 227, 246, 248

Arizona 42, 43, 48, 107, 179, 229, 246, 247

Arkansas 33, 246

Arnold, Kenneth 19, 20, 36, 97, 101, 163, 203, 212, 246, 247

a, Sala Azul 4, 7, 8, 9, 10, 11, 13, 14, 15, 16, 17, 18, 19, 20, 21, 22, 23, 24, 25, 26, 27, 29, 30, 31, 32, 33, 34, 35, 36, 37, 38, 39, 40, 41, 42, 43, 44, 45, 46, 47, 48, 49, 50, 51, 52, 53, 54, 55, 56, 57, 58, 59, 60, 61, 62, 63, 64, 65, 66, 67, 68, 69, 70, 71, 72, 73, 74, 75, 76, 77, 78, 79, 80, 81, 82, 83, 84, 85, 86, 87, 88, 89, 90, 91, 92, 94, 95, 96, 97, 98, 99, 100, 101, 102, 103, 104, 105, 106, 107, 108, 109, 110, 111, 112, 113, 114, 115, 116, 117, 118, 119, 120, 121, 122, 123, 124, 125, 126, 127, 128, 129, 130, 131, 132, 133, 135, 136, 137, 138, 140, 141, 142, 143, 144, 145, 146, 147, 148, 149, 150, 151, 152, 153, 154, 155, 156, 157, 158, 159, 160, 161, 162, 163, 164, 165, 166, 167, 168, 169, 170, 171, 172, 173, 174, 175, 176, 177, 178, 179, 180, 181, 182, 183, 184, 185, 186, 187, 188, 189, 190,

191, 192, 193, 194, 195, 196, 197, 198, 199, 201, 202, 203, 204, 205, 206, 207, 208, 209, 211, 212, 213, 214, 215, 216, 217, 218, 219, 220, 221, 222, 224, 225, 226, 227, 228, 229, 230, 231, 232, 233, 236, 237, 238, 239, 240, 241, 242, 243, 245, 246, 247, 248, 249, 250, 251, 252

Aura Rhames 148, 149, 246

Austrália
    aterrissagens 93, 94, 246
    avistamentos 4, 17, 18, 33, 34, 35, 36, 37, 40, 53, 54, 55, 89, 90, 125, 138, 154, 169, 203, 205, 207, 209, 211, 212, 213, 214, 217, 218, 220, 221, 223, 235, 236, 237, 240, 246, 247, 248, 249, 250, 251

avistamentos iniciais
    Alemanha 21, 22, 33, 109, 111, 212, 247, 248
    Clarence Chiles e John Whitted 37, 247
    divindades 26, 29, 245, 247, 251
    E. J. Smith 37, 38, 247
    Ezequiel 23, 24, 25, 247
    George Gorman 37, 247
    Inglaterra 7, 23, 33, 36, 69, 72, 112, 129, 212, 247
    Japão 96, 247, 248
    Kenneth Arnold 19, 20, 36, 97, 101, 163, 203, 212, 247
    Rússia 22, 120, 247, 250
    Aztec, Queda de 102, 104, 105, 245, 246, 247, 248, 249, 250, 251

B

balões dirigíveis 32, 245, 249, 251

Barker, Douglas 56, 246

Barnett, Barney 123, 164, 165, 166, 167, 169, 245, 246, 248

Behind the Flying Saucers – Por Trás dos Discos Voadores (Scully) 102, 246

Belo Horizonte 90, 91, 246

Bennewitz, Paul 228, 246

Bethurum, Truman 146, 148, 230, 231, 246, 251

Biggs, Fred 72, 97, 106, 246, 247, 250

Blanchard, William 5, 30, 80, 98, 106, 122, 123, 206, 228, 231, 246, 247, 248, 251, 252

Boas, Antônio Villas 157, 160, 196, 245, 246

Brasil 4, 90, 245, 246

Brazel, Mac 121, 125, 246

Briggs 59, 246

Brown County 32, 246

Brown, Frank 98, 102, 105, 125, 246, 249, 251

Brown, Townsend 214, 246

Burroughs, John 37, 64, 67, 169, 246, 247, 248, 252

Bustinza, Adrian 68, 246

Byrne, Lawrence 33, 246

C

Califórnia 32, 60, 98, 135, 136, 147, 149, 208, 226, 246, 249, 250, 252

Cannon, A 1, 3, 4, 5, 14, 15, 17, 19, 20, 22, 24, 27, 28, 29, 30, 31, 33, 34, 35, 36, 37, 39, 41, 43, 45, 46, 49, 50, 52, 53, 54, 55, 56, 57, 60, 63, 64, 65, 67, 68, 71, 73, 74, 75, 76, 78, 79, 81, 85, 87, 89, 90, 91, 92, 94, 96, 98, 99, 102, 104, 105, 106, 107, 108, 109, 111, 112, 114, 115, 116, 117, 118, 119, 120, 124, 126, 128, 130, 136, 138, 140, 142, 143, 144, 146, 147, 148, 150, 154, 155, 156, 159, 160, 163, 164, 165, 166, 169, 171, 172, 173, 174, 175, 178, 179, 181, 182, 183, 184, 186, 188, 189, 192, 193, 194, 195, 196, 197, 198, 199, 201, 203, 204, 205, 206, 207, 208, 209, 210, 211, 213, 214, 215, 216, 217, 218, 220, 221, 222, 224, 225, 226, 228, 229, 236, 237, 240, 241, 242, 243, 245, 246, 248, 249, 251

Cascade, Montanhas 112, 246

Chandra 26, 246

Chiles, Clarence 37, 246, 247

Churchill, Winston 34, 246

CIA 93, 94, 100, 101, 106, 141, 142, 157, 208, 209, 215, 216, 246, 251

   Comitê Robertson 211, 246

Clancarty, Lorde
   Truman, Harry 230, 251

Clancarty, Lorde

os dogons 27, 28, 29, 246, 247

Clarion 148, 149, 246

Claypans (Austrália Meridional) 59, 246

Columbus (Ohio) 51, 246

Comitê Condon 211, 215, 220, 247, 251

Connecticut 13, 15, 16, 246, 247, 252

Conrad, Ted 67, 98, 247, 249

contatos com alienígenas
   Antônio Villas Boas 157, 160, 196, 245
   as fadas 30, 245
   Brasil 4, 90, 245, 246
   Bruno Facchini 77, 79, 245
   Cynthia Appleton 148, 245
   Daniel Fry 145, 245
   divindades 26, 29, 245, 247, 251
   Eduard "Billy" Meier 151, 245
   Espanha 89, 154, 246, 247, 251
   família Sutton 76, 77, 246
   França 74, 81, 110, 212, 245, 248, 250
   Gary Wilcox 144, 245
   George Adamski 135, 136, 138, 139, 164, 245, 247
   James Cook 143, 245
   Orfeo Angelucci 145, 147, 245
   Papua-Nova Guiné 56, 80, 245, 250
   Sanchez Vegas 142, 245
   Sid Padrick 149, 150, 246
   Truman Bethurum 146, 148, 246

Winsted (Connecticut) 13, 15, 16, 17, 246, 252
Cook, James 62, 123, 128, 143, 245, 247, 248, 250, 251
Corbett, Ralph 41, 247
Cornwall 7, 9, 30, 31, 247, 250
Crisman, Fred 72, 97, 106, 246, 247, 250
Cuellar, Javier Perez 190, 247
Cumbria 129, 247

D

Dahl, Harold 96, 128, 247
Dakota do Norte 38, 247, 250
Daniken, Erich von
   os dogons 27, 28, 29, 246, 247
Davidson, William 5, 30, 80, 98, 106, 122, 123, 206, 228, 231, 246, 247, 248, 251, 252
Deane, Burt 5, 41, 247
Dennis, Glenn 124, 247
Dewilde, Marius 74, 247
dogon, tribo 27, 28, 29, 83, 247
Drury, T. 46, 56, 247, 249, 252
Dulce USAF, base aérea 55, 57, 64, 67, 69, 108, 116, 117, 118, 122, 123, 124, 125, 225, 247
Dunn, William 5, 30, 80, 98, 106, 122, 123, 206, 228, 231, 246, 247, 248, 251, 252

E

Edwards, Ernest 228, 247

Elemento 115 227, 247
Englund, Bruce 15, 67, 247, 249
Espanha
   caso UMMO 154, 155, 156, 157, 251
Evans, Pat 113, 247
Ezequiel 23, 24, 25, 247

F

Faccini, Bruno 77, 79, 245, 247
fadas 30, 31, 32, 219, 243, 245, 247
Fargo 38, 39, 40, 41, 247
Farmington 44, 247
FBI
   George Adamski 135, 136, 138, 139, 164, 245, 247
Figueras 89, 247
Firkon 140, 247
Flagstaff 43, 247
Flying Saucer from Mars – Disco Voador de Marte 46, 102, 139, 153, 210, 214, 246, 247, 248, 250
Flying Saucers 46, 102, 139, 214, 246, 247, 248
Flying Saucers are Real 46, 214, 247
Flying Saucers From Outer 214, 247
Fogle, Earl 41, 248
Fontaine, Franck 177, 245, 248
Fontes, Olavo 157, 248
foo fighters 34, 35, 248, 251

Fort Knox 49, 50, 248
fraudes 96, 152, 157, 202, 221, 232, 233, 236, 241, 248
Friedman, Stanton 119, 216, 248
Fuller, John 37, 64, 67, 169, 246, 247, 248, 252

G

Gatay, Georges 89, 248
Gebauer, Leo 104, 248
Gee, Dr. 39, 43, 102, 103, 105, 124, 142, 157, 161, 165, 169, 192, 208, 217, 218, 220, 228, 248
Geelong 55, 248
Gersten, Peter 216, 248
Gillespie, Marlin 181, 248
Gill, William 5, 30, 80, 98, 106, 122, 123, 206, 228, 231, 246, 247, 248, 251, 252
Goldwater, Barry 225, 226, 248
Gonzales, Gustavo 84, 86, 248
Good, Timothy 216, 248
Gorman, George 37, 40, 116, 135, 136, 138, 139, 164, 203, 245, 247, 248, 250, 252
governo, acobertamentos do
  a Área 51 225, 226, 248
  Sala Azul 225, 226, 246, 248
Graves, Selman 108, 248
greys 196, 228, 229, 240, 241, 246, 248
Guerra Fria 21, 248

H

Halt, Charles 67, 70, 169, 170, 245, 248, 249
Hampshire 72, 165, 248, 250
Hanssen, Myrna 226, 228, 248
Hart, Cânion 103, 106, 248
Hastings 32, 248
Haut, Walter 115, 248
Heligoland, Queda de 102, 104, 105, 245, 246, 247, 248, 249, 250, 251
Helms, Richard 93, 94, 189, 191, 192, 248
Hess, Seymour 43, 248
Hill, Betty e Barney 164, 166, 245, 248
Hix, Guy 47, 50, 248
Holden, Curry 124, 248
Hopkins, Bud 64, 188, 191, 248, 250
Hopkins, Herbert 131, 133, 248
Hopkinsville 76, 248
Hottel, Guy 47, 50, 248
Howard, James 62, 123, 128, 143, 245, 247, 248, 250, 251
Hustonville 175, 176, 248
Hynek, J. Allen 205, 207, 216, 217, 248

I

implantes 196, 197, 216, 245, 248
Inglaterra

avistamentos iniciais 37, 247, 248, 250

Interrupted Journey: The – A Jornada Interrompida 169, 248

J

Johnson, Bond 117, 248
Johnson, Manuel 38, 249
Johnson, T. S. 46, 249
Joyce, Frank 98, 102, 105, 125, 246, 249, 251
Júpiter 27, 249

K

Kaka Point 33, 249
Kansas 32, 246, 249
Kavanasac, Herman 65, 249
Kelso 33, 249
Kent 46, 47, 54, 249, 252
Kentucky 76, 77, 78, 174, 175, 248, 249
Keyhoe, Donald
   Queda de Aztec 102, 104, 105, 249, 251
   Thomas Mantell 50, 51, 92, 249, 252
Kidd, J. L. 60, 249
Kington 30, 249
Klass, Philip 221, 222, 249

L

Lago Ontário 71, 72, 73, 249
Laredo 41, 108, 224, 249, 251

Larsen, Olaf 111, 249
Las Cruces 43, 44, 249
Lazar, Robert 130, 226, 249, 250
Leslie, Desmond 138, 139, 249
Levett, Gordon 37, 63, 66, 249
Llandrillo 111, 112, 113, 114, 115, 216, 247, 249, 251
Long Beach 60, 249
Long Island 41, 249
Luke, Carol 13, 14, 15, 249
Luke, Sra. 13, 14, 15, 16, 17, 56, 136, 177, 246, 249, 250, 252

M

Madri 154, 156, 249
Majestic 12 231, 249
Manhattan, caso Baldeação em 188, 249
Mantell, Thomas 50, 51, 92, 174, 175, 177, 229, 245, 249, 251, 252
Marcel, Jesse A. 117, 249
Marecki, Bruce 15, 67, 247, 249
Marte 144, 153, 232, 247, 249
Martinas, João 157, 161, 249
Maryland 60, 249
Maury Island 96, 97, 100, 101, 102, 128, 212, 247, 249
Meier, Eduard "Billy" 151, 245, 249
Men in Black – Homens de Preto 128, 249
Menzel, Donald 45, 47, 48, 52, 104, 105, 212, 220, 249

Moncla, Felix 54, 249
Moody, Charles 67, 70, 169, 170, 245, 248, 249
Morello, Ted 67, 98, 247, 249
Mutual UFO Network – Rede Mútua de óvnis (MUFON) 215, 249

N

Napolitano, Linda 188, 189, 190, 245, 249
Nebraska 32, 248, 249
Nelson, Einar 39, 249
Newton, Irving 118, 249
Newton, Silas 102, 250
Nova Gales do Sul 55, 249, 250
Nova York 62, 144, 146, 185, 188, 189, 230, 249
Novo México
    avistamentos 4, 17, 18, 33, 34, 35, 36, 37, 40, 53, 54, 55, 89, 90, 125, 138, 154, 169, 203, 205, 207, 209, 211, 212, 213, 214, 217, 218, 220, 221, 223, 235, 236, 237, 240, 246, 247, 248, 249, 250, 251
    Queda de Aztec 102, 104, 105, 249, 251
    quedas de óvnis 95, 224, 249
Nyantolo 28, 250

O

Ohio 51, 104, 130, 204, 246, 250, 252

Orthon 137, 138, 140, 141, 250
óvnis, quedas de
    aeronaves civis 60, 251
    aparência dos 193, 246, 251
    balões dirigíveis 32, 245, 249, 251
    balões meteorológicos 40, 47, 52, 126, 251, 252
    divindades 26, 29, 245, 247, 251
    em Llandrillo 114, 115, 216, 251
    explicação para 126, 251
    foo fighters 34, 35, 248, 251
    Novo México 43, 44, 48, 57, 87, 103, 109, 118, 126, 146, 204, 228, 229, 247, 248, 249, 251
    Queda de Aztec (País de Gales) 102, 104, 105, 249, 251
    USAF 36, 39, 40, 41, 43, 45, 47, 48, 50, 51, 52, 53, 54, 55, 56, 57, 62, 63, 64, 66, 67, 68, 69, 81, 102, 108, 109, 110, 116, 117, 118, 119, 122, 123, 125, 126, 127, 150, 157, 169, 202, 203, 204, 205, 206, 207, 208, 209, 210, 211, 213, 216, 224, 225, 226, 227, 228, 229, 230, 246, 247, 251

P

Padrick, Sid 126, 149, 150, 246, 250, 252
País de Gales
    queda de óvni 204, 252
Palmer, Raymond 96, 250

ÍNDICE REMISSIVO

Papua-Nova Guiné 56, 80, 245, 250
Parker, Bud 64, 188, 191, 248, 250
Parramatta 55, 250
Passini, Ruth 13, 14, 15, 250
Pedorov, Levka 22, 250
Penniston, Jim 65, 130, 250
Petare 85, 250
Pinozza, Sra. 13, 14, 15, 16, 17, 56, 136, 177, 246, 249, 250, 252
Ponce, Jose 84, 250
Port Gaverne, praia de (Cornwall) 7, 250
Port Moresby (Papua-Nova Guiné) 56, 250
Poseidon 26, 250
Prevost, Pierre 177, 250
Projeto Grudge 205, 206, 250, 251
Projeto Sign 203, 204, 205, 213, 250, 251
Purdy, Ken 45, 213, 250

Q

Quarouble 74, 250
Quebec 62, 250
Quintanilla, Hector 210, 250

R

Ragsdale, James 62, 123, 128, 143, 245, 247, 248, 250, 251
Ramey, Roger 117, 250
Ramsey, Scott 106, 250
Ramu 140, 250
Randles, Jenny 216, 217, 250
Reed, Fred 72, 97, 106, 246, 247, 250
Rendlesham, floresta de (Suffolk) 63, 64, 65, 67, 69, 250
Report on Unidentified Flying Objects 210, 250
Richardson, Robert 130, 226, 249, 250
Roberts, David 64, 172, 173, 245, 250, 251
Robertson, Comitê 211, 214, 215, 220, 246, 247, 249, 250, 251
Robozero 22, 250
Rogers, Mike 179, 250
Romsey 72, 250
Rossi, Carlo 128, 250
Roswell
   Queda de 102, 104, 105, 245, 246, 247, 248, 249, 250, 251
Roswell, Queda de 102, 104, 105, 245, 246, 247, 248, 249, 250, 251
Runcorn 143, 144, 250
Ruppelt, Edward 206, 209, 211, 250

S

Sacramento 32, 250
Salandin, tenente 37, 54, 67, 70, 98, 115, 117, 203, 210, 250
Sander, major 99, 116, 119, 120, 212, 250

Sanderson, George 37, 40, 116, 135, 136, 138, 139, 164, 203, 245, 247, 248, 250, 252

Schnitzerling, Alan e Arnold 58, 251

Schofield, Coronel 50, 251

Scully, Frank 98, 102, 105, 125, 246, 249, 251

Segunda Grande Guerra 93, 96, 251

Semjase 151, 251

Sesma, Fernando 154, 155, 251

Simon, Benjamin 165, 251

Sims, Darrel 216, 251

Sirius, sistema estelar 27, 154, 168, 251

sistema, Zeta Reticuli 27, 50, 109, 118, 154, 167, 168, 172, 206, 214, 251, 252

Smith, A. J. 98, 251

Smith, E. J. 37, 38, 247, 251

Smith, Louise 174, 175, 176, 177, 245, 251

Smythe, G. 43, 46, 251

Socorro (Novo México) 86, 87, 88, 246, 251

Soo Locks (Lago Michigan) 54, 251

Soviética, União
  CIA 93, 94, 100, 101, 106, 141, 142, 157, 208, 209, 215, 216, 246, 251

Spitzbergen, Queda de 102, 104, 105, 245, 246, 247, 248, 249, 250, 251

Stafford, Mona 174, 175, 177, 245, 251

Stephens, David 64, 172, 173, 245, 250, 251

Stinman, William 5, 30, 80, 98, 106, 122, 123, 206, 228, 231, 246, 247, 248, 251, 252

Strieber, Whitley 185, 245, 251

Sutton, família 7, 9, 30, 64, 76, 77, 78, 81, 125, 135, 185, 186, 246, 251

T

Templeton, James 62, 123, 128, 143, 245, 247, 248, 250, 251

Texas 41, 108, 110, 117, 249, 251

Thomas, Elaine 174, 175, 177, 245, 251

Tombaugh, Clyde 42, 43, 44, 251

Towill, C. 21, 24, 59, 117, 251

Trench, Brinsley le Poer, veja Clancarty, Lorde 27, 251

Twining, Nathan F. 203, 251

U

UFO 124, 215, 216, 217, 246, 249, 251

UMMO, o caso 11, 28, 40, 47, 74, 99, 105, 117, 131, 153, 156,

157, 179, 188, 189, 191, 192, 206,
211, 212, 245, 251
USAF
  alienígenas 7, 14, 16, 20, 26,
  27, 28, 29, 30, 31, 45, 46, 47,
  77, 78, 82, 86, 92, 93, 94, 95,
  107, 115, 116, 117, 120, 124,
  133, 139, 140, 141, 142, 143,
  144, 145, 146, 147, 149, 151,
  152, 153, 155, 157, 159, 160,
  161, 162, 163, 166, 167, 168,
  172, 173, 175, 179, 185, 187,
  188, 189, 190, 191, 192, 193,
  194, 195, 196, 197, 198, 199,
  202, 206, 208, 210, 211, 212,
  213, 214, 216, 218, 219, 220,
  222, 226, 227, 228, 229, 230,
  231, 232, 233, 236, 239, 240,
  241, 242, 243, 245, 246, 247,
  248, 249, 251, 252
  Comitê Condon 211, 215,
  220, 247, 251
utilização, hipnose 198, 248

V

Vallée, Jacques 218, 219, 252
Vandenberg, Hoyt 117, 205, 252
Vegas, Sanchez 142, 245, 252
Vênus 48, 52, 54, 136, 137, 141,
148, 252

W

Walton, Travis 180, 181, 182,
184, 245, 252
Washington, Estado 49, 61, 144,
230, 246, 249, 252

Watsonville
  balões meteorológicos 40, 47,
  52, 126, 251, 252
West Malling 46, 52, 125, 252
West, Sid 126, 149, 150, 246,
250, 252
Whitehouse 130, 252
White Sands 108, 110, 111, 252
Whitted, John 37, 64, 67, 169,
246, 247, 248, 252
Wilcox, Gary 144, 245, 252
Wilcox, George 37, 40, 116, 135,
136, 138, 139, 164, 203, 245, 247,
248, 250, 252
Wilson, R. 54, 252
Winsted 13, 15, 16, 17, 246, 252
Witnessed 191, 252
Woody, William 5, 30, 80, 98,
106, 122, 123, 206, 228, 231, 246,
247, 248, 251, 252

Y

Yoritsume 22, 23, 252

Z

Zamora, Lonnie 87, 252
Zomdic 144, 252

Este livro foi composto em Times New Roman, corpo 11/14.
Papel Offset 75g
Impressão e Acabamento
Hr Gráfica e Editora — Rua Serra de Paraicana, 716 — Mooca— São Paulo/SP
CEP 03107-020 — Tel.: (011) 3341-6444 — e-mail: vendas@hrgrafica.com.br